高职高专经管类专业实践创新教材

统计基础与应用

陈宏威　赵萍　于海峰 ◎ 主编
陈煜　罗刚毅　刘燕 ◎ 副主编

清华大学出版社
北京

内 容 简 介

本书结合编者30多年统计教学实践经验，吸收国内外统计学方面的优秀成果和统计工作的最新成果编写而成。全书共十一个项目，分别介绍了统计概论、统计设计、统计调查、统计整理、总量指标和相对指标、平均指标和标志变异指标、动态数列、统计指数、抽样推断、相关与回归分析、统计分析报告。

本书内容通俗易懂、简明扼要，做到理论与知识适用、够用，专业技能实用，并针对高职高专学生的学习特点安排了大量的案例、阅读资料、相关链接和实践训练题等。为了利教便学和拓展学生知识及操作技能，部分学习资源以二维码形式提供在相关内容旁，学生可扫描获取。此外，本书还配有教学课件、习题答案等教学资源。

本书既可作为高等职业教育、应用型本科、成人高校、民办高校财经类专业、经济管理类专业及相关专业教材，也可作为相关企事业单位人员自学和培训的参考用书。

本书封面贴有清华大学出版社防伪标签，无标签者不得销售。
版权所有，侵权必究。举报：010-62782989，beiqinquan@tup.tsinghua.edu.cn。

图书在版编目(CIP)数据

统计基础与应用/陈宏威，赵萍，于海峰主编. —北京：清华大学出版社，2023.4
高职高专经管类专业实践创新教材
ISBN 978-7-302-63137-8

Ⅰ.①统… Ⅱ.①陈… ②赵… ③于… Ⅲ.①统计学－高等职业教育－教材 Ⅳ.①C8

中国国家版本馆 CIP 数据核字(2023)第 046181 号

责任编辑：陈凌云
封面设计：傅瑞学
责任校对：刘　静
责任印制：杨　艳

出版发行：清华大学出版社
　　　　网　　址：http://www.tup.com.cn，http://www.wqbook.com
　　　　地　　址：北京清华大学学研大厦A座　　　邮　　编：100084
　　　　社 总 机：010-83470000　　　　　　　　　邮　　购：010-62786544
　　　　投稿与读者服务：010-62776969，c-service@tup.tsinghua.edu.cn
　　　　质量反馈：010-62772015，zhiliang@tup.tsinghua.edu.cn
　　　　课件下载：http://www.tup.com.cn,010-83470410
印 装 者：天津鑫丰华印务有限公司
经　　销：全国新华书店
开　　本：185mm×260mm　　　　印　张：18.75　　　　字　数：449千字
版　　次：2023年4月第1版　　　　　　　　　　　　　印　次：2023年4月第1次印刷
定　　价：58.00元

产品编号：097908-01

前言
FOREWORD

统计学是关于收集、整理、分析社会经济现象总体数量方面的方法论科学。统计是现代经济管理与决策不可缺少的工具。近几年,我国经济快速发展,保持着全球领先地位,我国统计调查方法体系、统计制度、统计体制等也有了较大变化和发展,特别是在会计、金融、证券、保险、投资、理财、文化教育、卫生体育、科学技术等领域统计方法受到普遍的重视和广泛应用。根据教育部高职高专院校专业基础课程教学的基本要求,为满足当前统计教学需要,在总结多年的统计工作与统计教学实践经验的基础上,结合高职高专教学特点,我们以突出实际应用为宗旨编写了本书。

本书遵循"基本理论知识够用,注重实际运用与操作技能培养"的现代高等职业教育理念,以统计岗位及岗位群要求的工作任务和职业能力为依据,基于"工学结合"的教学模式,以工作过程为导向组织教学内容,突出"应用能力培养",通过介绍统计基本理论知识和具体工作业务的实际操作,培养学生从事统计工作的职业技能。

本书的主要特色如下。

1. 注重新成果的运用

本书紧密追踪统计实践发展的最新动态,在参考国内外有关专著、教材的同时,更注重吸收统计教学、统计工作和统计科研的新成果,筛选反映统计工作改革新经验和新成果的案例或例题。书中涉及的经济数据,除为了说明某些相关的统计理论问题外,都尽可能采用最新的正式公布的统计数据。

2. 理论与实际相结合

本书在借鉴国内外优秀教材最新研究成果的基础上,结合当前我国统计工作的实际进行内容设计。同时,为了使学生能全面系统地掌握统计知识、理论和技能,每个学习项目都有与理论相适应的实际典型案例,以便学生将理论与实际相结合,进行分析、思考和借鉴,由浅入深地帮助学生掌握统计的基本概念、原理和方法。

3. 以工作过程为导向

本书以工作过程为导向,梳理教材的内容结构,以期教材结构顺序与统计工作过程同步,着重强调理论知识对统计工作的应用性,适当减少理论知识和概念的赘述,简化或省略公式推导,重点突出对统计职业技能的培养和训练,具有很强的操作性。

4. 强化技能训练

为加强知识转化为技能的训练,本书在阐述统计理论及方法的同时安排了"参考案例""相关链接""阅读资料"等模块,以加强学生对理论知识的了解、掌握,提升学生从事统计工作岗位的技能。本书在每个项目的后面还安排了同步练习与技能实训习题，包括实训项目和案例分析，旨在培养学生的创新精神，提高学生分析问题和解决问题的能力。

本书由陈宏威、赵萍、于海峰担任主编，陈煜、罗刚毅、刘燕担任副主编，陈宏威负责拟定全书体例、编写大纲，初稿形成后由陈宏威进行修改和定稿。全书共十一个项目，具体编写分工为：辽宁经济职业技术学院陈宏威编写项目一和项目二，辽宁经济职业技术学院于海峰编写项目四和项目五，辽宁金融职业学院赵萍编写项目六、项目八和项目十，沈阳庞大置业有限公司陈煜编写项目三和项目七，鞍山师范学院罗刚毅编写项目九，湖北科技职业学院刘燕编写项目十一。

本书在编写过程中引用了部分网站资料，借鉴和吸收了有关专家与学者的研究成果，在此一并向有关专家和学者深表谢意，同时对清华大学出版社的编辑给予的鼎力支持和帮助表示衷心的感谢。

由于编者水平有限，本书难免存在不足之处，恳请读者批评、指正。

编　者

2022 年 10 月

目 录
CONTENTS

项目一　统计概论 ·· 1
　　任务一　统计学的研究对象和研究方法 ··· 2
　　任务二　统计工作过程和统计基本任务 ··· 6
　　任务三　统计学中的几个基本概念 ·· 9
　　同步练习与技能实训 ·· 14

项目二　统计设计 ·· 18
　　任务一　统计设计的概念、作用和内容 ··· 19
　　任务二　统计指标和指标体系的设计 ·· 24
　　任务三　统计表及其设计 ··· 26
　　同步练习与技能实训 ·· 36

项目三　统计调查 ·· 42
　　任务一　统计调查的概念和种类 ·· 43
　　任务二　统计调查方案设计 ·· 45
　　任务三　统计调查组织形式 ·· 47
　　任务四　调查问卷 ·· 59
　　同步练习与技能实训 ·· 68

项目四　统计整理 ·· 71
　　任务一　统计整理的意义和步骤 ·· 72
　　任务二　统计分组 ·· 74
　　任务三　分配数列 ·· 81
　　任务四　统计图 ··· 89
　　同步练习与技能实训 ·· 95

项目五　总量指标和相对指标 ··· 98
　　任务一　总量指标 ·· 99

任务二　相对指标 …………………………………………………………… 102
　　同步练习与技能实训 ………………………………………………………… 113

项目六　平均指标和标志变异指标 ……………………………………………… 119
　　任务一　平均指标 …………………………………………………………… 120
　　任务二　标志变异指标 ……………………………………………………… 133
　　同步练习与技能实训 ………………………………………………………… 139

项目七　动态数列 ………………………………………………………………… 145
　　任务一　动态数列的概念和编制原则 ……………………………………… 147
　　任务二　动态数列的水平指标 ……………………………………………… 149
　　任务三　动态数列的速度指标 ……………………………………………… 156
　　任务四　动态数列的趋势分析与预测 ……………………………………… 163
　　同步练习与技能实训 ………………………………………………………… 174

项目八　统计指数 ………………………………………………………………… 180
　　任务一　统计指数的意义和种类 …………………………………………… 182
　　任务二　综合指数法 ………………………………………………………… 186
　　任务三　平均指数法 ………………………………………………………… 192
　　任务四　指数体系与因素分析 ……………………………………………… 196
　　同步练习与技能实训 ………………………………………………………… 200

项目九　抽样推断 ………………………………………………………………… 206
　　任务一　抽样推断概述 ……………………………………………………… 207
　　任务二　抽样推断的组织形式 ……………………………………………… 211
　　任务三　抽样误差 …………………………………………………………… 217
　　任务四　抽样极限误差与抽样估计 ………………………………………… 220
　　任务五　必要样本容量的确定 ……………………………………………… 225
　　同步练习与技能实训 ………………………………………………………… 228

项目十　相关与回归分析 ………………………………………………………… 233
　　任务一　相关分析 …………………………………………………………… 235
　　任务二　一元线性相关分析法 ……………………………………………… 238
　　任务三　一元线性回归分析与应用 ………………………………………… 242
　　同步练习与技能实训 ………………………………………………………… 250

项目十一　统计分析报告 ………………………………………………………… 254
　　任务一　统计分析报告概述 ………………………………………………… 256
　　任务二　统计分析报告的结构格式及要求 ………………………………… 262

任务三　统计分析报告的撰写……………………………………………………… 268
　　同步练习与技能实训……………………………………………………………… 275

附录……………………………………………………………………………………… 281

参考文献……………………………………………………………………………… 289

项目一

统 计 概 论

知识目标

(1) 深刻理解统计的含义、统计学的研究对象及其特点；
(2) 掌握统计学中的几个基本概念；
(3) 了解统计工作过程，掌握统计研究的基本方法；
(4) 掌握统计工作的任务，明确统计工作职能。

技能目标

(1) 会运用统计基本方法指导实际统计工作；
(2) 会运用统计资料深刻分析社会经济现象；
(3) 会运用统计学的基本理论对具体现象进行判断分析。

 案例导入

2020 年各国对外出口额占全球出口总额的比重排名

2020 年各国对外出口额占全球出口总额的比重排名如下。

第一名：中国(15.8%)。
第二名：美国(8.8%)。
第三名：德国(8.4%)。
第四名：荷兰(4.1%)。
第五名：日本(3.9%)。

从上面的数据来看，中国所占的比重远高于其他国家。根据海关总署的统计数据，2020 年我国货物贸易进出口总值达 32.16 万亿元，同比增长 1.9%。其中，出口增长 4%，达 17.93 万亿元；进口达 14.23 万亿元，下降 0.7%；贸易顺差大增 27.4%，这意味着我国外贸全球第一大国的地位进一步得到巩固。具体来看，东盟、欧盟、美国、日本依旧是我国前四大贸易伙伴。2020年,东盟首次以4.74万亿元的进出口额成为中国第一大贸易伙伴;而欧盟、美国则分别以4.5万亿元、4.06万亿元成为中国第二、三大贸易伙伴。其中,中美贸易数据最为"突出",两国贸易总值为7 163.7亿元,增长69.6%,中国对美出口5 253.9亿元,同比增长75.1%,自美进口1 909.8亿元,增长56.1%。由此可以看出,美国已成为中国出口第一大市场。2020年,世界经济增长和全球贸易遭受严重冲击,我国外贸发展也面临着严峻的局势,但是由于国内防控措施得当,从6月开始,外贸进出口就实现了连续正增长,全年进出口总值均创历史新高,成为全球唯一实现货物贸易正增长的主要经济体。中国外贸逆势飞扬,再次证明"中国经济发展有着巨大韧性、潜力和回旋余地",经济长期向好的态势不会改变。

资料来源:https://data.gotohui.com/list/154902.html;https://baijiahao.baidu.com/s?id=16888317399523009 42&wfr=spider&for=pc。

以上统计信息从不同方面反映了2020年各国对外出口额占全球出口总额的比重。什么是统计?统计学的研究对象是什么?统计工作过程是怎样的?统计的基本任务是什么?通过本项目的学习,你将得到这些问题的答案。

任务一 统计学的研究对象和研究方法

一、统计的含义

"统计"一词具有三种含义:统计工作、统计资料和统计学。

(一)统计工作

统计工作即统计实践活动,是指从事统计设计、收集、整理、分析与预测以及提供各种统计资料的实践活动的总称。统计工作具体包括:①统计设计,即根据统计对象的性质和统计研究的目的,对统计工作的各个方面和环节进行规划和安排;②统计收集,即对统计资料的调查;③统计整理,即对统计资料进行科学的分组(分类)、加工整理和汇总;④统计分析与预测,即根据统计指标,采用科学的方法描述研究现象的特征和规律,预测未来的发展趋势。

(二)统计资料

统计资料即统计信息,是指通过统计工作取得的、用来反映客观现象的数据信息资料的总称。统计工作所取得的各项数据信息资料及有关文字资料,一般反映在统计表、统计图、统计手册、统计年鉴、统计资料汇编和统计分析报告中。统计资料包括原始资料和整理后的资料(即次级资料)。

(三)统计学

统计学是指系统地论述统计理论和统计方法的方法论科学,是关于统计工作设计,数据资料收集、整理和分析的科学,是长期统计工作实践的经验总结和理论概括。从广义上讲,统计学是包括自然科学和社会科学在内的统计科学理论的总和,本教材专门阐述作为社会科学分支的统计学理论和方法,即社会经济统计学,主要论述对社会经济现象如何进行统计设计、统计调查、统计整理和统计分析的理论和方法。

统计工作和统计资料的关系是过程和成果的关系。统计工作是进行调查研究的工作过程,是统计实践;统计资料则是统计实践活动的结果,是统计工作的成果。统计学和统计工作的关系则是统计理论与统计实践的关系。统计学是统计工作实践经验中关于调查研究总体数量关系方法的理论概括;统计工作则是运用统计学的理论和方法来指导调查研究活动,以取得实质性资料的工作过程。

二、统计学的研究对象及特点

(一)统计学的研究对象

统计学的研究对象是大量的社会经济现象总体的数量方面。通过分析和研究这些客观现象的数量表现和数量关系,可以反映及认识客观现象发展变化的规律性。

(二)统计研究对象的特点

统计研究对象的特点可概括为以下四个方面。

1. 数量性

数量性是统计研究对象的基本特点。研究社会现象的数量方面主要包括三项:一是数量表现,即研究现象的规模、大小、水平;二是数量关系,即研究现象的结构、比例、速度、强度和普遍程度;三是质与量的关系,即研究现象质量互变的数量界限。一切客观事物都有质和量两个方面,一定的质规定着一定的量,一定的量也表现为一定的质。研究社会现象的数量方面,通过认识事物的量进而认识事物的质。因此,事物的数量是我们认识客观现象的重要方面。通过分析统计数据资料,研究和掌握统计规律性,就可以达到统计分析研究的目的。例如,要分析和研究国内生产总值,就要对其数量、构成及数量变化趋势等进行认识,这样才能正确地分析和研究国内生产总值的规律性。

2. 总体性

统计研究的是社会经济现象总体的数量方面,以得出反映现象总体的数量特征和规律性。社会经济现象的数据资料和数量对比关系等一般是在一系列复杂因素的影响下形成的。在这些因素当中,有起着决定和普遍作用的主要因素,也有起着偶然和局部作用的次要因素。由于种种原因,在不同的个体中,它们相互结合的方式和实际发生的作用都不可能完全相同。所以,对于每个个体来说,就具有一定的随机性,而对于有足够多数个体的总体来说,又具有相对稳定的共同趋势,显示出一定的规律性。例如,对工资的统计分析,我们并不是要分析和研究个别人的工资,而是要反映、分析和研究一个地区、一个部门、一个企事业单位总体的工资情况和显示出来的规律性。

3. 具体性

统计研究的是现象在特定时间、地点、条件下的表现,具有明确的、具体的含义。这一特点是统计学与数学的区别。数学是研究事物的抽象空间和抽象数量的科学,而统计学是研究客观存在的、具体的数量表现的科学。统计数字不是抽象的数字,而是自然、社会经济现象在具体时间、地点、条件下所表现的数量。例如,2021年我国全年国内生产总值(GDP)为1 143 670亿元,比上年增长8.1%;第三产业增加值占GDP的53.31%,第一产业增加值占GDP的7.26%,第二产业增加值占GDP的39.43%。这些数据都是客观存在的数量特征,反映了2021年我国经济发展的规模、水平和具体情况。脱离了具体时间、地点和条件的数字,不是统计数字。

4. 社会性

统计研究对象是社会经济现象的数量方面,因此不可避免地具有社会性。它主要体现在两方面:一方面是统计学研究对象具有社会性,也就是说,统计研究的是社会经济现象,是人类社会活动的条件、过程和结果,包括政治、经济、文化、教育、卫生、法律和道德等,它们都是人类有意识的社会活动及其产物,都和人的利益有关,即使表现为人和物的关系,背后也隐藏着人与人的关系;另一方面是统计认识主体也有社会性,统计是一种社会认识活动,要受到一定的社会、经济观点的影响,并为一定的社会集团利益服务。

相关链接

统计数据的魅力

统计数据与我们的工作和生活息息相关,是我们具体、详细、清晰地认识事物不可或缺的重要工具,当我们说明事物的状态时,如果仅从定性的角度加以描述,则给人以模糊不清的概念。比如,某人收入很高,某企业发展很快……那么多少算高、多少算快呢?让我们换一种说法来描述:某人月收入5万元,某企业年销售额增长50%,这样的信息能让我们对某人的收入状况与某企业的发展速度了然于心。这就是统计数据的魅力。统计数据在帮助我们认识事物及决策方面具有迷人的功效。正如一位资深的统计学家所说,统计就和柴米油盐酱醋茶一样,存在的时候并不是很突出,一旦不见了,人生就只剩下黑白了。

然而,如果数据运用不当,或者角度偏窄、单一,又或者缺乏对数据本质的正确认识,则不仅不能帮助我们正确认识事物,甚至会落入数据的陷阱。因此,数据运用不好又会让人产生迷惑感。

资料来源:欧阳培峰. 统计学[M]. 北京:中国水利水电出版社,2009.

三、统计研究的基本方法

(一)大量观察法

大量观察法是指从现象的总体出发,对其全部单位(个体)或足够多数的单位进行观察,以反映总体数量特征的统计研究方法。

这是统计活动过程中收集数据资料阶段(统计调查阶段)的基本方法,即要对所研究现象总体中的足够多数的个体进行观察和研究,以期认识具有规律性的总体数量特征。大量观察法的数理依据是大数定律,大数定律是指虽然每个个体受偶然因素的影响作用不同而在数量上存有差异,但对总体而言可以相互抵消而呈现出稳定的规律性,因此只有对足够多数的个体进行观察,观察值的综合结果才会趋向稳定,建立在大量观察法基础上的数据资料才会给出一般的结论。统计学的各种调查方法都属于大量观察法。

(二)统计分组法

统计分组法是指根据现象的特点和统计研究的目的,将现象按不同类型或不同性质划分成若干个部分的统计方法。

社会经济现象总体是由具有某种同质性的许多单位组成的群体,由于所研究现象总体本身的复杂性、差异性及多层次性,需要我们对所研究现象进行分组或分类研究,以期在同质的基础上探求不同组或类之间的差异性。统计分组法在整个统计活动过程中都占有重要地位;在统计调查阶段可通过统计分组法来收集不同类的资料,并可使抽样调查的样本代表性得以提高;在统计资料整理阶段可以通过统计分组法使各种数据资料得到分门别类的加工处理和储存,并为编制分布数列提供基础;在统计分析阶段则可以通过统计分组法来划分现象类型、研究总体内在结构、比较不同类或组之间的差异和分析不同变量之间的相关关系。

(三)综合指标法

综合指标法是指在统计研究中运用总量指标、相对指标、平均指标等各种综合指标对大量社会经济现象的数量方面进行综合分析。

统计研究现象数量方面的特征是通过统计综合指标来反映所研究现象数量特征和数量关系及其数值,常见的有总量指标、相对指标、平均指标等。总量指标是数量指标,侧重反映事物量的特征;相对指标是质量指标,侧重反映事物质的特征;平均指标是质量指标,侧重反映事物发展的一般水平。在统计研究中,只有综合运用这些指标,才能做到从数量、质量、平均水平上反映事物的全貌,多角度、全方位、科学地反映现象的单体特征。

(四)统计模型法

统计在研究某种数量变动关系时,需要根据具体的研究对象和一定的假定条件,用合适的数学方程来进行模拟,这种方法称为统计模型法。在用统计指标来反映所研究现象的数量特征的同时,我们还需要经常对相关现象之间的数量变动关系进行定量研究,以了解某一(些)现象数量变动与另一(些)现象数量变动之间的关系及变动的影响程度。

一般来说,统计模型包括变量、关系式、模型参数和随机项四个要素。利用统计模型法,可以对社会经济现象和过程中存在的数量关系进行统计描述,并对社会经济现象进行数量上的评估和预测。

(五)统计推断法

统计推断法是指利用社会经济现象之间的相互联系,采用科学的方法,利用某个指标来推断另一个指标(或利用总体的部分数值推断总体的全部数值)。统计研究的目的是认识总体数量特征。在统计认识活动中,我们所观察的往往只是所研究现象总体中的一部分单位,要达到统计研究的目的,就要进行统计推断。

统计推断法大致可以分为总量指标的推断、动态指标的推断和抽样推断。总量指标、动态指标的推断是利用总量指标之间的相互联系,通过已知总量指标来推算另一个未知指标,包括因素关系推算法、比例关系推算法和平衡关系推算法。抽样推断是用样本指标数值来推算总体指标数值。

统计推断法已在统计研究的许多领域得到应用,成为现代统计研究的基本方法。

参考案例

对人口性别比例的统计研究

就一个家庭来说,每个家庭的新生婴儿的性别既可能是男性,也可能是女性。从表面上看,新生婴儿的性别比例似乎没有什么规律可循,但如果对大量家庭的新生婴儿进行观察,就会发现新生婴儿中男孩略多于女孩,大致为每出生 100 个女孩,相应地有 107 个男孩出生。这个男女性别比例 107∶100 就是新生婴儿性别比例的数量规律,古今中外这一比例都大致相同,这是由人类自然发展的内在规律决定的。尽管从新生婴儿来看,男婴多于女婴似乎并不平衡,但进入中年后,男性的死亡率高于女性,导致男性的平均预期寿命比女性短,老年男性反而少于女性。生育人口在性别上保持大体平衡,保证了人类社会的进化和发展。对人口性别比例的研究是统计学的起源之一,也是统计方法所探索的数量规律性之一。

资料来源:李卉妍,刘晔. 统计学[M]. 北京:电子工业出版社,2007.

任务二 统计工作过程和统计基本任务

一、统计工作过程

统计工作是运用统计特有的方法对社会经济现象进行调查研究,以认识其本质和规律性的一种活动。作为一种认识活动,统计工作是不断深化的、无止境的。一个完整的统计工作过程一般要经过统计设计、统计调查、统计资料整理和统计分析四个阶段。

(一)统计设计

统计设计是指根据统计研究对象的性质和研究目的,对统计活动各个方面和各个环节所做的通盘考虑和合理安排。统计设计的结果表现为各种标准、规定、制度、方案和办法,如统计分类标准、指标体系、分类目录、整理和分析方案、统计报表等。统计设计是统计工作的第一阶段,在统计工作中具有决定性的作用。科学的统计设计是有效组织统计活动的前提。

(二)统计调查

统计调查即统计资料的收集,是指根据统计调查方案的要求,采用各种调查组织形式和调查方法,有计划、有组织地向调查对象收集资料的活动。它既是认识客观经济现象的起点,也是统计资料整理和统计分析的基础环节。这个阶段所收集的资料是否客观、全面、系统,直接关系到统计资料整理的好坏,关系到统计分析的正确与否,决定着统计工作质量,所以,它是整个统计工作的基础。

(三)统计资料整理

统计资料整理是指根据统计研究的目的,对调查阶段收集的原始资料,按照一定标志进行科学的分组(或分类)和汇总,使之条理化、系统化,将反映各个单位个体特征的资料转化为反映总体和各组数量特征的综合资料的工作过程。统计资料整理是统计工作的第三个阶段,在整个统计工作过程中起着承前启后的作用,既是统计调查的继续和深化,又是统计分析的基础和前提,是统计调查和统计分析的连接点。

(四)统计分析

统计分析是指对加工整理后的统计资料,采用各种分析方法加以分析研究,计算各种分析指标,认识和提示社会经济现象的本质及其发展变化的规律性,得出科学的结论,进而提出建议和进行预测的活动过程。统计分析既是统计工作的最后阶段,也是统计发挥信息、咨询和监督职能的阶段。

统计工作的四个阶段并不是孤立的,它们紧密联系,构成了一个完整的工作过程。一般来说,统计设计以定性研究为基础,构建定量研究的框架,设计调查方案、整理方案和分析指标体系;统计调查是在定性认识的前提下,侧重于对个体事物量的认识;统计资料整理是通过对个体事物量的综合,得到对事物总体数量的描述性认识;统计分析是以事实描述为基础,从定性和定量结合的角度,对总体现象进行本质或规律的认识。四个阶段的工作质量和结果是密切相关的,无论哪个环节出现偏差,都会背离认识研究的目的,从而歪曲反映事物,因此,应做好它们之间的衔接和协调。

二、统计基本任务

《中华人民共和国统计法》(以下简称《统计法》)规定:"统计的基本任务是对经济社会发展情况进行统计调查、统计分析,提供统计资料和统计咨询意见,实行统计监督。"这是《统计法》对我国政府统计基本任务的法律规定。具体来讲,统计的基本任务包含以下三项。

(一)进行统计调查、统计分析

1. 统计调查

统计调查是根据统计设计规定的统计调查对象、统计指标、分类标准和调查方法,有组织地向调查对象收集原始资料的过程。它的任务是取得原始资料,然后对这些原始资料进行数据整理和统计加工,形成规范的统计数据。

2. 统计分析

统计分析是运用统计方法,通过对统计资料和有关情况的系统整理和研究,从数量方面来说明社会现象的变化,揭示其本质和规律性,预测未来发展。

统计调查和统计分析的对象是国民经济和社会发展情况。统计调查和统计分析是统计工作中紧密衔接的两个环节。

(二)提供统计资料和统计咨询意见

1. 统计资料

统计资料是通过统计调查取得的、以数据形式反映国民经济和社会发展情况的各种统计信息的总称。它是统计调查工作的成果,包括原始调查资料和经过整理分析的综合统计资料。统计资料的具体表现形式有:①以统计表形式提供的统计资料,包括调查表、综合表、图表及文字说明;②以统计报告形式提供的统计资料,包括统计报告、统计分析研究材料;③以通信、磁介质形式提供的统计资料,包括统计表资料和统计报告资料;④以出版物形式提供的统计资料,包括《中国统计年鉴》及其他各种统计年鉴、以统计资料为依据撰写的各种文章等。提供统计资料是统计工作的一项经常性任务。

2. 统计咨询意见

统计咨询意见是指利用统计部门所掌握的丰富统计信息资源,运用科学的统计分析方法和先进的技术手段,对国民经济和社会发展情况进行深入的综合分析和专题研究,为科学决策和管理提供实施意见和对策建议。

(三)实行统计监督

统计监督是根据统计调查和统计分析,以一整套能够及时、准确、全面、系统地反映国民经济和社会运行状态的统计信息,从总体上反映国民经济和社会发展的运行状态,并按照客观规律的要求对其实行全面、系统的定量检查、监测和预警,以促使经济和社会持续、协调、稳定地发展。

 **相关链接**

国家统计局职能

中华人民共和国国家统计局是国务院直属的机构。其主要职责如下。

（1）承担组织领导和协调全国统计工作，确保统计数据真实、准确、及时的责任。制定统计政策、规划、全国基本统计制度和国家统计标准，起草统计法律法规草案，制定部门规章，指导全国统计工作。

（2）建立健全国民经济核算体系，拟订国民经济核算制度，组织实施全国及省、自治区、直辖市国民经济核算制度和全国投入产出调查，核算全国及省、自治区、直辖市国内生产总值，汇编提供国民经济核算资料，监督管理各地区国民经济核算工作。

（3）会同有关部门拟订重大国情国力普查计划、方案，组织实施全国人口、经济、农业等重大国情国力普查，汇总、整理和提供有关国情国力方面的统计数据。

（4）组织实施农林牧渔业、工业、建筑业、批发和零售业、住宿和餐饮业、房地产业、租赁和商务服务业、居民服务和其他服务业、文化体育和娱乐业以及装卸搬运和其他运输服务业、仓储业、计算机服务业、软件业、科技交流和推广服务业、社会福利业等统计调查，收集、汇总、整理和提供有关调查的统计数据，综合整理和提供地质勘查、旅游、交通运输、邮政、教育、卫生、社会保障、公用事业等全国性基本统计数据。

（5）组织实施能源、投资、消费、价格、收入、科技、人口、劳动力、社会发展基本情况、环境基本状况等统计调查，收集、汇总、整理和提供有关调查的统计数据，综合整理和提供资源、房屋、对外贸易、对外经济等全国性基本统计数据。

（6）组织各地区、各部门的经济、社会、科技和资源环境统计调查，统一核定、管理、公布全国性基本统计资料，定期发布全国国民经济和社会发展情况的统计信息，组织建立服务业统计信息共享制度和发布制度。

（7）对国民经济、社会发展、科技进步和资源环境等情况进行统计分析、统计预测和统计监督，向党中央、国务院及有关部门提供统计信息和咨询建议。

（8）审批部门统计标准，依法审批或者备案各部门统计调查项目、地方统计调查项目，指导专业统计基础工作、统计基层业务基础建设，组织建立服务业统计信息管理制度，建立健全统计数据质量审核、监控和评估制度，开展对重要统计数据的审核、监控和评估，依法监督管理涉外调查活动。

（9）协助地方管理省、自治区、直辖市统计局局长和副局长，指导全国统计专业技术队伍建设，会同有关部门组织管理全国统计专业资格考试、职务评聘，监督管理地方政府统计部门由中央财政提供的统计经费和专项基本建设投资。

（10）组织管理全国统计工作的监督检查，查处重大统计违法行为。

（11）建立并管理国家统计信息自动化系统和统计数据库系统，组织制定各地区、各部门统计数据库和网络的基本标准和运行规则，指导地方统计信息化系统建设。

（12）收集、整理国际统计数据，组织实施统计工作方面的国际交流合作项目，组织实施国际间统计资料交换和统计交流合作项目。

国家统计局各调查总队主要职责

（13）承办国务院交办的其他事项。

资料来源：http://www.stats.gov.cn/zjtj/jgzn/201310/t20131029_449581.html。

任务三　统计学中的几个基本概念

统计学中有许多概念,其中有几个概念是我们经常要用到的基本概念,下面对这几个基本概念加以阐述。

一、统计总体与总体单位

(一)统计总体与总体单位的含义

统计总体简称总体,是指在同一性质基础上结合起来的许多个别事物的整体,是根据统计研究目的确定的所研究对象的全体。它是由客观存在的、具有某种共同性质的许多个别单位组成的。构成总体的这些个别单位称为总体单位。例如,当我们把某地区的工业企业作为研究对象时,该地区所有的工业企业就是一个总体,这是因为在性质上每个工业企业的经济职能是相同的,即都是从事工业生产活动的基本单位,也就是说,它们是同性质的。这些工业企业的集合就构成了统计总体。对于该总体来说,每个工业企业就是一个总体单位。

总体可分为无限总体和有限总体两类。总体所包含的单位数是无限的,称为无限总体,如连续生产的某种产品的数量、大海里的鱼类资源数等,都是无限总体。时间序列总体也是无限总体。总体所包含的单位数是有限的,称为有限总体,如企业的职工人数、商业企业经营的商品品种组成的总体。区分有限总体和无限总体,对统计调查研究方法是有影响的,对有限总体可以进行全面调查,也可以采用非全面调查;而对无限总体则只能进行非全面调查,据以推断总体。

(二)统计总体的特点

1. 大量性

总体是由现实存在的许多个别单位组成的,仅仅个别或少数单位不能形成总体。这是因为统计研究的目的是要揭示现象的规律性,而这种规律性只有在大量事物的普遍联系中才能表现出来。由于个别单位的特征是多种多样的,但总体的各个单位的特征表现的综合,能够说明客观规律在一定条件下发生作用的结果,可以反映现象的内在联系。

2. 同质性

统计总体的同质性是指同一总体的所有单位都必须具有某一共同性质。总体的同质性是一切统计研究的最重要的前提。它意味着统计总体中的各个单位必须具有某种共同的性质把它们结合在一起,否则对总体各个单位标志表现的综合就没有意义,甚至会混淆矛盾、歪曲现象的真相。例如,要研究全国的工业企业,则所有的工业企业组成总体,这些工业企业的经济职能都是进行工业生产活动,具有相同的性质。

3. 差异性

差异性又称变异性。构成统计总体的单位在某一方面的特征是相同的,但在其他方面又存在差异。也就是说,各单位有某一个共同标志表现作为它们形成统计总体的客观依据,但其余所要研究的总体单位的特征不可能都相同。例如,某工业企业的全体职工是一个总体,该总体内的职工都是这个单位的职工,这是共同的特征,但在工资水平、性别、年龄等许多方面存在差异。总体的同质性和单位差异性是相对的,它们都是统计核算的前提条件。

总体和总体单位是相对而言的,在一次特定范围、目的的统计研究中,统计总体与总体单位是不容混淆的,二者的含义是确切的,是包含与被包含的关系。但是,随着统计研究目的及范围的变化,统计总体和总体单位可以相互转化。例如,要研究某市所属各辖区人口数时,该市为统计总体,每个辖区为总体单位,而当要研究全国各城市人口数时,则全国所有城市组成了统计总体,该市又成了总体单位。

二、标志和标志表现

(一)标志

标志是统计标志的简称,是说明总体单位属性或特征的名称。例如,某班级学生构成一个统计总体,每一个学生是这个总体的总体单位,反映学生各种特征的名称,如性别、民族、年龄、身高、学习成绩等,都称为总体单位的标志。

标志按其性质不同,可分为品质标志和数量标志。品质标志是表明总体单位的属性特征的,是不能用数值表示的,如某人的性别、民族、文化程度等是品质标志。数量标志是表明总体单位的数量特征的,是可以用数值表示的,如某人的年龄、身高、工资额等是数量标志。

标志按其变异情况不同,可分为不变标志和可变标志。当一个标志在总体各个单位的具体表现都相同时,这个标志称为不变标志;当一个标志在总体各个单位的具体表现存在差异时,这个标志称为可变标志。例如,中国第七次人口普查规定:"人口普查的对象是具有中华人民共和国国籍并在中华人民共和国国内常住的人。"按照这一规定,在作为调查对象的人口总体中,国籍和在中国境内常住的人是不变标志,而性别、年龄、民族、职业等则是可变标志。不变标志的存在,保证了统计总体的同质性,是构成统计总体的必要条件和确定总体范围的标准;可变标志的存在,保证了统计总体的差异性,是统计研究的必要性和目的所在。

(二)标志表现

标志和标志表现是两个不同的概念。标志表现是标志的属性或数量在总体各单位的具体表现,是标志名称之后所显示的属性或数值。品质标志的具体表现是属性,用文字、语言来描述,如"性别"的表现有"男""女",民族的表现有"汉族""满族""回族"等。数量标志的具体表现是数值,又称为标志值,如"年龄"的表现为"20岁""30岁"等。

三、变量和变量值

变动的数量标志简称变量。当一个标志既是数量标志又是可变标志时,我们称其为变量。例如,身高、体重、年龄等标志都是可变的数量标志,因而都可以称为变量。变量的具体表现是变量值(或标志值),例如,身高是变量,165cm、175cm、185cm等都是变量值。由此可见,一个变量有若干个变量值。

变量按取值的情况可分为连续变量和离散变量。连续变量是指在一定区间内可以有无限多个数值,变量值是连续不断的,相邻两个数值间可做无限分割,既能取整数也能取小数。例如,生产零件的规格尺寸,人体的身高、体重、胸围等是连续变量,其数值只能用测量或计量的方法取得。反之,离散变量是指其数值只能用自然数或整数单位计算的变量,两个相邻的变量之间没有小数。例如,企业数量、职工人数、设备台数等只能按计量单位数计数,这种变量的数值一般用计数方法取得。

四、统计指标和指标体系

(一) 统计指标

1. 统计指标的概念

统计指标是反映总体现象数量特征的概念和具体数值。例如,2021年我国全年国内生产总值1 143 670亿元,比上年增长8.1%;全年人均国内生产总值80 976元,较2020年增加了9 148元,同比增长12.45%。这里的GDP总量、GDP的增长速度、人均GDP、GDP的增长量是指标名称,1 143 670亿元、8.1%、80 976元、9 148元、12.45%是指标的具体数值。统计指标由六要素构成:时间限制、空间限制、指标名称、计量单位、计算方法、指标数值。指标具有质的规定性、具体性、数量性和综合性的特点。

2. 统计指标的分类

(1) 统计指标按其说明总体现象的内容的性质不同,可分为数量指标和质量指标。数量指标是反映现象总体规模和总水平的统计指标,它用绝对数来表示,如人口数、国内生产总值、工业总产值、商品销售额等。质量指标是说明社会经济现象的相对水平或平均水平的统计指标,如价格、增长速度、劳动生产率、单位成本、利润率、人口死亡率等。质量指标是由数量指标派生出来的,经常用于反映现象的内部结构、比例、发展速度和现象的一般水平,它通常用相对数或平均数来表示。

(2) 统计指标按其表现形式的不同,可分为绝对数指标、相对数指标和平均数指标。绝对数指标即数量指标或总量指标,相对数指标和平均数指标都是以绝对数指标为基础计算的派生指标,相对数指标是两个有联系的总量指标对比而形成的质量指标,平均数指标是说明总体某一数量标志在各单位上一般水平的质量指标。

3. 指标和标志的区别与联系

(1) 区别:①指标是说明总体特征的,而标志是说明总体单位特征的;②标志分为不能用数值表示的品质标志和能用数值表示的数量标志两种,而指标都必须是能用数值表示的。

(2) 联系:①有许多统计指标的数值是直接从总体单位的数量标志值汇总而来的;②指标与数量标志之间存在着转化关系。由于研究目的的不同,原来的统计总体如果变成总体单位了,则相应的统计指标也就变成了数量标志,反之亦然。

(二) 指标体系

1. 指标体系的含义

指标体系是指若干个相互独立又相互联系的统计指标所组成的有机整体。社会经济现象是一个复杂的总体,一个统计指标往往只能反映复杂现象总体某个方面的特点,要了解客观现象的各个方面及其全过程,仅靠单个的统计指标是不行的,必须建立和运用统计指标体系。例如,一个工业企业把产品产量、总产值、劳动生产率、质量、消耗、成本、销售收入等统计指标联系起来,就组成了指标体系。这便于我们全面、准确地评价该企业的生产经营情况。由于社会经济现象的不同特点,统计指标体系的形成一般有两种类型:一种是数学式联系的指标体系,例如,商品销售额=商品销售量×商品销售价格、期初商品库存量+本期商品购进量=本期商品销售量+期末商品库存量等;另一种是框架式联系的指标体系,如中华人民共和国财政部制定的"企业经济效益评价指标体系(试行)",这套指标体系包括销售利润率、总资产报酬率、资本收益率、资本保值增值率、资产负债率、流动比率(或速动比率)、应收账款周转率、存货周转率、社会贡献率和社会积累率 10 项指标。

2. 指标体系的分类

(1) 指标体系按其考核范围不同,可分为宏观指标体系、中观指标体系和微观指标体系。宏观指标体系反映整个社会、经济和科技情况;中观指标体系反映各个地区、各个部门和行业的社会、经济和科技情况;微观指标体系反映各企业、事业单位的生产经营或工作运行情况。

(2) 指标体系按其反映内容不同,可分为社会统计指标体系、经济统计指标体系和科技统计指标体系。它们分别从社会、国民经济运行和科学技术发展三个方面反映一定时期、一定范围内国民经济和社会科技发展的总体状况。

(3) 指标体系按其作用不同,可分为基本指标体系和专题指标体系。基本指标体系是指反映社会经济基本情况的主要指标所构成的指标体系,如我国国民经济核算基本框架形成的指标体系。专题指标体系是指反映某方面社会经济问题的指标体系,如能源指标体系、运输指标体系、教育指标体系等。

科学的指标体系可以描述现象的全貌和发展的全过程,分析和研究现象总体存在的矛盾,以及各种因素对现象总体变动结果的影响方向和程度,也可以对未来的指标进行计算和预测,对未来现象发展变化的趋势进行预测。

相关链接

全面建成小康社会统计监测指标体系——东、中、西部地区差异化评价方案

《全面建成小康社会统计监测指标体系》是国家统计局从经济发展、民主法制、文化建设、人民生活、资源环境五个方面研究制定的监测体系。表 1-1 是按照东、中、西部不同目标值设定的差异化评价方案。

表1-1　东、中、西部地区差异化评价方案(东、中、西部不同目标值)

	监测指标	单位	权重	东部地区目标值	中部地区目标值	西部地区目标值
经济发展	1. GDP(2010年不变价)	亿元	4.0	比2010年翻一番		
	2. 第三产业增加值占GDP比重	%	2.0	≥50	≥47	≥45
	3. 居民消费支出占GDP比重	%	2.5	≥36		
	4. R&D经费支出占GDP比重	%	1.5	≥2.7	≥2.3	≥2.2
	5. 每万人口发明专利拥有量	件	1.5	≥4	≥3.2	≥3.0
	6. 工业劳动生产率	万元/人	2.5	≥12		
	7. 互联网普及率	%	2.5	≥55	≥50	≥45
	8. 城镇人口比重	%	3.0	≥65	≥60	≥55
	9. 农业劳动生产率	万元/人	2.5	≥2		

续表

	监 测 指 标		单位	权重	东部地区目标值	中部地区目标值	西部地区目标值
民主法制	10. 基层民主参选率		%	3.5	≥95		
	11. 每万名公务人员检察机关立案人数		人/万人	3.5	≤8		
	12. 社会安全指数	每万人口刑事犯罪人数	%	4.0	=100		
		每万人口交通事故死亡人数					
		每万人口火灾事故死亡人数					
		每万人口工伤事故死亡人数					
	13. 每万人口拥有律师数		人	3.0	≥2.3		
文化建设	14. 文化及相关产业增加值占GDP比重		%	3.0	≥5		
	15. 人均公共文化财政支出		元	2.5	≥200		
	16. 有线广播电视入户率		%	3.0	≥60		
	17. 每万人口拥有"三馆一站"公用房屋建筑面积		平方米	2.5	≥450		
	18. 城乡居民文化娱乐服务支出占家庭消费支出比重		%	3.0	≥6		
人民生活	19. 城乡居民人均收入（2010年不变价）		元	4.0	比2010年翻一番		
	20. 地区人均基本公共服务支出差异系数		%	1.5	≤40		
	21. 失业率		%	2.0	≤6		
	22. 恩格尔系数		%	2.0	≤40		
	23. 基尼系数		—	1.5	≤0.4		
	24. 城乡居民收入比		以农为1	1.5	≤2.6	≤2.8	≤3.0
	25. 城乡居民家庭人均住房面积达标率		%	2.0	≥60		
	26. 公共交通服务指数	每万人拥有公共交通车辆	标车	2.0	=100		
		行政村客运班线通达率	%				
	27. 平均预期寿命		岁	2.0	≥76		
	28. 平均受教育年限		年	2.0	≥10.5		
	29. 每千人口拥有执业医师数		人	1.5	≥1.95		
	30. 基本社会保险覆盖率		%	3.0	≥97	≥95	≥93
	31. 农村自来水普及率		%	1.5	≥85	≥80	≥75
	32. 农村卫生厕所普及率		%	1.5	≥80	≥75	≥70

续表

监测指标		单位	权重	东部地区目标值	中部地区目标值	西部地区目标值
33. 单位GDP能耗（2010年不变价）		吨标准煤/万元	3.0	≤0.55	≤0.62	≤0.65
34. 单位GDP水耗（2010年不变价）		立方米/万元	3.0	≤105	≤110	≤115
35. 单位GDP建设用地占用面积（2010年不变价）		公顷/亿元	3.0	≤55	≤62	≤65
36. 单位GDP二氧化碳排放量（2010年不变价）		吨/万元	2.0	—		
资源环境	37. 环境质量指数	PM2.5达标天数比例	%	4.0	=100	
		地表水达标率				
		森林覆盖率				
		城市建成区绿化覆盖率				
	38. 主要污染物排放强度指数	单位GDP化学需氧量排放强度	%	4.0	=100	
		单位GDP二氧化硫排放强度				
		单位GDP氨氮排放强度				
		单位GDP氮氧化物排放强度				
39. 城市生活垃圾无害化处理率		%	3.0	≥90	≥85	≥80

注：（1）东部地区包括：北京、天津、河北、辽宁、上海、江苏、浙江、福建、山东、广东、海南11个省（市）；中部地区包括：山西、吉林、黑龙江、安徽、江西、河南、湖北、湖南8个省；西部地区包括：内蒙古、广西、重庆、四川、贵州、云南、西藏、陕西、甘肃、青海、宁夏、新疆12个省（区、市）。

（2）复合指标环境质量指数中的PM2.5达标天数比例暂无数据，用城市空气质量达到二级以上天数占全年比重代替。

（3）各地区单位GDP二氧化碳排放量、基尼系数、每万名公务人员检察机关立案人数、地区人均基本公共服务支出差异系数数据无法取得，未纳入计算。

资料来源：https://wenku.baidu.com/view/7f68b449b4daa58da0114ab7.html.

身边的统计指标

同步练习与技能实训

【基本概念】

统计总体　　总体单位　　标志　　统计指标　　变量　　变量值　　指标体系

【基本训练】

一、单项选择题

1. 统计总体同时具备的三个特点是（　　）。
　　A. 同质性、大量性、差异性　　B. 数量性、综合性、具体性
　　C. 同质性、综合性、大量性　　D. 数量性、具体性、可比性

2. 工业企业的设备台数和产品产值是（　　）。
   A. 连续变量
   B. 离散变量
   C. 前者是连续变量，后者是离散变量
   D. 前者是离散变量，后者是连续变量
3. 对某市 200 个企业全部职工的工资状况进行调查，则总体单位是（　　）。
   A. 每个企业
   B. 每个职工
   C. 每个企业的工资总额
   D. 每个职工的工资水平
4. 在职工调查中，工资是（　　）。
   A. 离散变量
   B. 连续变量值
   C. 随机变量
   D. 连续变量
5. 某工人月工资为 8 000 元，则 8 000 元是（　　）。
   A. 品质标志
   B. 数量标志
   C. 数量标志值
   D. 数量指标
6. 某地区有 500 家企业，要研究这些企业的生产设备情况，则统计总体是（　　）。
   A. 每个工业企业
   B. 500 家企业
   C. 每个生产设备
   D. 500 家企业全部生产设备
7. 总体的变异性是指（　　）。
   A. 总体之间有差异
   B. 总体单位之间有差异
   C. 总体随时间变化而变化
   D. 总体单位之间在某个标志表现上有差异
8. 总体和总体单位不是固定不变的，由于研究目的的不同，（　　）。
   A. 总体单位有可能变换为总体，总体也有可能变换为总体单位
   B. 总体只能变换为总体单位，总体单位不能变换为总体
   C. 总体单位只能变换为总体，总体不能变换为总体单位
   D. 任何一对总体和总体单位都可以互相变换
9. 标志是说明（　　）。
   A. 总体量的特征的名称
   B. 总体单位量的特征的名称
   C. 总体质的特征的名称
   D. 总体单位属性或特征的名称

二、多项选择题

1. 下列标志属于数量标志的有（　　）。
   A. 学生人数
   B. 产业构成
   C. 产品产量
   D. 商品库存
   E. 经济成分
2. 下列标志属于品质标志的有（　　）。
   A. 工人年龄
   B. 工人性别
   C. 工人体重
   D. 工种
   E. 文化程度
3. 统计一词的基本含义有（　　）。
   A. 统计调查
   B. 统计分析
   C. 统计工作
   D. 统计资料
   E. 统计学
4. 统计研究对象的特点可以概括为（　　）。
   A. 总体性
   B. 数量性
   C. 客观性
   D. 具体性
   E. 社会性

5. 在某校学生总体中,下列指标属于统计指标的有(　　)。
   A. 男生所占比重为 45%　　　　　　B. 女生人数为 1 357 人
   C. 某学生身高为 1.83m　　　　　　D. 学生的平均身高为 1.65m
   E. 某班期中考试的各科平均成绩为 75 分
6. 下列指标属于质量指标的有(　　)。
   A. 国内生产总值　　　B. 年平均库存　　　C. 出生人口总数
   D. 人均收入　　　　　E. 企业职工劳动生产率
7. 指标体系按其反映内容不同可分为(　　)。
   A. 社会统计指标体系　　B. 宏观统计指标体系　　C. 微观统计指标体系
   D. 经济统计指标体系　　E. 科技统计指标体系

三、判断题

1. 总体的同质性是指总体中的各个单位在所有标志上都相同。　　　　　　(　　)
2. 个人的工资水平和全部职工的工资水平都可以称为统计指标。　　　　　(　　)
3. 数量指标可以用数值表示,质量指标不能用数值表示。　　　　　　　　(　　)
4. 总体和总体单位随着研究目的的变化可以相互转化。　　　　　　　　　(　　)
5. 统计指标体系是对许多指标的总称。　　　　　　　　　　　　　　　　(　　)
6. 离散变量的数值包括整数和小数。　　　　　　　　　　　　　　　　　(　　)

四、简答题

1. 什么是总体和总体单位？试举例说明它们之间的关系。
2. 简述统计工作、统计资料和统计学的关系。
3. 什么是标志？它有哪些分类？
4. 指标和标志有何区别与联系？
5. 统计工作过程和基本研究方法是什么？
6. 简述统计工作的基本任务。
7. 举例说明品质标志、数量标志、质量指标、数量指标之间的区别与联系。

【实训任务】

1. 列举出你在生活中经常接触到的统计数据,说明这些数据会对你产生什么影响。
2. 某学院为了解全院学生的消费水平,拟对学生进行消费情况的调查,试指出此次调查的总体、总体单位、五个以上的标志和指标；并指出其中的品质标志、数量标志、变量、数量指标和质量指标。

【案例分析】

中华人民共和国 2020 年国民经济和社会发展统计公报(节选)

初步核算,全年国内生产总值 1 015 986 亿元,比上年增长 2.3%。其中,第一产业增加值 77 754 亿元,增长 3.0%；第二产业增加值 384 255 亿元,增长 2.6%；第三产业增加值 553 977 亿元,增长 2.1%。第一产业增加值占国内生产总值比重为 7.7%,第二产业增加值比重为 37.8%,第三产业增加值比重为 54.5%。全年最终消费支出拉动国内生产总值下降 0.5 个百分点,资本形成总额拉动国内生产总值增长 2.2 个百分点,货物和服务净出口拉动国内生产总值增长 0.7 个百分点。分季度看,一季度国内生产总值同比下降 6.8%,二季度增长 3.2%,三季度增长 4.9%,四季度增长 6.5%。预计全年人均国内生产总值 72 447 元,比上年增长2.0%。国民总收入1 009 151亿元,比上年增长1.9%。全国万元国内生产总值能耗比上年下降0.1%。预计全员劳动生产率为117 746元/人,比上年提高2.5%。

全年居民消费价格比上年上涨2.5%。工业生产者出厂价格下降1.8%。工业生产者购进价格下降2.3%。农产品生产者价格上涨15.0%。12月,70个大中城市新建商品住宅销售价格同比上涨的城市个数为60个,下降的为10个。

全年粮食种植面积11 677万公顷,比上年增加70万公顷。全年粮食产量66 949万吨,比上年增加565万吨。

全年全国居民人均可支配收入32 189元,比上年增长4.7%,扣除价格因素,实际增长2.1%。全国居民人均可支配收入中位数27 540元,增长3.8%。按常住地分,城镇居民人均可支配收入43 834元,比上年增长3.5%,扣除价格因素,实际增长1.2%。农村居民人均可支配收入17 131元,比上年增长6.9%,扣除价格因素,实际增长3.8%。城乡居民人均可支配收入比值为2.56,比上年缩小0.08。

全年全国居民人均消费支出21 210元,比上年下降1.6%,扣除价格因素,实际下降4.0%。其中,人均服务性消费支出9 037元,比上年下降8.6%,占居民人均消费支出的比重为42.6%。按常住地分,城镇居民人均消费支出27 007元,下降3.8%,扣除价格因素,实际下降6.0%;农村居民人均消费支出13 713元,增长2.9%,扣除价格因素,实际下降0.1%。全国居民恩格尔系数为30.2%,其中城镇为29.2%,农村为32.7%。

资料来源:http://www.stats.gov.cn/xxgk/sjfb/zxfb2020/202102/t20210228_1814159.html。

讨论与分析:

1. 本案例统计的对象是什么?
2. 案例中提到的标志有几种?统计指标有几种?举例说明什么是指标。
3. 案例中用了什么统计研究方法?
4. 阅读本案例后,谈谈你对统计工作的认识。

项目二

统 计 设 计

(1) 了解统计设计的概念、作用和内容；
(2) 掌握统计设计和统计指标体系的分类；
(3) 掌握统计指标设计的内容和指标体系设计的原则；
(4) 掌握统计表设计的具体要求。

技能目标

(1) 会针对某项具体的统计工作进行统计设计；
(2) 会设计统计表(包括调查表、整理表和分析表)。

案例导入

××职业技术学院大学生消费情况调查设计

大学生作为一个特殊的消费群体，他们的消费问题已逐渐成为整个社会广为关注的问题。为了弄清大学生的消费支出及家庭收入情况，了解他们的消费心理和行为，××职业技术学院对本院学生进行了一次消费情况的调查。

调查工作流程设计如图2-1所示。

统计设计是整个统计工作的第一阶段，是为了保证整个统计工作有计划、有步骤地顺利进行而对统计工作各个方面和各个环节做的安排。大学生消费情况调查是一项完整的统计调查工作，这项调查包括调查前对整个调查工作的设计和调查资料的收集、调查资料的整理和调查资料的分析。本项目将介绍统计设计的基本理论和技能。

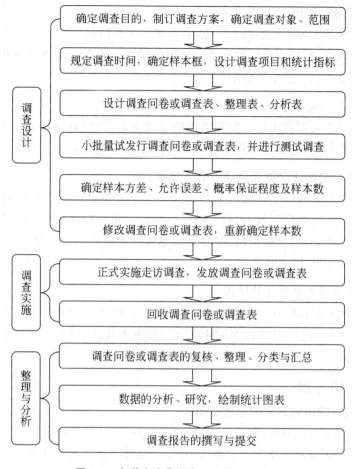

图 2-1 大学生消费调查工作流程设计图

任务一 统计设计的概念、作用和内容

一、统计设计的概念和作用

(一) 统计设计的概念

统计设计是统计工作的第一阶段,是根据统计研究对象的性质和统计研究的目的,对统计工作各个方面和各个环节的通盘考虑和安排。这里讲的各个方面指的是统计研究对象的各个组成部分。例如,就企业的生产经营活动而言,包括人力、物资、资金和生产、供应、销售等方面,以及企业生产经营的外部条件;就整个社会经济发展来说,包括人口、环境、资源等条件,以及生产、分配、流通、消费等扩大再生产过程,还包括政治、文化、教育、科学、卫生、体育等社会活动。各个环节是指统计工作实际进行的各个阶段,如统计调查,统计整理,统计分析,统计资料的提供、保存和公布等。

统计设计作为一个独立阶段,是由统计工作的发展和统计研究的进步决定的。统计设计的结果表现为各种设计方案,如统计指标体系、分类目录、统计报表制度、统计调查方案、汇总整理方案、统计分析内容和方法等。

（二）统计设计的作用

统计设计是统计工作实施的基本依据，是使统计工作协调、有序、顺利进行的必要条件，是保证以后统计调查、统计资料整理和统计分析诸阶段工作质量的重要前提。统计设计对整个统计工作主要有以下三个方面的作用。

1. 统计是需要高度集中统一的工作

这就要求必须事先制定出经过全程考虑的设计方案，使所有参加统计工作的人员都按照统一的方案一致行动，这样才能保证统计工作任务的顺利完成。

2. 统计设计是定性认识与定量认识的连接点

从人认识的顺序和统计工作实践来看，统计工作并不是从收集资料开始的，而是从对于客观对象的定性认识开始的。没有这种定性认识，就不知道去调查什么和怎么调查，也不知道去研究什么和怎么研究。统计设计是对统计总体的定性认识和定量认识的连接点，是从定性认识过渡到定量认识的开始。

3. 统计设计承担通盘安排的作用

统计设计将研究对象作为一个整体进行全面的反映和研究，分清主次先后，按需要和可能采用不同的统计方法，避免统计标准的不统一；避免重复和遗漏，使统计工作有序地顺利进行。

二、统计设计的分类

（一）按所包括的研究对象的范围分类

按所包括的研究对象的范围，统计设计可分为整体设计和专项设计。

整体设计是以研究对象作为一个整体，对整个统计工作进行的全面设计。整体设计的范围可大可小。就微观而言，可以是一个企事业基层单位完整的统计工作过程的全盘设计；就宏观而言，可以是整个国民经济范围的统计工作的全面设计。

专项设计是对研究对象的某个部分的统计设计，如对一个企业有关人力、物资、资金、生产、供应、销售的统计设计是专项设计。就全国来说，工业、农业、交通运输、服务业等设计也是专项设计。

整体设计是主要的，专项设计从属于整体设计。整体设计和专项设计的划分是相对的。例如，从全社会来说，农业设计是专项设计；但就农业作为独立研究对象来说，农业统计设计则是整体设计。

（二）按所包括的工作阶段分类

按所包括的工作阶段，统计设计可分为全过程设计和单阶段设计。

全过程设计是从确定统计任务、内容、指标体系到分析研究全过程的通盘考虑和设计。单阶段设计是统计工作过程中的某个阶段的设计，如统计调查阶段的设计、统计资料整理阶段的设计和统计分析阶段的设计等。

全过程设计和单阶段设计各有分工，各有侧重。全过程设计偏重于安排各阶段的联系，单阶段设计则要细致地安排工作进度和方法。两者相比，全过程设计是主要的，单阶段设计是在全过程设计的基础上进行的。

(三) 按所包括的时期分类

按所包括的时期,统计设计可分为长期设计、短期设计和中期设计。

这种分类和前两种不同,它是从具体组织安排上考虑的。长期设计是指5年以上的统计设计;短期设计是1年或年度内的统计设计;介于短期设计和长期设计之间的是中期设计。

三、统计设计的内容

(一) 确定统计指标和指标体系

确定统计指标和指标体系是统计设计的主要内容。无论是大范围的还是小范围的统计调查,都要考虑这个问题。因为统计调查的结果通常要用统计指标和指标体系来表述,无论是整体设计还是专项设计,也无论是全过程设计还是单项设计,都要解决统计指标和指标体系设计问题。

在实际工作中,前期的统计工作已经形成了一系列的统计指标或指标体系,因此,统计设计工作常常表现为对原有设计方案的改进,以及对统计指标、指标体系的修改或调整。关于统计指标和指标体系的设计,后面还要做专门讨论。

(二) 确定统计分类和分组

统计分类和分组的设计是和统计指标、指标体系设计相联系的另一个重要的设计,这里的分类和分组主要指对社会经济现象本身的分类和分组。例如,生产资料按所有制分类、国民经济按产业或部门分类、人口按地区或年龄分组、家庭按平均收入分组等。

统计分类和分组实际上是一种定性认识活动,有些分类和分组比较简单(如人口按性别分类),也有些分类比较复杂(如产品分类),这些分类、分组与统计的范围、指标口径、计算方法均有密切联系,分类分组解决不好,资料的取得、指标的计算就会受到直接的影响,这就需要具有广博理论知识和丰富实践经验的统计设计人员,聘请有关专家和实际工作经验丰富的人员共同研究,编制统一的分类目录,规定各种复杂情况的处理方法。

相关链接

国家统计局关于修订《三次产业划分规定(2012)》的通知

国统设管函〔2018〕74号

各省、自治区、直辖市统计局,新疆生产建设兵团统计局,国务院各有关部门,国家统计局各调查总队:

根据《国民经济行业分类》(GB/T 4754—2017),我们对《三次产业划分规定(2012)》中行业类别进行了对应调整,请在有关统计活动中认真贯彻执行。

一、第二产业调整情况

"石油加工、炼焦和核燃料加工业"更名为"石油、煤炭及其他燃料加工业",并将2011版《国民经济行业分类》4 500中部分内容和4 120全部内容调到此类。

"建筑装饰和其他建筑业"更名为"建筑装饰、装修和其他建筑业"。

二、第三产业调整情况

"农、林、牧、渔服务业"更名为"农、林、牧、渔专业及辅助性活动"。

"开采辅助活动"更名为"开采专业及辅助性活动"。

"装卸搬运和运输代理业"更名为"多式联运和运输代理业",并将2011版的《国民经济行业分类》5 810调出此类。

"仓储业"更名为"装卸搬运和仓储业",并将2011版的《国民经济行业分类》5 810调至此类。

"房地产业"内容变更,将2011版的《国民经济行业分类》7 090部分内容调出。

三次产业分类

新增大类"土地管理业",将2011版的《国民经济行业分类》7 090部分内容调至此类。

"广播、电视、电影和影视录音制作业"更名为"广播、电视、电影和录音制作业"。

"基层群众自治组织"更名为"基层群众自治组织及其他组织"。

国家统计局

2018年3月23日

资料来源:http://www.stats.gov.cn/tjgz/tzgb/201803/t20180327_1590432.html.

(三)收集统计资料方式和方法的设计

统计调查方式和方法很多,采用哪种方法,或是采用哪几种方法相结合,这在统计设计时应当做出恰当的选择。采用何种调查方式与调查方法主要考虑以下因素:①调查目的与调查任务;②调查对象和统计指标的性质、特点;③统计指标的重要程度及指标数值需要的准确程度;④调查期限长短;⑤调查成本与经费的多少;⑥统计队伍力量强弱以及调查人员自身条件等。

目前我国统计调查方法是"以周期性普查为基础,以经常性抽样调查为主体,综合运用全面调查、重点调查等方法,并充分利用行政记录等资料"。在统计调查的实际工作中,有时为了深入研究问题,还要进行必要的典型调查。

(四)调查方案设计

为了保证在统计调查过程中统一认识,使整个统计调查工作按既定的要求顺利进行,必须设计一个统一的调查方案(详见项目三的任务二)。

(五)设计统计报表

统计报表是调查内容及调查项目的载体,运用统计报表经常地、定期地收集和反映国民经济和社会发展基本情况的资料,是国家对国民经济和社会发展进行计划管理和宏观调控的重要工具,为了使统计报表能客观地反映研究现象的特点及规律,规范有序地收集和表现统计资料,必须根据统计任务要求科学地设计统计报表(详见本项目任务三的表2-2和表2-3)和统计报表制度。

(六)统计资料整理方案设计

统计资料整理方案是根据统计调查的目的和要求,事先对整个统计资料整理工作做出的全面计划和安排。其主要内容包括确定资料审查的内容与方法,确定汇总的指标,设计整理表(分组表)、分析表和综合统计表,确定分组方案,选择资料汇总形式。

(七)确定统计分析的内容

统计分析的内容要为统计研究的目的和任务服务。统计分析的题目应是统计分析内容中的关键性问题。统计分析方法包括统计分组法、综合指标法、时间数列法、相关与回归分析法、统计推断与综合分析法等。此外,统计分析的设计还要考虑分析结果的表达形式,它既可以是比较系统的书面分析报告,也可以是简明扼要的文字说明,还可以是鲜明生动的图表。

(八)规定各个阶段的工作进度和时间安排

在统计设计过程中,需要对各阶段、环节和细节进行严格的规定。例如,统计调查阶段包括资料的登记、复查、质量抽查等工作;统计资料整理阶段包括资料的审核、汇总等工作;统计分析阶段包括资料的分析、各种指标的计算、分析报告撰写、公布等工作。这些工作都要规定完成的期限,以便各阶段、各环节的工作能够相互衔接,按时、保质、保量地完成。

(九)做好各部门和各阶段的配合与协调

在统计工作全过程中,各个部门、各级单位对统计指标的口径、分类粗细和计量单位等要求不同,因此,单纯制定统一的指标体系和设计分类、分组还不够,为了满足各方面的要求,还必须考虑如何处理各部门之间的配合问题。例如,统计调查、统计整理和统计分析是相互联系的环节,不同的指标又有不同的收集资料的方法,有不同的时间要求,从而也就有不同的整理方法。因此,整体设计虽然不能完全代替阶段设计,但是需要考虑到各个阶段之间的关联及其协调。

(十)统计力量的组织与安排

统计力量的组织与安排包括统计机构与非统计机构整个统计力量的组织和安排,以及各项工作如何分工、各安排多少人、各负什么责任、各安排多少经费、物资设备如何调配使用及统计人员采用何种培训形式等。这些方面的安排是否恰当,也是保证统计工作顺利组织实施的关键。

 阅读资料

关于统计上划分经济成分的规定

第一条 为了反映我国经济中所有制成分的构成情况,为宏观决策和管理提供依据,特制定本规定。

第二条 本规定适用于综合加工和计算各主要经济总量指标(如产值、销售收入、国内生产总值等)的经济成分。

第三条 经济成分分类与代码(见表2-1)。

表2-1 经济成分分类与代码

代　码	分类及构成
1	公有经济
11	国有经济
12	集体经济
2	非公有经济
21	私有经济
22	港澳台经济
23	外商经济

第四条　公有经济是指资产归国家或公民集体所有的经济成分,包括国有经济和集体经济。

第五条　国有经济是指资产归国家所有的经济成分。

第六条　集体经济是指资产归公民集体所有的经济成分。

第七条　非公有经济是指资产归我国内地公民私人所有或归外商、港澳台商所有的经济成分,包括私有经济、港澳台经济和外商经济。

第八条　私有经济是指资产归我国内地公民私人所有的经济成分。

第九条　港澳台经济是指资产归港澳台商所有的经济成分。

第十条　外商经济是指资产归外商所有的经济成分。

资料来源：http://www.stats.gov.cn/xxgk/tjbz/gjtjbz/201310/t20131031_1758906.html。

任务二　统计指标和指标体系的设计

一、统计指标设计内容

(一)确定统计指标的名称和含义及相互关系

确定统计指标的名称和含义要以相应学科的理论为依据。例如,国内生产总值、国民收入、工资、利润、劳动生产率等统计指标的概念,就离不开经济学的有关理论。统计指标是反映客观现象数量特征的概念,在设计和构建统计指标时,凡借用有关学科的理论概念,都要结合统计对象和统计指标的特点,准确界定统计指标的内涵,使之成为可以计量的数量概念。统计指标的内涵确定以后,还需要明确其外延,应该统计哪些内容,不应该统计哪些内容,即确定指标口径。

(二)确定统计指标的空间标准和时间标准

统计指标数值的大小受一定的空间范围影响,空间范围包括全国范围、地区范围和系统范围等。如果空间范围发生变化,就要规定具体的处理方法。统计指标的时间标准有两种：时期指标和时点指标。如果是时期指标,要规定时间长度和具体的起止日期；如果是时点指标,要规定统一的标准时点。

(三)确定统计指标的计量单位和计算方法

统计指标有无名数指标和有名数指标。无名数指标是一种抽象化的数值,大多用百分数、系数、倍数等形式表示,多用于质量指标。有名数指标包括实物量、价值量、劳动量和复合计量单位等,多用于数量指标。统计指标计量单位的确定主要取决于所研究的社会经济现象的内在特征。

有些统计指标的计算比较简单,如职工人数、播种面积等,这类指标在确定了总体范围的指标口径以后,一般不需要再规定具体计算方法；有些统计指标的计算比较复杂,如国内生产总值、国民收入、社会劳动生产率等,这类指标必须以一定的经济理论依据来确定其计算方法,同时必须结合统计实践加以具体化,使之能够度量。

二、统计指标体系设计的原则

(一)科学性原则

统计指标和指标体系的设计要符合现象本身的性质、特点、关系和运动过程,即统计指标体系要能够科学地反映出现象的真实情况。

(二)目的性原则

统计指标和指标体系的设计要依据统计研究的目的。社会现象本身有无数的标志,可设计很多的指标来反映,选择哪些指标来进行考核或观察,哪个作为核心指标,都要充分地考虑统计研究的目的。

(三)联系性原则(整体性原则)

统计指标和指标体系的设计,要从整体上考虑各个指标之间的联系。一个指标体系之内的若干指标在口径、时间、空间和计算方法的确定都要从全局出发,考虑彼此间的联系。要确定哪个指标是指标体系中的核心指标,各指标之间有什么联系。

(四)统一性原则

统计指标和指标体系的设计要力求与计划、会计和业务核算相统一,即指标体系设计时必须考虑计划、会计、业务核算的实际情况和统计的需要,尽可能地使各种核算的原始记录统一、计算方法一样,包括范围、经济内容相同,起止时间一致。

(五)可比性原则

统计指标体系的设计,必须考虑各地区、各部门、各时期、各国家之间的可比性,同时保持一定的稳定性,以便于相互比较。随着社会经济的发展,指标体系中的指标不是一成不变的,修改时要注意保持各个指标在时间上的可比性。

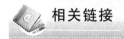
相关链接

企业统计指标体系的设计

由于统计调查目的的不同,统计指标体系的设计要有所变化,突出的重点也要有所不同。以企业统计指标体系为例,在设计时应该考虑以下四个问题。

1. 全面系统与简明扼要相结合,突出重点指标

设计统计指标体系应尽可能地从各个方面、各个环节反映企业生产经营活动的全过程,既要有投入方面的内容,也要有产出方面的成果;既要反映当前的生产经营状况,也要反映长远的发展问题;同时,还应保持指标的系统性和指标间的逻辑性,并尽可能地减少指标数量,选出富有综合性、代表性、实用性和可操作性的指标。

2. 总量指标、动态指标和相对指标相结合,突出相对指标

总量指标静态分析主要分析企业的现实状况,反映企业生产经营活动现在所达到的水平和规模。动态分析指标则揭示企业生产经营活动中的相互关系及发展变化的过程和趋势。相对指标反映企业的投入与产出的对比,反映企业的经济效益,通过动态指标和静态指标、相对指标和总量指标的分析为企业生产经营决策服务。

3. 定性分析与定量分析相结合,突出定量分析

一项重大决策的形成,是大量的定性分析和定量分析的结果。由于企业的生产经营活动过程具有渐进性和微观性的特点,因而定量分析显得特别重要。企业的生产经营活动大多需要量化而且可以量化,这种量化是内部分析和外部判断的重要依据。

4. 微观分析与宏观分析相结合，突出微观指标

企业生产经营活动是国民经济运行的基本要素，国民经济总体运行会对企业生产经营活动产生影响。因此，在建立统计指标体系时，不仅要看到本企业，还要看到同行业、相关行业乃至整个国民经济。在设计统计指标体系对企业生产经营活动进行分析评价时，必须将宏观与微观指标相结合。由于企业的生产经营活动属于微观活动，分析评价的主要任务是为企业服务，因此，在微观指标与宏观指标相结合的过程中要突出微观指标。

关系人民生活的统计指标

任务三 统计表及其设计

统计表是统计工作的重要工具，既是积累和表现统计资料的一种形式，也是统计设计的重要内容。统计部门主要是通过统计表的形式向各级领导和管理部门以及社会各方面提供统计资料。因此，掌握统计表的设计、编制及其应用，是统计人员和管理工作者必须具备的基本知识。

一、统计表的意义及结构

（一）统计表的意义

统计表是用来表现统计资料的表格。统计调查中所取得的各种数据资料以及经过整理、汇总和分析后的资料，按一定的项目和顺序填在一定的表格内，该表格就称为统计表。统计表可分为广义统计表和狭义统计表两种。广义统计表包括统计工作各阶段所用的一切表格，是在收集资料、整理资料、积累资料及统计分析时都要用到的表格。狭义的统计表是专门用来表现整理汇总结果的表格。

运用统计表来展示统计工作的成果，能使大量的统计资料条理化、系统化，因而能更清晰地表述统计资料的内容，简明易懂，节省篇幅。而且统计表还便于比较各项目（指标）之间的关系，便于计算，利用统计表易于检查数字的完整性和正确性。

（二）统计表的结构

1. 统计表的形式

从形式上看，统计表由总标题、横行标题、纵栏标题、指标数值和附加说明五个部分构成，如图2-2所示。

（1）总标题是统计表的名称，用以概括说明统计表的内容，一般位于表的上端正中央。

（2）横行标题是统计表横行内容的名称，通常用来说明总体及其各组的名称，是统计表所要说明的对象，一般列在表的左方。

（3）纵栏标题是统计表纵栏内容的名称，通常用来反映总体及其各组成部分的统计指标的名称，一般列在表的上方。

（4）指标数值是统计表的具体内容，写在各横行标题与各纵栏标题交叉处，是表的核心部分，用来说明总体及其组成部分的数量特征。

（5）附加说明。为了补充统计表中未说明的问题，统计表往往还附有一些说明，包括资

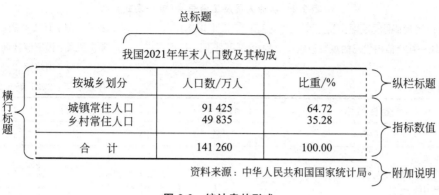

图 2-2 统计表的形式

料来源、指标计算方法、填报单位、填表人、填表日期等。

2. 统计表的内容

从内容上看,统计表由主词和宾词两部分组成。主词也叫主词栏或主栏,是统计表的主体,也就是统计表所要说明的对象。它既可以是总体单位名称或总体各组的排列,也可以是现象所属时间的排列,一般列在表的左端。宾词也称宾词栏或宾栏,用于说明主词的各项指标,包括指标名称和指标数值,一般列在表的右端。

统计表的主词和宾词的位置一般如上所述,但不是固定不变的,有时为了编排合理与阅读方便,可以将主词和宾词的位置互换。

二、统计表的分类

(一) 按用途不同分类

按用途不同,统计表可分为调查表、整理表和分析表。

1. 调查表

调查表是在统计调查中用于登记、收集原始统计资料的表格,是把确定好的调查项目按照一定的顺序以表格形式加以排列,以便登记和汇总。它是统计工作中收集原始资料的基本工具。调查表只能记录调查单位的特征,不能综合反映统计总体的数量特征。

调查表的设计要按照统计研究目的和任务的要求,遵循科学、实用、简练、美观的原则。

(1) 调查表的构成。调查表一般由表头、表体和表脚三部分组成。

表头在调查表的上方,表明调查表的名称、填报单位的名称、隶属关系及表号等,这是对资料进行核实和复查时需要的项目。

表体是调查表的主要部分,由表格、调查项目构成,包括调查项目的具体表现、栏号、计量单位等,目的是便于资料的整理与汇总。

表脚在调查表的下方,包括调查人员或填表人员的签名、审核人员签名、填报日期等。

(2) 调查表的种类。调查表有单一表和一览表两种形式。

① 单一表是在一份表中只登记一个调查单位,一般可容纳较多的调查项目,如表 2-2 所示。

表 2-2　从业人员及工资总额（单一表式）

统一社会信用代码□□□□□□□□□□□□□□□□□□

尚未领取统一社会信用代码的填写原组织机构代码□□□□□□□□-□

单位详细名称：

表　　号：I102-2 表
制定机关：国家统计局
文　　号：国统字〔2020〕105 号
有效期至：2021 年 6 月

指标名称	计量单位	代码	本年	上年同期
甲	乙	丙	1	2
一、从业人员	—	—		
从业人员期末人数	人	01		
其中：女性	人	02		
按人员类型分	—	—		
在岗职工	人	05		
劳务派遣人员	人	06		
其他从业人员	人	07		
从业人员平均人数	人	08		
按人员类型分	—	—		
在岗职工	人	09		
劳务派遣人员	人	10		
其他从业人员	人	11		
二、工资总额	—	—		
从业人员工资总额	千元	12		
按人员类型分	—	—		
在岗职工	千元	13		
劳务派遣人员	千元	18		
其他从业人员	千元	19		

单位负责人：　　统计负责人：　　填表人：　　联系电话：　　报出日期：20 年 月 日

说明：(1) 统计范围：辖区内除规模以上工业、有资质的建筑业、限额以上批发和零售业、限额以上住宿和餐饮业、有开发经营活动的全部房地产开发经营业、规模以上服务业法人单位以外的抽中样本单位。

(2) 报送日期及方式：网络平台次年 1 月 4 日 0：00 开网；调查单位次年 2 月 25 日 24：00 前通过网络平台报送数据，无法进行网络直报的单位可通过其他形式报送，再由统计机构代录至平台；省级统计机构次年 3 月 20 日 24：00 前完成数据的审核、验收、上报。

(3) 本表中"上年同期"数据统一由国家统计局在数据处理软件中复制，调查单位和各级统计机构原则上不得修改；本期新增的调查单位自行填报"上年同期"数据。

(4) 审核关系：01≥02；01＝05＋06＋07；08＝09＋10＋11；12＝13＋18＋19。

② 一览表是在一份表中可登记若干个调查单位，适用于调查项目不多的调查，如表 2-3 所示。

表 2-3　连锁餐饮企业基本情况（一览表式）

项目	总店数/个	门店总数/个	年末从业人数/万人	年末餐饮营业面积/万平方米	餐位数/万个	商品购进额/亿元	统一配送商品购进额/亿元	营业额/亿元
合　计								

续表

项　　目	总店数/个	门店总数/个	年末从业人数/万人	年末餐饮营业面积/万平方米	餐位数/万个	商品购进额/亿元	统一配送商品购进额/亿元	营业额/亿元
按登记注册类型分								
内资企业								
国有企业								
集体企业								
股份合作企业								
联营企业								
有限责任公司								
股份有限公司								
私营企业								
其他企业								
港澳台商投资企业								
合资经营企业								
合作经营企业								
独资经营企业								
投资股份有限公司								
其他港澳台商投资企业								
外商投资企业								
中外合资经营企业								
中外合作经营企业								
外资企业								
外商投资股份有限公司								
其他外商投资企业								
按国民经济行业分								
正餐服务								
快餐服务								
饮料及冷饮服务								
餐饮配送及外卖送餐服务								
其他餐饮业								
按地区分								
北　京								
天　津								

续表

项 目	总店数/个	门店总数/个	年末从业人数/万人	年末餐饮营业面积/万平方米	餐位数/万个	商品购进额/亿元	统一配送商品购进额/亿元	营业额/亿元
河 北								
山 西								
内 蒙 古								
辽 宁								
吉 林								
黑 龙 江								
上 海								
江 苏								
浙 江								
安 徽								
福 建								
江 西								
山 东								
河 南								
湖 北								
湖 南								
广 东								
广 西								
海 南								
重 庆								
四 川								
贵 州								
云 南								
西 藏								
陕 西								
甘 肃								
青 海								
宁 夏								
新 疆								

说明：统计范围为辖区内餐饮业连锁总店(总部)。

2. 整理表

整理表也称汇总表，是在统计汇总整理过程中使用的统计表。它由两部分组成：一部分是按一定的标志分组后形成的各组；另一部分是用来说明各组综合特征的统计指标。整理表能够综合反映总体的数量特征,是提供统计资料的基本形式,如表 2-4 所示。

表 2-4　某年某学院大学生消费水平抽样调查整理表

每月生活费用支出/元	合计/人	城镇/人	农村/人
1 000 以下	14	3	11
1 000～1 200	50	21	29
1 200～1 400	85	31	54
1 400～1 600	22	12	10
1 600 以上	9	6	3
合　计	180	73	107

3. 分析表

分析表是在统计分析中,对统计整理后的资料进行定量和定性分析的表格。分析表是统计整理表的延续,可以更加深刻地揭示现象总体内部的数量及特征关系,反映现象的本质和规律,如表 2-5 所示。

表 2-5　某年某学院大学生消费水平抽样调查分析表

每月生活费用支出/元	人数统计					
	全院合计/人	比重/%	其　　中			
			城镇/人	比重/%	农村/人	比重/%
1 000 以下	14	7.8	3	4.1	11	10.3
1 000～1 200	50	27.8	21	28.8	29	27.1
1 200～1 400	85	47.2	31	42.5	54	50.5
1 400～1 600	22	12.2	12	16.4	10	9.3
1 600 以上	9	5	6	8.2	3	2.8
合　计	180	100	73	100	107	100

(二) 按总体分组情况不同分类

按总体分组情况不同,统计表可分为简单表、简单分组表和复合分组表。

1. 简单表

简单表是总体未经任何分组的统计表。它是将总体单位简单排列或将某一现象的指标按时间(空间)顺序排列,如表 2-6 所示。

表 2-6　2021 年 10 月全国 10 个城市新建商品住宅销售价格指数

城　市	环　比	同　比	定　基
	上月=100	上年同月=100	2020 年=100
北京	100.6	104.9	106.1

续表

城 市	环 比 上月=100	同 比 上年同月=100	定 基 2020年=100
天津	99.5	104.0	104.4
上海	100.1	103.8	105.5
南京	100.0	104.5	106.1
杭州	100.4	103.9	105.5
武汉	99.6	105.3	107.1
广州	99.7	107.9	109.9
深圳	99.8	103.4	104.9
重庆	100.0	108.0	110.0
沈阳	99.7	103.1	105.2

资料来源：http://www.stats.gov.cn/xxgk/sjfb/zxfb2020/202111/t20211115_1824503.html。

2. 简单分组表

简单分组表是指统计总体只按一个标志进行分组后形成的统计表。它可以利用分组揭示现象的不同特征，研究总体的内部构成，分析现象之间的相互关系，如表2-4和表2-5所示。

3. 复合分组表

复合分组表是指总体按两个或两个以上标志分组后形成的统计表，如表2-7和表2-8所示。

表2-7　2021年年末人口数及其构成

指　标	年末人口数/万人	比重/%
全国人口	141 260	100.0
其中：城镇	91 425	64.7
农村	49 835	35.3
其中：男性	72 311	51.2
女性	68 949	48.8
其中：0～15岁（含不满16周岁）	26 302	18.6
16～59岁（含不满60周岁）	88 222	62.5
60周岁及以上	26 736	18.9
其中：65周岁及以上	20 056	14.2

资料来源：http://www.stats.gov.cn/xxgk/sjfb/zxfb2020/202202/t20220228_1827971.html。

表 2-8　某年某地区年末人口数统计表

按城乡和性别分组	人口数/万人	比重/%
全地区总人口	6 810	100
一、城镇	2 880	42.3
男性	1 416	20.8
女性	1 464	21.5
二、农村	3 930	57.7
男性	1 895	27.8
女性	2 035	29.9

三、统计表的设计要求

无论是调查表、整理表,还是分析表,都要根据研究的目的来安排调查、整理和分析的内容,这样才能分析、研究现象的本质和规律。为了规范和美观,设计统计表时要遵循科学、实用、简明、美观的原则。统计表的具体设计要求如下。

(一) 统计表形式的设计

(1) 统计表通常都应设计成由纵横条交叉组成的长方形表格,长宽之间应保持适当的比例,过于细长、过于粗短和长宽基本相等的方形表均不符合美观原则,应尽量避免。

(2) 统计表上、下两端的端线应以粗线或双线绘制,表中其他线条一般应以细线绘制。但某些必须用明显线条分隔的部分,也应以粗线或双线绘制。统计表左、右两端习惯上均不画线,采用不封口的"开口"表式。

(3) 统计表各横行如需合计时,一般应将合计列在最后一行,并在合计之上画一细线。各纵栏如需合计时,一般应将合计列在最前一栏。

(4) 复合分组列在横行标题时,应在第一次分组的各组组别下后退一、二字填写第二次分组的组别。这时,第一次分组的组别就成为第二次分组各组小计。若需进行第三、四次分组,可依此类推。

(5) 复合分组列在纵栏标题时,应先按第一次分组的组别分别列为各大栏,再按第二次分组的组别分别将各大栏分列为各小栏,并在各小栏前加列一小计栏。余者依此类推。合计栏(行)仍列在最前一栏。复合分组的第二次以后的分组如果没有必要列出所有组别时,应在所列出的组别前注明"其中"字样,以表示只列出了部分组别。

(6) 统计表纵栏较多时,为便于阅读,可按栏次编号。习惯上对非填写统计资料的各栏分别以(甲)(乙)(丙)……的次序编栏,对填写统计资料的各栏分别以(1)(2)(3)(4)……的次序编栏。各栏统计数字间有一定计算关系的,也可用数学符号表示其计算关系。有些横行较多的表,也可同样编行号。

(二) 统计表内容的设计

(1) 统计表的总标题应当用简练而又准确的文字来表述统计资料的内容,以及资料所属的空间和时间范围。

(2) 统计表的主词和宾词之间必须遵守相互对应的原则,以便表明统计表中任一指数值反映的量所属的社会经济性质及其限定的时间、空间和条件。

（3）统计表各主词之间或宾词之间的次序，应当按照时间的远近、数量的多少、空间的位置等自然顺序编排。某些项目之间存在着一定的客观联系，如先有计划、后有实际，才有计划完成相对数；上期结余加本期收入减本期支出等于本期结余数，等等，则应根据事物运动的客观规律合理编排。

（4）指标数值的计算单位应按下述方法表示：当表中所有指标数值都以同一单位计量时，应将计量单位写在表的右上方，当同栏指标数值采用同一单位计量，而各栏的计量单位不同时，则应将计量单位标写在各纵栏标题的下方或右侧。当同一横行用同一计量单位，而各行的计量单位不同时，则可在横行标题后添列一计量单位栏，用于表示横行计量单位。

（三）宾词的设计

统计表中宾词的设计主要指统计指标的编排。宾词指标的设计在不要求分组的情况下，可以按照指标的主次先后排列；在需要分组时，宾词指标的设计分为简单设计和复合设计。宾词指标的简单设计是将宾词中的各个指标作平行的设置，即指标与指标之间彼此独立，如表 2-9 所示。

表 2-9　某连锁超市所属职工情况统计表（简单设计）

企业	职工人数	性别		工龄			
		男	女	5 年以下	5～10 年	10～15 年	15 年以上
甲	(1)	(2)	(3)	(4)	(5)	(6)	(7)
皇姑店							
铁西店							
和平店							
合　计							

宾词指标的复合设计是将说明主词的各个指标按分组标志作层叠的设置，如表 2-10 所示。宾词指标的复合设计能够更全面、更深入地描述所研究总体的特征，但由于复合设计中根据分组标志所划分的指标栏目数量呈乘积关系，当分组标志较多时，宾词指标会分得过多过细，容易造成统计表混乱不清。因此，对宾词指标的复合设计应慎重考虑。

表 2-10　某连锁超市所属职工情况统计表（复合设计）

企业	职工人数			工龄								
				5 年以下			5～10 年			10 年以上		
	小计	男	女	小计	男	女	小计	男	女	小计	男	女
甲	(1)	(2)	(3)	(4)	(5)	(6)	(7)	(8)	(9)	(10)	(11)	(12)
皇姑店												
铁西店												
沈河店												
合　计												

(四)统计表制表技术要求

(1) 文字应书写工整、字迹清晰;数字应填写整齐、数位对齐。

(2) 当数字为 0 时要写出来,某格中不应有数字时,要用符号"—"表示出来,当缺某项数字或因数值小可略而不计时,用符号"⋯"表示;当某项数字资料可免填时,用符号"×"表示。统计数字部分不应留空白。当某些数值与上、下、左、右的数值相同时,亦应填写该数值,不得用"同上""同左"等代替。

(3) 对某些需要特殊说明的统计资料,应在表下加注说明。

(4) 统计表填写经审核后,制表人和主管人都应签名,并加盖本单位公章,以示负责。

相关链接

多标志分组表的设计

多标志分组表是指对现象按两个或两个以上的标志进行分组形成的统计表,它可以提示复杂现象的多种特征,深入研究现象内部的复杂构成及变化过程。

1. 不规则分组表

不规则分组表是多标志分组中平行分组与复合分组结合运用所形成的分组表,不规则分组表因其灵活方便,在实践中被广泛应用,如表 2-11 所示。

表 2-11 某商业企业商品进销存情况统计表

商品名称 甲	计量单位 乙	编码 丙	月初库存 (1)	本月购进 (2)	本月销售 (3)	月末库存 (4)
木材	m²	01				
木板	m²	02				
人造板	m²	03				
夹心板	m²	04				
密度板	m²	05				
中密度板	m²	06				
地板	m²	07				
木地板	m²	08				
复合地板	m²	09				
石膏板	m²	10				
大力胶	kg	11				
建筑胶	kg	12				

单位负责人: 统计负责人: 填表人: 报表日期: 年 月 日

说明:表中 03≥04+05,05≥06,07≥08+09;(4)=(1)+(2)-(3)。

表 2-11 是在调查之前根据调查目的、调查任务和调查对象的特点设计的,是调查方案核心内容的组成部分。

2. 平行分组表的设计

在平行分组表中,各分组标志是平行关系,形成的分组体系是独立的,如表 2-12 所示。

表 2-12　某企业在职职工情况统计表

性别	人数/人	年龄	人数/人	月工资额/元	人数/人
男	45	20 以下	27	3 000 以下	23
		20～30	43	3 000～4 000	36
		30～40	55	4 000～5 000	44
女	155	40～50	42	5 000～6 000	57
		50～60	31	6 000～7 000	34
		60 以上	2	7 000 以上	6
合　计	200	合　计	200	合　计	200

3. 宾词不规则设计

宾词不规则设计是指将宾词指标按两个或两个以上的标志进行不规则分组,并且在表中平行排列。不规则设计是最常见、最具灵活性的一种设计,能最大限度地满足实际需要,如表 2-13 所示。

表 2-13　某工业企业在职职工情况统计表

分厂名称	职工人数/人	性别		工程技术人员		年内新录用人员	
甲	(1)	男 (2)	女 (3)	小计 (4)	其中：高级工程师 (5)	小计 (6)	其中：高职毕业生 (7)
和平分厂							
于洪分厂							
大东分厂							
合　计							

一套表统计调查制度

调查表式

同步练习与技能实训

【基本概念】

统计设计　统计表　宾词　主词　调查表　整理表　分析表

【基本训练】

一、单项选择题

1. 完整的统计工作过程第一阶段是(　　)。

　　A. 统计调查　　　　　　　　　　B. 统计整理

    C. 统计设计					D. 统计分析
2. 按统计设计所包括的研究对象的范围,可分为(　　)。
    A. 整体设计和专项设计			B. 全过程设计和单阶段设计
    C. 多阶段设计和单阶段设计		D. 整体设计和单项设计
3. 设计统计指标体系时的联系性原则是指(　　)。
    A. 综合考虑管理上的要求和调查目的
    B. 整体上全面考虑各个指标之间的联系
    C. 综合考虑总体内部与外部的联系
    D. 从认识对象本身考虑各运动过程的联系
4. 指标体系按反映范围不同可分为(　　)。
    A. 基本指标体系和专题指标体系		B. 宏观指标体系和微观指标体系
    C. 国民经济指标体系和社会指标体系	D. 数量指标体系和质量指标体系
5. 统计指标体系是(　　)。
    A. 若干个独立的统计指标组成的相互依存的整体
    B. 一系列互为依存的统计指标组成的整体
    C. 一系列互为因果关系的统计指标组成的整体
    D. 若干个相互联系、相互制约的统计指标组成的整体
6. 统计表的纵栏标题是用来表明(　　)。
    A. 各组的名称   B. 统计表的名称   C. 指标的名称   D. 统计总体
7. 在编制填列统计表时,当缺某项数字或因数值小可略而不计时,其符号为(　　)。
    A. ×   B. —   C. /   D. …
8. 统计表的横行标题是用来表明横行内容的名称,一般列在表的(　　)。
    A. 左方   B. 右方   C. 上方   D. 下方

二、多项选择题
1. 统计指标和指标体系的设计原则包括(　　)。
    A. 科学性原则   B. 目的性原则   C. 联系性原则
    D. 统一性原则   E. 可比性原则
2. 统计指标和指标体系设计的内容包括确定统计指标的(　　)。
    A. 名称和含义   B. 空间标准和时间标准   C. 计量单位
    D. 计算方法   E. 所属时间
3. 全过程设计和单阶段设计相比较(　　)。
    A. 全过程设计偏重于安排各阶段的联系
    B. 全过程设计和单阶段设计各有分工,各有侧重
    C. 单阶段设计要细致地安排工作进度和方法
    D. 两者相比,全过程设计是主要的
    E. 单阶段设计是在全过程设计的基础上进行的
4. 整体设计和专项设计相比较(　　)。
    A. 整体设计是主要的			B. 专项设计是主要的
    C. 整体设计从属于专项设计		C. 专项设计从属于整体设计

E. 整体设计和专项设计的划分是相对的
5. 统计设计按所包括的时期可以分为（　　）。
   A. 全过程设计　　　B. 长期设计　　　C. 短期设计
   D. 中期设计　　　　E. 单阶段设计
6. 按分组情况不同，统计表可分为（　　）。
   A. 简单表　　　　　B. 简单分组表　　C. 整理表
   D. 调查表　　　　　E. 复合分组表
7. 从形式上看，统计表的主要组成部分有（　　）。
   A. 总标题　　　　　B. 填表日期　　　C. 横行标题
   D. 指标数值　　　　E. 纵栏标题
8. 设计统计表的一般原则包括（　　）。
   A. 科学　　　　　　B. 实用　　　　　C. 醒目
   D. 简明　　　　　　E. 美观

三、判断题

1. 统计设计作为一个独立阶段，是由经济工作的发展和统计研究的进步所决定的。（　　）
2. 统计设计的结果表现为统计指标和统计指标体系。（　　）
3. 统计表按用途不同，可分为调查表、整理表、分析表。（　　）
4. 长期设计是指5年以上的统计设计，国民经济和社会发展五年规划属长期计划。（　　）
5. 总标题是统计表的名称，一般位于表上端的正中央。（　　）
6. 统计表是统计工作的重要工具，是积累和表现统计资料唯一的一种形式。（　　）

四、简答题

1. 统计设计包括哪些内容？
2. 统计指标和指标体系的设计原则是什么？
3. 统计指标的设计内容有哪些？
4. 设计企业统计指标体系时要注意哪些问题？
5. 统计表有哪些分类？
6. 设计统计表有哪些基本的要求？

【实训项目】

1. 调查了解本院同学们的生活消费基本情况，设计一套反映学生消费状况的"生活消费水平指标体系"。
2. 厂有两个车间。甲车间共有职工150人，其中男性100人，女性50人。男性职工中，高级职称职工10人，中级职称职工45人，其余为初级及以下职称。女性职工中，高级职称职工4人，中级职称职工17人，其余为初级及以下职称。

乙车间共有职工200人，其中男性145人，女性55人。男性职工中，高级职称职工19人，中级职称职工56人，其余为初级及以下职称。女性职工中，高级职称职工10人，中级职称职工15人，其余为初级及以下职称。

要求：根据上述资料编制复合分组表。

3. 30个工业企业基本情况如表2-14所示。

表2-14　30个工业企业基本情况

编号	部门	经济类型	职工人数/人	编号	部门	经济类型	职工人数/人
1	工业	国有	200	16	工业	国有	380
2	商业	国有	220	17	商业	国有	400
3	交通	私营	230	18	商业	集体	410
4	工业	集体	235	19	工业	集体	410
5	商业	集体	240	20	工业	集体	420
6	交通	私营	280	21	交通	私营	420
7	工业	国有	290	22	商业	私营	420
8	工业	私营	300	23	工业	国有	480
9	商业	国有	310	24	交通	国有	480
10	交通	国有	320	25	工业	集体	500
11	工业	私营	340	26	交通	国有	520
12	商业	国有	350	27	工业	集体	520
13	工业	集体	360	28	工业	国有	800
14	商业	集体	360	29	商业	国有	800
15	工业	集体	440	30	工业	国有	900

要求：根据上述资料,以部门、经济类型、职工人数(分三组)为分组标志编制简单平行分组体系表和复合分组表。

【案例分析】

全面建成小康社会统计监测指标体系——全国统一标准方案

表2-15为国家统计局制定的《全面建成小康社会监测指标体系》中的全国统一标准方案。

表2-15　全国统一标准方案(全国及各地区统一目标值)

	监测指标	单位	权重	目标值
经济发展	1. 人均GDP(2010年不变价)	元	4.0	≥57 000
	2. 第三产业增加值占GDP比重	%	2.0	≥47
	3. 居民消费支出占GDP比重	%	2.5	≥36
	4. R&D经费支出占GDP比重	%	1.5	≥2.5
	5. 每万人口发明专利拥有量	件	1.5	≥3.5
	6. 工业劳动生产率	万元/人	2.5	≥12
	7. 互联网普及率	%	2.5	≥50
	8. 城镇人口比重	%	3.0	≥60
	9. 农业劳动生产率	万元/人	2.5	≥2

续表

	监 测 指 标		单位	权重	目标值
民主法制	10. 基层民主参选率		%	3.5	≥95
	11. 每万名公务人员检察机关立案人数		人/万人	3.5	≤8
	12. 社会安全指数	每万人口刑事犯罪人数	%	4.0	=100
		每万人口交通事故死亡人数			
		每万人口火灾事故死亡人数			
		每万人口工伤事故死亡人数			
	13. 每万人口拥有律师数		人	3.0	≥2.3
文化建设	14. 文化及相关产业增加值占 GDP 比重		%	3.0	≥5
	15. 人均公共文化财政支出		元	2.5	≥200
	16. 有线广播电视入户率		%	3.0	≥60
	17. 每万人口拥有"三馆一站"公用房屋建筑面积		平方米	2.5	≥450
	18. 城乡居民文化娱乐服务支出占家庭消费支出比重		%	3.0	≥6
人民生活	19. 城乡居民人均收入(2010 年不变价)		元	4.0	≥25 000
	20. 地区人均基本公共服务支出差异系数		%	1.5	≤40
	21. 失业率		%	2.0	≤6
	22. 恩格尔系数		%	2.0	≤40
	23. 基尼系数		—	1.5	≤0.4
	24. 城乡居民收入比		以农为1	1.5	≤2.8
	25. 城乡居民家庭住房面积达标率		%	2.0	≥60
	26. 公共交通服务指数	每万人拥有公共交通车辆	标车	2.0	=100
		行政村客运班线通达率	%		
	27. 平均预期寿命		岁	2.0	≥76
	28. 平均受教育年限		年	2.0	≥10.5
	29. 每千人口拥有执业医师数		人	1.5	≥1.95
	30. 基本社会保险覆盖率		%	3.0	≥95
	31. 农村自来水普及率		%	1.5	≥80
	32. 农村卫生厕所普及率		%	1.5	≥75
资源环境	33. 单位 GDP 能耗(2010 年不变价)		吨标准煤/万元	3.0	≤0.6
	34. 单位 GDP 水耗(2010 年不变价)		立方米/万元	3.0	≤110
	35. 单位 GDP 建设用地占用面积(2010 年不变价)		公顷/亿元	3.0	≤60

续表

	监 测 指 标		单位	权重	目标值
资源环境	36. 单位GDP二氧化碳排放量(2010年不变价)		吨/万元	2.0	≤2.5
	37. 环境质量指数	PM2.5达标天数比例	%	4.0	=100
		地表水达标率			
		森林覆盖率			
		城市建成区绿化覆盖率			
	38. 主要污染物排放强度指数	单位GDP化学需氧量排放强度	%	4.0	=100
		单位GDP二氧化硫排放强度			
		单位GDP氨氮排放强度			
		单位GDP氮氧化物排放强度			
	39. 城市生活垃圾无害化处理率		%	3.0	≥85

注：(1) 全国单位GDP二氧化碳排放暂无数据，待有关部门公布时再纳入计算。

(2) 复合指标环境质量指数中的PM2.5达标天数比例暂无数据，用城市空气质量达到二级以上天数占全年比重代替。

(3) 各地区单位地区生产总值二氧化碳排放量、基尼系数、每万名公务人员检察机关立案人数、人均基本公共服务支出差异系数数据无法取得，未纳入计算。

资料来源：https://wenku.baidu.com/view/7f68b449b4daa58da0114ab7.html。

讨论与分析：

1. 全面建成小康社会统计监测指标体系运用了哪些统计学基本概念和统计认识基本方法来反映中国小康进程及全面建成小康社会的目标？这种认识社会经济现象的方法有什么特点？

2. 全面建设小康社会统计监测指标体系借用了相关学科的哪些概念？

3. 全面建设小康社会统计监测指标体系是否符合统计指标及指标体系的设计要求？是否需要完善？

项 目 三

统 计 调 查

知识目标

（1）了解统计调查的概念、要求和种类；
（2）掌握统计调查方案的内容；
（3）掌握各种统计调查方式、方法及特点；
（4）掌握调查问卷的结构、设计程序、设计原则和设计方法。

技能目标

（1）会正确制订各种统计调查方案；
（2）会根据实际情况采用适宜的调查方式、方法收集信息资料；
（3）会正确设计调查问卷。

 案例导入

我国第七次全国人口普查

2019年10月31日，中华人民共和国国务院下达了《国务院关于开展第七次全国人口普查的通知》，决定于2020年开展第七次全国人口普查。

1. 普查目的

第七次全国人口普查将全面查清我国人口数量、结构、分布、城乡住房等方面情况，为完善人口发展战略和政策体系，促进人口长期均衡发展，科学制定国民经济和社会发展规划，推动经济高质量发展，开启全面建设社会主义现代化国家新征程，向第二个百年奋斗目标进军，提供科学准确的统计信息支持。

2. 普查对象、内容和时间

普查对象是普查标准时点在中华人民共和国境内的自然人以及在中华人民共和国境外

但未定居的中国公民,不包括在中华人民共和国境内短期停留的境外人员。

普查主要调查人口和住户的基本情况,内容包括:姓名、公民身份号码、性别、年龄、民族、受教育程度、行业、职业、迁移流动、婚姻生育、死亡、住房情况等。

普查标准时点是2020年11月1日零时。

3. 普查方法

第七次全国人口普查入户工作于2020年10月11日至12月10日期间进行,11月1日起正式开启。此次人口普查将采取电子化方式开展普查登记,同时倡导普查对象自主填报的方式,鼓励大家使用手机等移动终端自行申报个人和家庭信息。此次普查将采用互联网云技术、云服务和云应用部署,全流程加强对公民个人信息的保护,确保公民个人信息安全。700多万普查人员将于11月1日起走入千家万户,正式开启普查现场登记。

4. 组织和实施

国务院决定成立第七次全国人口普查领导小组,负责普查组织实施中重大问题的研究和决策。普查领导小组办公室设在国家统计局,具体负责普查的组织实施。地方各级人民政府要设立相应的普查领导小组及其办公室,认真做好本地区普查工作。

5. 经费保障

第七次全国人口普查所需经费,由中央和地方各级人民政府共同负担,并列入相应年度的财政预算,按时拨付、确保到位。

6. 工作要求

坚持依法普查。各地区、各部门要按照《中华人民共和国统计法》《中华人民共和国统计法实施条例》《全国人口普查条例》等法律法规要求,认真做好普查各项工作。

确保数据质量。建立健全普查数据质量追溯和问责机制,确保普查工作顺利进行和普查数据真实准确。

提升信息化水平。采取电子化方式开展普查登记,探索使用智能手机采集数据。

加强宣传工作。各级普查机构要会同宣传部门认真做好普查宣传的策划和组织工作。

人口普查是世界各国广泛采用的收集人口资料的一种调查方式。从1949年至今,我国已进行过七次全国性人口普查。普查和统计调查的关系是怎样的?调查方案是怎样设计的?它的内容包括哪些?通过本项目的学习,你将得到这些问题的答案。

任务一 统计调查的概念和种类

一、调查的概念和基本要求

(一)统计调查的概念

统计调查是根据统计研究的目的和任务,采用科学的方法,有计划、有组织地收集数据信息资料的统计工作过程。统计调查所收集的资料有两种:原始资料(初级资料)和二手资料(次级资料)。原始资料是指直接向调查单位收集的未经过加工、整理的资料;二手资料是指已经经过某个单位、部门或某个地区收集、加工整理过的资料,即来源于别人调查和别人科学实验得到的统计资料。本书重点介绍原始资料的收集方法。

统计调查是统计工作过程的第二个阶段,是整个统计工作的基础环节。通过统计调查取得的有关被研究现象的具体资料,为统计资料整理和统计分析提供了依据。统计调查工作的质量将直接影响对现象总体数量特征和发展变化规律的判断和认识。

(二) 调查的基本要求

统计调查必须保证质量,才能正确反映客观事物,因此对统计调查的基本要求是准确性、及时性和完整性。

1. 准确性

准确性是指收集的统计数据必须如实地反映客观实际,做到真实、可靠、不修饰、不渲染。这是保证统计工作质量的首要环节。准确、真实是统计工作的生命,只有遵循科学严谨、实事求是,既不虚报浮夸,也不瞒报漏报的工作原则,才能收集到准确的统计调查资料。

2. 及时性

及时性是指按规定的时间及时上报各种统计调查资料,以便满足各方面的需要。及时性关系到统计资料的使用价值。如果统计资料收集工作完成得不及时,就会贻误整个统计资料整理、分析的时间进程,使统计工作失去应有的作用。同时,及时性还关系到统计工作的全局,任何一个调查单位统计资料上报不及时,都会影响整个统计工作的进程。

3. 完整性

完整性是指调查单位不重复、不遗漏,所列调查项目的资料要收集齐全。若统计调查资料残缺不全,就不可能反映所研究现象的全貌,也不可能认识现象的总体特征,最终也不能正确地认识现象的规律性。

二、统计调查的种类

(一) 按调查对象分类

统计调查按调查对象包括的范围不同,可分为全面调查和非全面调查。

全面调查是对构成调查对象的全部单位无一例外地进行登记调查,借以了解调查对象总体数量特征的调查方式。例如,我国的人口普查、经济普查、工业普查、农业普查都是全面调查。这种调查能全面掌握所有调查单位的情况,但需要耗费较多的人力、物力和财力。

非全面调查是对调查对象中的一部分单位进行登记调查,借以了解调查对象总体数量特征的调查方式。非全面调查的调查单位少,可以用较少的人力、物力、财力和时间调查了解较多的内容,非全面调查有抽样调查、典型调查、重点调查等几种调查方法。

(二) 按登记时间分类

统计调查按调查登记的时间是否连续,可分为经常性调查和一次性调查。

经常性调查是指随着研究对象的变化,连续不断地进行登记调查,以说明现象的发展过程,体现现象在一定时期的总量。例如,工业企业总产值、产品产量、原材料消耗量、商品销售量等就是在观察期内连续观察登记的结果。经常性调查所得资料是现象在一段时间内的总量。

一次性调查是指间隔一定时间对研究现象的不连续调查,以说明现象在某一定时点上的状况。一次性调查并不意味着只能对现象调查一次,只是没有必要进行经常性的调查。例如,人口数、机器设备台数、商品存量等资料短期内变化不大,没有必要连续登记资料。一次性调查所得资料是现象在某一瞬间所达到的水平。

(三)按组织形式分类

统计调查按组织形式不同,可分为统计报表和专门调查。

统计报表是国家统计系统和业务部门为了定期取得系统、全面的统计资料而采用的一种收集资料的方式,目的在于掌握经常变动的、对国民经济有重大意义的统计资料,如农业统计报表、工业统计报表和批发零售业统计报表。

专门调查是为了了解和研究某种情况或专项问题而专门组织的调查。专门调查的研究目的和任务决定了其调查组织机构往往是临时设置的,这种调查大多数情况下属于一次性调查,如抽样调查、普查、重点调查和典型调查等。

(四)按收集资料的方法分类

统计调查按收集资料的方法不同,可分为直接调查和间接调查。

直接调查是指调查者到现场实地直接向调查对象收集统计资料的调查方法,如访谈法、观察法和实验法等。

间接调查是指调查者通过某种媒介间接收集二手统计资料的调查方法,如文献法等。

任务二 统计调查方案设计

统计调查方案是统计调查前所制订的实施计划,是保证调查工作能够有计划、有组织、有系统进行的方案。设计统计调查方案时应包括的内容有:明确调查目的和任务、确定调查对象和调查单位、确定调查项目和设计调查表、确定调查时间和调查期限、制订调查工作的组织实施计划。

一、确定调查目的和任务

设计统计调查方案的首要问题是明确调查目的和任务。不同的调查目的和任务决定着不同的调查内容和范围。有了明确的目的和任务,才能进一步确定调查的对象、项目、组织方式与方法等问题。调查目的和任务要根据统计工作的实际需要,结合调查对象的特点来确定。例如,第七次全国人口普查的目的是"全面查清我国人口数量、结构、分布、城乡住房等方面情况,为完善人口发展战略和政策体系,促进人口长期均衡发展,科学制定国民经济和社会发展规划,推动经济高质量发展,开启全面建设社会主义现代化国家新征程,向第二个百年奋斗目标进军,提供科学准确的统计信息支持"。

二、确定调查对象和调查单位

调查对象是指依据调查目的和任务确定的调查现象总体及范围。例如,我国第七次人口普查规定:人口普查对象是指普查标准时点在中华人民共和国境内的自然人以及在中华人民共和国境外但未定居的中国公民,不包括在中华人民共和国境内短期停留的境外人员。

调查单位是指所要调查的现象总体中所包含的具体单位,即总体单位,也就是在某项调查中要登记其具体特征的单位。调查对象确定后,调查单位也就明确了。例如,在人口普查中,每个人就是调查单位。

确定了调查对象与调查单位后,还要规定报告单位。报告单位是负责填报调查内容、提交调查资料的单位。调查单位与报告单位有时一致,有时不一致。例如,在工业企业普查中,每个工业企业既是调查单位又是报告单位;在进行工业企业设备普查中,每台设备是调查单位,每个工业企业是填报单位。

三、确定调查项目和设计调查表

调查项目是调查内容的具体表现,是调查中调查单位所要登记的特征,包括一系列数量标志和品质标志。例如,第七次全国人口普查的内容是"人口和住户的基本情况",具体项目是"姓名、公民身份号码、性别、年龄、民族、受教育程度、行业、职业、迁移流动、婚姻生育、死亡、住房情况等"。在确定调查项目时应注意以下几点。

（1）调查项目的内容要少而精,所选项目要能满足调查目的的需要,而且是能确实取得的资料。

（2）调查项目的含义要有明确、具体和统一的解释。

（3）调查项目的设置要考虑彼此相互联系以及同类调查的纵向衔接。

调查项目可以用调查表或调查问卷的形式表现出来。调查表就是将调查项目按一定的顺序所排列而成的一种表格形式。调查表有单一表和一览表两种(有关调查表的设计已在项目二的任务三中阐述)。调查问卷是以问答的方式将所要调查的项目和可能的答案按照一定的顺序排列而成的向被调查者收集资料的工具,是目前国际流行的广泛应用的调查工具。

四、确定调查时间和调查期限

调查时间是调查资料所属的时间。调查时间既可以是时期,也可以是时点。如果调查的是时期现象,调查时间就是调查资料所反映的起止时间。例如,要了解我国2020年上半年的钢产量,那调查时间就是从2020年1月1日起至2020年6月30日止的6个月。如果调查的是时点现象,调查时间就是规定的统一的标准调查时点。例如,第七次全国人口普查的标准时点是2020年11月1日零时。

调查期限是进行调查工作的时间限定,包括收集资料、登记调查表和报送资料等整个工作所需要的时间。例如,第七次全国人口普查的标准时点是2020年11月1日零时,上门登记时间是11月1日至11月10日,调查期限为10天。

五、制订调查工作的组织实施计划

为了确保调查工作顺利进行,必须制订一个严密的组织实施计划。调查的组织工作包括调查工作领导机构的组建和调查人员的组织和业务培训、调查资料的报送方式、调查经费的预算和筹集、工作进度的安排、调查文件的准备、宣传教育等。

参考案例

国家统计局公告

2021年第3号

为准确、及时地监测和反映我国人口发展变化情况,为党和政府制定国民经济和社会发展计划以及人口有关政策提供基础依据,国家统计局决定在全国范围内组织开展2021年人口变动情况抽样调查。现将有关事项公告如下：

一、调查范围：被抽中的我国大陆地区的城镇和乡村地域。

二、调查登记对象：本社区（村）被抽中住房内具有中华人民共和国国籍的人，调查以户为单位进行，既调查家庭户，也调查集体户。应在户中登记的人包括：

1. 调查标准时点居住在本户的人；

2. 户口在本户，但调查标准时点未居住在本户的人。

三、调查内容：姓名、公民身份号码、性别、年龄、民族、受教育程度、迁移流动、工作、婚姻生育、死亡、住房情况等。

四、调查时间：调查标准时点是2021年11月1日零时。现场工作时间是10月10日—11月15日。

五、调查方式：由政府统计调查机构派调查员到住户家中进行登记，或由住户自主填报。调查员入户登记时，应当出示县级以上人民政府统计机构颁发的工作证件。

六、依据《中华人民共和国统计法》的规定，统计调查对象应当依法真实、准确、完整、及时提供国家统计调查所需要的资料。各级政府统计机构及其统计人员，对调查对象的个人信息应当予以保密。

七、地方各级人民政府、各部门、各单位及其负责人，各级统计机构和统计人员在调查工作中如有违法行为，将依法追究相关法律责任。调查对象阻碍统计机构和统计人员开展工作，构成违反治安管理行为的，将由公安机关依法给予处罚。

请社会各界特别是被抽中作为调查对象的住户，积极支持配合2021年人口抽样调查工作。

国家统计局

2021年9月30日

资料来源：http://www.stats.gov.cn/tjgz/tzgb/202110/t20211008_1822733.htm。

任务三　统计调查组织形式

统计调查组织形式是指组织统计调查、收集信息资料的方式和方法。统计调查的方式和方法有很多，本节介绍几种常用的重要统计调查方式和方法。

一、统计调查方式

（一）统计报表

1. 统计报表的含义

统计报表是我国统计调查方法体系中的一种重要的组织方式。它是根据国家的统一规定，自上而下地统一布置，以一定的原始记录为依据，按照统一的表式、统一的指标项目、统一的报送时间和报送程序，自下而上地逐级定期提供基本统计资料的一种调查方式。统计报表具有统一性、时效性、全面性、可靠性和调查周期相对稳定的特点，可以满足各级管理层次的需要。

统计报表资料来源于基层单位的原始记录。从原始记录到统计报表，中间还要经过统计台账和企业内部报表。原始记录是基层单位通过一定的表格形式，对生产经营活动的具体内容和状况进行的最初的数字和文字记载。统计台账是对原始记录进行整理汇总的工具，是基层单位根据统计报表要求和本单位经营管理需要，按时间顺序设置的一种系统积累统计资料的账册，如表3-1所示。企业内部报表是企业根据原始记录和统计台账进行整理汇总后编制的，是企业各职能部门和企业领导层取得统计资料的一种形式。它只在企业内部使用，是编制基本统计报表和专业报表的基础。

表 3-1 2021年服务业企业统计台账

单位：千元

指标名称	代码	1月	1-2月	1-3月	1-4月	1-5月	1-6月	1-7月	1-8月	1-9月	1-10月	1-11月	1-12月	备注
一、期末资产负债	—													
资产总计	213													
负债合计	217													
所有者权益合计	218													
二、损益及分配	—													
营业收入	301													
净服务收入	340													
营业成本	307													
税金及附加	309													
销售费用	312													
管理费用	313													
研发费用	331													
财务费用	317													
资产减值损失	320													
信用减值损失	333													
公允价值变动收益(损失以"-"号记)	321													

续表

指标名称	代码	1月	1—2月	1—3月	1—4月	1—5月	1—6月	1—7月	1—8月	1—9月	1—10月	1—11月	1—12月	备注
资产处置收益（损失以"—"号记）	335													
投资收益（损失以"—"号记）	322													
净敞口套期收益（损失以"—"号记）	334													
其他收益	330													
营业利润	323													
营业外收入	325													
营业外支出	326													
利润总额	327													
所得税费用	328													
三、成本费用及增值税	—													
应付职工薪酬（本年贷方累计发生额）	401													
其中：社会保险和住房公积金（单位负担部分）	405													
应交增值税	402													
四、期末用工人数	609													

2. 统计报表的特点

(1) 资料来源可靠。统计报表可以将研究的任务事先布置到基层填报单位，基层单位可以根据报表的要求，建立健全各种原始记录。这种方式可以使统计报表的资料建立在可靠的基础上，保证统计资料的准确、及时、系统、完整、方便。基层单位也可以利用统计报表资料，对生产、经营活动进行科学管理。

(2) 能满足各级部门需要。大多数情况下，统计报表是逐级上报、汇总的，各级领导部门都能得到管辖范围内的统计报表资料，可以经常了解本地区、本部门的经济和社会发展情况。

(3) 便于资料的积累。由于统计报表属于经常性定期调查，内容相对稳定，这样可以运用收集和积累的资料系统地进行历史对比，研究经济建设和社会发展变化的规律，为企业的经营管理提供依据。

3. 统计报表的种类

(1) 按调查范围不同，可分为全面的统计调查表和非全面的统计调查表。全面的统计调查表要求调查对象的每一个单位都要填报；非全面的统计调查表只要求调查对象的一部分单位填报。

(2) 按报送周期长短不同，可分为日报、旬报、月报、季报、半年报和年报。

(3) 按填报单位不同，可分为基层报表和综合报表。由基层单位填报的统计调查表称为基层报表，填报的单位称为基层填报单位；由主管部门或统计部门根据基层报表逐级汇总填报的统计调查表是综合报表。填报的单位称为综合填报单位。

(4) 按报表内容和实施范围，可分为国家的、部门的和地方的统计调查表。国家的统计调查表是根据国家统计调查项目和统计调查计划制定的，包括国家统计局单独拟订的和国家统计局与国务院有关部门共同拟订的统计调查表（见表3-2）。部门统计调查表是根据有关部门统计调查项目和统计调查计划制定的，一般用来收集各主管部门所需的专业统计资料，在各该主管部门系统内施行。地方统计调查表是根据有关的地方统计调查项目和统计调查计划制定的，用来满足地方人民政府需要的地方性统计调查表。

表 3-2　商品零售价格指数

		表　　号：V402 表
		制定机关：国家统计局
		文　　号：国统字〔2020〕105 号
综合机关名称：	20　年　月	有效期至：2022 年 1 月

类别及年基本分类 甲	代码 乙	以上月价格为 100 的指数 1	以上年同月价格为 100 的指数 2
总指数			
一、食品 ……			
二、饮料、烟酒 ……			

续表

类别及年基本分类 甲	代码 乙	以上月价格为 100 的指数 1	以上年同月价格为 100 的指数 2
三、服装、鞋帽 ……			
四、纺织品 ……			
五、家用电器及音像器材 ……			
六、文化办公用品 ……			
七、日用品 ……			
八、体育娱乐用品 ……			
九、交通、通信用品 ……			
十、家具 ……			
十一、化妆品 ……			
十二、金银饰品 ……			
十三、中西药品及医疗保健用品 ……			
十四、书报杂志及电子出版物 ……			
十五、燃料 ……			
十六、建筑材料及五金电料 ……			

单位负责人： 填表人： 报出日期：20 年 月 日

 **相关链接**

《批发和零售业统计报表制度》总说明

一、调查目的

为了解和反映批发和零售业的基本情况及经营状况，为各级政府制定经济政策和规划、进行经济管理与调控提供依据，依照《中华人民共和国统计法》，制定本制度。

二、调查内容

本制度主要调查内容包括批发和零售业的调查单位基本情况、财务状况、经营情况等，以及社会消费品零售总额、连锁经营情况、商品交易市场成交情况、重点网上交易平台交易情况等。

三、调查方法

本制度的调查方法主要包括全面调查、抽样调查和重点调查。

社会消费品零售总额统计中，对限额以上批发和零售业单位实行全面调查；对限额以下批发和零售业单位实行抽样调查。对批发和零售业连锁经营统计、亿元以上商品交易市场统计实行全面调查。对重点网上交易平台交易情况实行重点调查。

四、调查对象

本制度的调查对象为批发和零售业法人单位和个体经营户、非批发和零售业法人单位附营的批发和零售业产业活动单位、亿元商品交易市场、连锁总店（总部）、重点网上零售交易平台等。

五、调查范围

本制度的调查范围为辖区内主要从事批发和零售活动的企业（单位）、个体户、连锁集团，以及提供零售活动场所的商品交易市场、网上零售交易平台等。

六、调查组织方式

本制度是国家统计调查制度的一部分，是国家统计局对省、自治区、直辖市统计局的综合要求。按照主要经营地原则进行统计，各地区应按本制度规定的统计范围、统计口径、计算方法，认真组织实施，按时报送。一律执行国家有关标准，各省、自治区、直辖市统计局可在本制度的报表中增加指标，但不得打乱指标的排列顺序和编码。

本制度报表中时期指标数据原则上按月（季）度日历天数统计上报。调查单位采取联网直报方式采集基础数据，严格按照本制度规定的调查内容、上报时独立自行报送数据，不得"打捆"和重复报送统计数据。

在数据处理软件中各级统计机构在规定的时间内采取分级审核、验收和汇总的方式进行数据处理。

按照《统计法》的要求，为保障源头数据质量，做到数出有据，调查单位应该设置原始记录、统计台账，建立健全统计资料的审核、签署、交接和归档等管理制度。

七、数据发布

本制度主要统计指标在国家统计局网站上，以月度新闻稿、国家统计数据库、统计公报、《中国统计年鉴》等方式对外发布数据，还通过《中国景气月报》《贸易外经统计年鉴》《商品交易市场统计年鉴》《零售业和餐饮业连锁经营统计年鉴》等出版物对外发布数据。

国家统计局
2020 年 11 月

资料来源：http://www.stats.gov.cn/xxgk/tjbzhzd/gjtjdczd/202006/t20200619_1769449.html。

（二）普查

1. 普查的含义

普查是指一个国家或者一个地区为详细调查国情、国力的某些方面而专门组织的一次性全面调查，如人口普查、工业普查、农业普查等。它主要用来调查属于一定时点的社会经济现象总量，也可以用来调查一定时期现象的总量，如出生人口总数、死亡人口总数等。

普查是一种很重要的调查方式。有些情况不可能也不需要组织经常性的全面调查，如人口增长及构成变化、物资库存、耕地面积、工业设备等情况，而国民经济建设又必须掌握这方面的详细资料，这就需要通过普查来解决。世界各国在反映本国综合实力的国情国力调查中，都采用普查的方式来完成。

2. 普查的特点

（1）一次性或周期性。由于普查涉及面广、调查单位多，需要耗费大量的人力、物力和财力，通常需要间隔较长的时间进行一次。如我国的人口普查从1953年至2020年共进行了7次。今后，我国的普查将规范化、制度化，即每逢末尾数字为"0"的年份进行人口普查，每逢"3"的年份进行第三产业普查，每逢"5"的年份进行工业普查，每逢"7"的年份进行农业普查，每逢"1"或"6"的年份进行统计基本单位普查。

（2）标准时点性。标准时点是指对被调查对象登记时所依据的统一时点。调查资料必须反映调查对象在这一时点上的状况，以避免调查时因情况变动而产生重复登记或遗漏现象。例如，我国第五次、第六次、第七次人口普查的标准时点为2000年、2010年、2020年当年的11月1日零时，就是要反映这一时点我国人口的实际状况；农业普查的标准时点定为普查年份的1月1日0时。

（3）规定统一调查期限性。在普查范围内各调查单位或调查点尽可能同时进行登记，并在最短的期限内完成，以便在方法和步调上保持一致，保证资料的准确性和时效性。

（4）普查项目和指标的统一性。普查时必须按照统一规定的项目和指标进行登记，不准任意改变或增减，以免影响汇总和综合，降低资料质量。同一种普查，每次调查的项目和指标应力求一致，以便进行历次调查资料的对比分析和观察社会经济现象发展变化情况。

3. 普查的组织方式

普查的组织方式主要有以下两种。

（1）建立专门的普查机构，配备一定数量的普查人员，对调查单位进行直接的登记，如人口普查、工业普查、基本建设普查等。

（2）利用调查单位的原始记录和核算资料，发放调查表，由被调查单位进行核实填报，如物资库存普查等。

后一种方式比前一种简便，适用于内容比较单一、涉及范围较小的情况。特别是为了满足某种紧迫需要而进行的"快速普查"，就可以采用这种方式，它由被调查单位将填报的表格越过中间一些环节直接报送最高一级机构集中汇总。但是，也要组织一定的普查机构，配备一定的专门人员，对整个普查工作进行组织领导。

（三）重点调查

1. 重点调查的含义

重点调查是指在全部调查对象中选择一部分重点单位进行调查，借以了解总体基本情况的一种非全面调查方法。所谓重点单位,是指这些单位在调查对象中只占一小部分,但它们的标志总量在总体中却占较大的比重,通过对这些重点单位进行调查所取得的统计数据能够反映社会经济现象基本情况和发展变化的基本趋势。因此,当调查任务只要求对总体的基本情况进行了解,而部分重点单位又能集中反映所研究的问题时,便可采用重点调查的方式。例如,要及时了解全国原油生产的基本情况,只要对全国为数不多的大庆、胜利、长庆、渤海、延长、新疆、辽河等几个大型油田的原油产量进行调查,就可以掌握我国原油生产的基本情况,因为这些油田的原油产量占全国原油产量的绝大部分。

2. 重点调查的特点

(1) 调查的单位少,即使投入较少的人力、物力,也能够较快地收集到反映总体基本情况的信息资料。

(2) 重点调查既可以用于一次性专门调查,组织专门机构对重点单位进行调查;也可以用于经常性调查,对重点单位布置定期统计报表,经常性地收集资料,以便系统地观察和研究。

3. 重点单位的选择

重点调查的单位可以是一些企业、行业、部门、城市或地区等。选取重点单位应遵循以下两个原则。

(1) 要根据调查任务的要求和调查对象的基本情况确定选取的重点单位及数量。一般来讲,要求重点单位的数量应尽可能少,而其标志值在总体中所占的比重应尽可能大,以保证有足够的代表性。

(2) 要选取那些管理比较健全、业务力量较强、统计工作基础较好的单位作为重点单位。

一般来讲,在调查任务只要求掌握基本情况,而部分单位又能比较集中反映研究项目和指标时,就可以采用重点调查。但重点调查取得的数据只能反映总体的基本发展趋势,不能用以推断总体。

(四) 典型调查

1. 典型调查的含义

典型调查是根据调查目的和要求,在对调查对象进行初步分析的基础上,有意识地选取少数具有代表性的典型单位进行深入细致的调查研究,借以认识同类事物的发展变化规律及本质的一种非全面调查。所谓典型单位,是指在同类事物中能最充分、最集中地体现总体某方面共性的单位。选择典型单位时应注意,要在对调查对象进行全面分析、对可供选择单位进行反复对比的基础上选择代表性较强的单位。典型调查要求收集大量的第一手资料,搞清所调查的典型单位中各方面的情况,做系统、细致的解剖,从中得出用以指导工作的结论和办法。

2. 典型调查的特点

(1) 典型调查主要是定性调查。其主要依靠调查者深入基层进行调查,对调查对象直接剖析,取得第一手资料,能够透过事物的现象发现事物的本质和发展规律。它是一种定性研究,难以进行定量研究。

（2）典型调查是根据调查者的主观判断，选择少数具有代表性的单位进行调查。因此，调查者对调查单位的了解情况、思想水平和判断能力对选择典型的代表性起着决定作用。

（3）典型调查的方式是面对面的直接调查。它主要依靠调查者深入基层与调查对象直接接触与剖析，因此，对现象的内部机制和变化过程往往了解得比较清楚，资料比较全面、系统。

（4）典型调查方便、灵活，可以节省时间、人力和经费。典型调查的对象少，调查时间短，反映情况快，调查内容系统周密，了解问题深，使用调查工具不多，运用灵活方便，可以大大节省人力、财力。

3. 典型调查的作用

（1）研究尚未充分发展、处于萌芽状况的新生事物或某种倾向性的社会问题。通过对典型单位深入细致的调查，可以及时发现新情况、新问题，探测事物发展变化的趋势，形成科学的预见。

（2）分析事物的不同类型，研究它们之间的差别和相互关系。例如，通过调查可以区别先进事物与落后事物，分别总结它们之间的经验教训，进一步进行对策研究，促进事物的转化与发展。

（3）在总体内部差别不大，或分类后各类型内部差别不大的情况下，典型单位的代表性很显著，也可用典型调查资料来补充和验证全面调查的数据。

4. 选择典型时应注意的问题

（1）正确地选择典型。根据调查的目的，在对事物总体情况深入了解、综合分析、对比研究的基础上，选出典型。典型可分为三种：先进典型、中间典型和后进典型。当我们的研究目的是要总结和推广成功的先进经验、树立榜样，引导和推动新事物的发展时，就应选取先进典型；当我们的研究目的是了解一般真实情况，研究和探索事物发展的一般规律时，应选择中等的带有普遍性的那部分单位作为典型；当研究目的是帮助后进单位总结教训，启发人们深入思考时，就应选择后进典型。

（2）要注意点与面的结合。典型虽然是同类事物中具有代表性的部分或单位，但毕竟普遍中存在特殊，一般中存在个别。要注意哪些属于特殊情况，哪些属于一般情况，慎重对待调查结论。对于其适用范围要加以说明，特别是对于要推广的典型经验，必须考察、分析其是否具备条件，条件是否成熟，切忌"一刀切"。

（3）定性分析与定量分析结合。进行典型调查时，不仅要进行定性分析，找出事物的本质和规律，而且要借助定量分析，从量上对调查对象的各个方面进行分析，以提高分析的科学性和准确性。

（五）抽样调查

抽样调查是按随机原则从总体中选取一部分单位进行观察，用以推算总体数量的一种非全面调查。

由于全面调查的范围广，工作量大，需要耗费大量的人力、物力和财力，而且有时也不需要或不可能进行全面调查，但又要了解客观现象的总体情况，在这种情况下，就可采用抽样调查的方式。有关抽样调查的具体问题我们将在项目九抽样推断中详细介绍。

二、统计调查方法

（一）观察法

观察法也称直接观察法，是根据一定的研究目的、研究提纲或观察表，用自己的感官和辅助工具去直接观察被研究对象，从而获得资料的一种方法，如产品的现场检测，农产品产量的测算，商品库存盘点，商场客流量调查，售货员售货时的态度、语言、行为的观察等。由于人的感觉器官具有一定的局限性，因此观察者往往要借助各种现代化的仪器和手段，如照相机、录音机、微型录像机等来辅助观察。

直接观察法取得的资料具有较高的准确性，但需要耗费大量的人力、物力、财力和时间，同时，有些社会经济现象不能采用直接观察法进行测量。例如，对农民和城镇职工家庭收支情况资料的收集，一般不宜直接计量和观察。因此，它的应用受到一定的限制。

（二）访问法

访问法又称询问法、采访法，是指调查人员向被调查者提问，根据被调查者的回答来收集第一手资料的实地调查方法。访问法按接触方式的不同，又分为面谈访问、邮寄问卷、留置问卷和电话访问等。

1. 面谈访问

面谈访问是指调查人员直接访问被调查者，进行面对面的交谈，取得所需资料的一种调查方法。

面谈访问具有直接性和灵活性的特点，能够直接接触被调查者，收集到第一手资料，根据被调查者的具体情况进行深入的询问，从而取得良好的调查结果；同时，面谈访问还可以使调查人员具体观察被调查者，便于判断被调查者回答问题的态度及正确的程度。另外，面谈访问的问卷回收率较高，样本代表性强，有助于提高调查结果的可信程度。

面谈访问的不足是调查费用高、调查时间长，尤其面谈需要调查人员有熟练的谈话技巧，善于启发、引导谈话对象，善于归纳、记录谈话内容。如果不具备这些条件，面谈访问的调查效果会受到一定影响。

面谈访问还可进一步分为个别采访和座谈会两种。

2. 邮寄问卷

邮寄问卷是由调查人员将设计好的调查问卷通过邮寄的方式送达被调查者手中，请被调查者填好问卷后寄回，以获取信息资料的一种方法。邮寄问卷调查的方式既可以直接将问卷邮寄给被调查者，也可以把调查问卷夹带在报纸杂志或产品样品中邮寄给被调查者。

邮寄问卷的主要优点是调查的空间范围大、成本低，被调查者有充分的时间独立思考和回答问题。它的缺点是调查所用的时间较长，问卷回收率低，因而有可能影响样本的代表性；受文化程度限制，被调查者也可能因错误理解问题做出错误的回答。

3. 留置问卷

留置问卷是指由调查人员将调查问卷送到被调查者手中，征得同意后对填写事项做出说明，双方约定交还问卷的时间，调查人员按约定时间登门收取问卷，并向被调查者致谢的整个收集信息的过程。

留置问卷的优点是调查问卷回收率高，被调查者可以当面了解填写问卷的要求，避免由于误解调查内容而产生误差;而且被调查者的意见可以不受调查人员意见的影响,填写问卷的时间较充足,便于思考和回忆。它的主要缺点是调查地域范围有限,调查费用较高,也不利于对调查人员的活动进行有效监督。

4. 电话访问

电话访问是指调查人员通过电话向受访者询问、了解有关问题,从而获取相关信息的一种调查方法。电话访问的方式有两种:一是传统的方式,即依据电话簿、名册等工具,采用登记号码的等距抽样拨号或简单随机抽样拨号来寻找受访者;二是现代的方式,即采用计算机辅助访问系统抽样,寻找受访者。

电话访问的优点主要有:空间范围广,收集信息方便快捷,给出结果和周期短;访问实施的组织环节少,成本较低;访问现场处于同一空间,易于协调和控制。它的主要缺点有:拒访率高;受访者接受访问后,访谈过程一旦受到干扰容易被中断;不能询问较为复杂的问题,信息收集广度和深度极为有限;访问过程中,访问员无法观察受访者的动作、表情等非语言信息,也无法使用任何辅助工具。

电话访问比较适合一些成本预算不高、调查内容简单、收集信息时间紧迫的调查,如产品满意度调查、售后服务调查等。

(三)实验法

实验法是指调查人员根据研究目的,通过实验对比,观察分析调查对象中某些因素之间的因果关系及其发展变化过程,以取得资料的方法。例如,要了解某饮料配方的改变对销售量的影响,可选定一个超市,通过现场实验来观察新旧两种饮料销售量的变化和消费者的反应,获得的数据可作为是否采用新配方的依据。

实验法可以有控制地分析、观察某些市场现象之间是否存在着因果关系,以及它们相互影响的程度;通过实验取得的数据比较客观,具有一定的可信度。但实验法只适用于对当前现象的影响分析,对历史情况和未来变化则影响较小。实验法所需的时间较长,又因为实验中要实际销售商品,因而费用也较高。

实验法应用范围较广。一般来说,改变商品品质、变换商品包装、调整商品价格、推出新产品、变动广告形式或内容、变动商品陈列等,都可以采用实验法调查测试其效果。

(四)报告法

报告法是由被调查单位按照调查机关的调查要求,根据一定的原始记录、统计台账和统一的格式要求,按照隶属关系,及时向调查机关报告统计信息资料的调查方法。统计报表就属于这种方法。报告法一般用于机关团体和企事业单位,下级必须按照规定准确、及时、全面地向上级提供统计信息资料,具有法律或行政强制性。

报告法在统计报告系统健全、原始记录和核算工作完整的前提下,可以保证所提供信息资料的准确性。但报告法通过颁发调查方案来收集信息资料,调查者与被调查者不直接接触,不能了解社会经济活动的具体情况和影响原因,且方法烦琐,所需人力、物力、财力较多。

报告法主要应用于对无法进行直接观察、访问和实验的历史信息资料的收集。

(五)文献法

文献调查法简称文献法,是一种间接的调查方法,是根据调查目的和内容的要求,通过寻找文献收集有关信息资料的调查方法。文献包括报纸、书籍、网上信息资料、公报、数据、表格、图案、音像等形式的现成的信息资料。

文献法资料来源广泛，节省时间，花费少量人力和财力就可获得所需信息资料，信息收集的保密性强，但用文献法收集信息资料时，要严格鉴别、筛选信息资料的时效性、真实性和适应性。

（六）网上调查法

网上调查法是指在互联网上针对特定的问题进行收集、整理和掌握信息资料的一种调查方法。

网上调查法有四种形式：一是通过网络来收集二手资料；二是在线问卷调查，即将调查问卷的网页文件上传至一个或几个网站上，由浏览这些网页的网络用户回答问题的网上调查方法；三是电子邮件问卷调查，即通过电子邮件传送问卷，收集应答者回应信息的网上调查方法；四是网上访谈，即通过诸如 BBS、网络论坛、QQ、微信等来实现网上询问调查的方法。

这种方法的优点是便利、快捷、效率高、调查成本低，没有时空和地域限制；缺点是网上调查的对象难以确认和控制，调查对象代表性差，问卷回答率低。

阅读资料

农产品产量的统计方法

农产品产量是指一定时期（日历年度）内生产的各类农、林、牧、渔产品的实物量。它反映一定时期内各类农产品的总成果，是衡量农业生产规模和水平最重要的指标，并可反映农业满足生活和生产需求的总供给能力。该指标直接关系到城乡居民生活，事关国民经济的一些行业的发展。主要农产品包括粮食、棉花、油料、畜产品、水产品等。

在统计方法上，以农业普查为基础，采用抽样调查、重点调查和全面调查相结合的办法来取得产量数据。目前，小麦、玉米、稻谷、棉花、畜产品的产量采用抽样调查取得。在采集方法上，国家统计局从全国 31 个省（市、区）中抽选部分调查县，县抽村，村抽地块，对样本地块在收获季节进行实割实测得到单位面积产量，然后乘以种植面积得到总产量。猪、牛、羊、禽等主要畜产品产量也采取抽样调查取得。油料、烟叶、水果、蔬菜等农产品产量采用全面统计方法进行。

近年来，国家统计局也开始探索使用遥感技术统计农产品产量。

林产品、渔业产品由林业部门和农业部门采取全面统计方法取得。

资料来源：http://tjj.hubei.gov.cn/ztzl/wqzl/tjkf/tjhd100w/201910/t20191025_21152.shtml。

第三次全国农业普查　　对选择典型案例开展警示教育的调查

任务四　调查问卷

调查问卷由调查者根据调查目的和要求设计,由一系列问题、调查项目和备选答案组成,是向被调查者了解情况、收集资料、获取信息的一种调查工具。它简明、通俗,易于回答,便于记录和整理统计资料,是进行统计调查时经常使用的工具。

一、调查问卷的类型

根据调查目的、调查对象、调查方式的不同,调查问卷可以采用多种不同的设计类型。

(一) 根据填答方式分类

根据调查问卷填答方式不同,可分为自填式和代填式调查问卷。

1. 自填式调查问卷

自填式调查问题是由被调查者自己填答的问卷,主要适用于邮寄调查、留置问卷调查、宣传媒体发放的调查问卷、网上调查及调查人员送发的调查问卷等。

2. 代填式调查问卷

代填式调查问卷是由调查人员根据被调查者的口头回答来填写的问卷,主要适用于座谈会调查、人员访问调查和电话调查等。

(二) 根据问卷类型分类

根据调查问卷的问题类型不同,可分为结构式、无结构式和半结构式调查问卷。

1. 结构式调查问卷

结构式调查问卷通常也称为封闭式调查问卷,是指调查问卷中不仅设计了各种问题,还事先设计出一系列各种可能的限量答案,让被调查者按要求从中进行选择。这种调查问卷具有一定的固定结构,调查问卷中的问题是按照事前统一规定的提问方式提出的,调查者不能随意改动其中的问题及顺序。结构式调查问卷设计规范,便于调查结果资料的处理和定量分析,适用于大规模的调查。

2. 无结构式调查问卷

无结构式调查问卷也称为开放式调查问卷,是指调查问卷的设计没有严格的结构,调查问卷中只设计了询问的问题,不设置固定的答案,让被调查者自由回答和解释自己的想法。

3. 半结构式调查问卷

半结构式调查问卷是一种封闭式与开放式相结合的调查问卷,调查问卷中的一部分问题是封闭式的,另一部分是开放式的。还有一种半结构式调查问卷是同一个问题前半部分给出可选答案,后半部分给出不确切的答案,如"其他""不确定",或者由被调查者自由填答。

半结构式调查问卷兼有结构式调查问卷和无结构式调查问卷的优点,很好地克服了两者的缺点,在实际调查中运用比较广泛。

二、调查问卷的结构

调查问卷的基本结构一般包括以下五个部分。

(一)标题及眉头

1. 标题

标题是调查问卷的主题,标题应准确、简明、突出主题,易于引起回答者的兴趣,如"大学生求职与就业调查问卷""手机市场需求调查问卷"。

2. 眉头

眉头一般由问卷编号、调查单位名称、城市编号、访问员或访问员编号、访问时间、问卷复核人、问卷编码员、录入员等信息组成。这些信息一方面可以用于校对检查、更正错误;另一方面便于对调查人员工作进行监督评估。

(二)问卷说明及填写说明

1. 问卷说明

问卷说明主要说明调查的目的、意义、问题的选择方法等,一般放在调查问卷的开头。问卷说明还要说明调查者的身份、调查结果的使用和依法保密的措施与承诺,有时还需要将奖励的方式、方法及奖金、奖品等有关问题叙述清楚。问卷说明要语气谦虚、诚恳、平易近人,文字要简练、准确。好的问卷说明是赢得被调查者支持与合作、取得调查成功的保证。

2. 填写说明

填写说明是规范和帮助被调查者回答问题的说明,可集中放在问卷的前面,也可以分散到各有关问题之前。尤其是自填式问卷,要有详细的填写说明,而且格式、位置要醒目,让被调查者知道如何填写问卷,何时、如何将问卷返回给调查人员;否则,即使被调查者认真填写也可能造成因错误理解题意而填写错误,引起数据偏差。

(三)主体部分

主体部分是调查问卷的核心内容,包括问题和答案两个方面。调查资料的收集主要通过这部分来完成。这部分设计得如何,直接关系到该项调查有无价值和价值的大小。通常在这部分既提出调查问题,又给出回答的方式和备选答案。调查问题从形式上看,有开放式问题、封闭式问题和半封闭式问题。调查问题的设计取决于调查目的和调查任务,后面还会详细阐述。

(四)被调查者的基本情况

被调查者的基本情况是对调查资料进行分类研究的基本依据。一般而言,被调查者包括两大类:一类是个人;另一类是单位。如果是个人,则其基本情况包括姓名、性别、民族、年龄、文化程度、职业、职务或技术职称、个人或家庭收入等项目;如果是单位,则其基本情况包括单位名称、经济类型、行业类别、职工人数、规模、资产等项目。若采用不记名调查,调查者的姓名可在基本情况中省略。这部分一般放在问卷后面(也有放在问卷前面的),主要是为了防止过早遭到不必要的拒绝。

(五)结束语

结束语一般放在调查问卷的最后,主要对被调查者的合作表示感谢。例如,"调查到此结束,再次感谢您接受访问""访问到此结束,谢谢您,请接受我们的小礼品"。有的调查问卷还要记录下被调查者的姓名、单位、电话以及调查地点等信息,以便审核和进一步追踪调查。

以上介绍了调查问卷的基本结构,实际工作中可根据需要适当简化、变通。

三、调查问卷设计的原则

(一)有明确的主题

根据调查主题,从实际出发确定主题,研究问题的目的明确,重点突出。

(二)结构合理、逻辑性强

问题的排列应有一定的逻辑顺序,符合调查者的思维程序,一般是先易后难、先简后繁、先具体后抽象,这样能够使调查人员顺利发问、方便记录,并确保所取得的信息资料正确无误。

(三)通俗易懂、语言得当

语言应通俗、亲切,应使调查者一目了然,并愿意如实回答。调查问卷要符合被调查者的理解能力和认识能力,避免使用专业术语。所以,设计调查问卷的研究人员不仅要考虑主题,还要考虑被调查者的类型。

(四)便于统计处理

好的调查问卷在调查完成后,能够方便地对所调查到的信息资料进行检查核对,以判别其正确性和实用性,也便于对调查结果的整理和统计分析。

四、调查问卷设计的程序

(一)确定调查主题,收集资料

根据调查主题的要求,列出调查主题所需要的全部信息,从中分析哪些是主要信息,哪些是次要信息,哪些是无用的信息,要收集能够充分反映调查主题的信息资料。只有收集与调查问卷设计相关的资料,认真分析和研究,才能保证调查问卷设计的科学性和合理性。同时,也要收集相同或相似主题的其他调查问卷,既可为调查提供数据和信息,也可为调查问卷的问题设置提供参考。借鉴同类或相近似的调查问卷设计的经验,会大大提高调查问卷设计的质量。

(二)设计调查问卷

设计调查问卷主要包括设计调查问卷结构、问卷问题、问卷问题类型和问题排序等。其中,调查问卷问题的设计需要有很多的技巧,在后面我们将详细介绍。

(三)评估与修改调查问卷

调查问卷草稿设计好后,要组织有关人员对调查问卷草稿做一次初步的评估,及时发现问题和不足,并予以解决。获得认同后,再在小范围内进行试验,以发现可能存在的其他问题。例如,被调查者是否能充分理解并乐意回答,有无语句不清、多余或遗漏,答卷所需要的平均时间等,对发现的问题及时修改。

(四)定稿印刷或发布

调查问卷经过测试、修改定稿之后,需要印刷成纸制的调查问卷或以电子稿的形式发布于互联网上,以备调查使用。

五、调查问卷的问题设计

调查问卷中设置的问题是调查问卷的核心,是针对调查的目的提出来的。问题设计的科学与否,直接影响着调查的质量。根据问题类型不同,可分为结构式、无结构式和半结构式问题。

(一)结构式问题

结构式问题即封闭式问题,是指调查者事先已经设计好了问题及问题各种可能的限量答案,被调查者只能从备选的答案中选定自己认同的答案。

结构式问题的优点有:答案标准化,便于汇总整理;可事先编码,便于信息处理;问题简单,易于选择判断。其缺点有:答案固定,被调查者只能选择备选答案中的答案,不能充分体现不同意见者的意见;被调查者对不明确或判断不准确的问题可能采取猜答或随意回答的方式来回答,从而使调查问卷答案的真实性受到一定的影响。

结构式问题的提问方法有二项选择法、多项选择法、顺位法、评定尺度法和矩阵法等。

1. 二项选择法

二项选择法也称是非法、真伪法或二分法,是指提出的问题仅有两种答案可供选择的提问方法。备选答案通常是用"是"或"否"、"有"或"无"等相互排斥或对立的词语作为答案,没有折中的答案可供选择。例如:

您是否大学毕业: □是　　　　□否
您家中有小汽车吗: □有　　　　□无

是非法由于只有意义对立的两极答案,难以反映被调查者意见与程度的区别,这种方法只适用于互相排斥的两项择一问题。

2. 多项选择法

多项选择法是指提出的问题事先提供两个以上的备选答案,被调查者可以从备选答案中任意选取一项或多项答案作答的提问方法。例如:

您喜欢下列哪种牌子的牙膏:
□高露洁　　□佳洁士　　□中华　　□六必治　　□美加净　　□黑妹

多项选择法提供了多种可能的答案,使被调查者有较大的选择余地。但答案的排序可能影响被调查者选择。一般来说,排在前面的答案被选中的机会较大。另外,当答案中没有列出被调查者所要选择的答案时,被调查者一般倾向于选择现成的答案。

在应用多项选择法时,应注意以下三点:①必须对多个答案事先编号,以方便资料的统计整理;②答案应包括所有的情况,但不能重复;③被选择的答案不宜过多,一般不宜超过10个。

3. 顺位法

顺位法是指调查者对问题先设计出若干答案,由被调查者判断问题答案的重要程度,排出问题答案的先后顺序。例如:

您选择空调的主要因素是(请将所给答案按重要顺序1,2,3…填写在□中):
□价格便宜　　□外形美观　　□维修方便　　□经久耐用　　□噪声低
□品牌　　　　□制冷效果好

这种问题形式便于被调查者对调查事项进行比较衡量,使其能够客观地表达自己对调查事项重要性的态度,而且统计整理也较为简便。顺位法的缺点是不能反映各调查事项重要程度的差异量级。一般在对有关事物重要性的先后次序进行调查时采用这种方法。

设计顺位问句时,应注意以下两点:①决定顺位的项目不应超过 10 个;②顺位取到第几位,应根据调查目的而定。

4. 评定尺度法

评定尺度法是调查者根据对某个问题的意见、态度或强度先设计出若干答案,并按一定的程度排列,由被调查者从中选择满意的答案。经常使用的尺度性副词有:非常满意、比较满意、一般、不太满意、很不满意;非常喜欢、比较喜欢、一般、不喜欢、很不喜欢;等等。例如:

(1) 您对×××品牌电动自行车的评价是:
□非常喜欢　　□比较喜欢　　□一般　　□不喜欢　　□很不喜欢
(2) 你认为该地区的治安环境如何?
□非常好　　□比较好　　□一般　　□不太好　　□非常不好

评定尺度法的特点是将问题的答案对称排列或顺序排列,答案的设置能够反映被调查者对事物的感受程度。

5. 矩阵法

矩阵法是将若干同类问题及几组答案集中在一起排列成一个矩阵,由被调查者按照题目要求选择答案。矩阵法可以采用表格式矩阵,也可以采用非表格式矩阵的形式。

例如,请根据您对某商店的评价在赞同的项目对应的空格内画"√"或打分,如表 3-3 所示。

表 3-3　顾客对商店的评价表

商店名称	赞同的项目				
	价格便宜	商品新颖	态度热情	环境清洁	光线明亮
甲商店					
乙商店					
丙商店					
丁商店					

矩阵法的优点是节省问卷篇幅,而且同类问题集中排列,回答方式相同,也节省了阅读和填写时间。但是,这种集中排列方式比分开排列复杂,容易使被调查者产生厌烦情绪,因此在一份问卷中,这种形式的问题不宜太多。

(二)无结构式问题

无结构式问题即开放式问题,是指所提出的问题不设限量的备选答案,而是由被调查者根据自己的意愿自由作答的问题。

开放式问题的优点有:问题提问的方法灵活,被调查者可以根据自己对问题的认识,按照自己的表达方式自由回答问题,能够比较充分地表达自己的意见和看法,便于对问题深入探讨,有时还会获得意外的信息资料,而且答案真实可靠。其缺点有:问题的提问方式比较灵活,没有统一固定的答案;问题的答案散乱,不便于对答案进行分类整理,难以对问题进行准确的量化分析;对被调查者的文字表达能力要求较高;被调查者需要用较多的时间去思考问题,易于引起被调查者的不快,甚至拒绝回答。例如:

(1)您抽香烟多久了?

(2)您喜欢看哪类的电视节目?

(3)您对今年夏季蔬菜价格的走势有何看法?

(4)您认为目前大学生就业还存在哪些亟待解决的问题?

(5)你对商品房价格居高不下有什么看法?

对于文化程度不高,文字表达有一定困难的调查对象,不宜采用无结构式问题进行调查。而且,无结构式问题所收集到的资料也难以数量化,难以进行统计分析,研究者需要具有较高的研究分析能力,才可能从回收的问卷中作出判断和分析。因此,这类问卷多适合于作进一步深入调查时使用。

(三)半结构式问题

由于结构式问题的局限性,在回收回来的问卷上难以获得较深入、详尽的资料,因此,调查问卷通常在以结构式问题为主的情况下,加入几个无结构式问题。两种类型的问题结合使用,可以获得更好的效果。

半结构式问题即半封闭式问题,是一种介于结构式问题与无结构式问题之间的一种问题设计方式,它是在采用无结构式问题的同时再附上结构式问题,问题的答案既有固定的、标准的,也有让回答者自由发挥的,吸取两者的长处。这类问题在实际调查中运用比较广泛。

例如:

与高露洁牙膏相比,你觉得佳洁士牙膏怎样(可以多选)?

□价格较便宜　　　　□功效更好　　　　□口味感觉好

□牙膏沫比适中　　　□大小合适　　　　□其他:_____(如选其他,请填写)

一份调查问卷采用结构式还是无结构式,要根据问题的具体情况来定。一般来说,比较复杂的、需要进行探索性研究的、答案不清楚或一问多答的问题,以无结构式为宜;对于答案比较清楚、回答类型比较明确、答案数目较少的问题,采用结构式比较适合。为了克服结构式问题和无结构式问题各自的缺点,吸取和发挥它们各自的优点,必要时采用由结构式问题和无结构式问题组成的半结构式问题较好。一般来说,无结构式问题应置于最后且不宜多。

六、调查问卷设计时应注意的问题

(一)问题的措辞

(1)避免提一般性的问题。例如,您对××超市的印象怎样?

这样的问题过于笼统,很难表达出预期效果。

(2)避免使用模棱两可的词语。例如,您是否经常购买某品牌化妆品?

"普通""经常""一些"等词,每个人的理解往往不同,在问卷设计中应避免使用。

(3)避免使用含糊不清的词语。例如,您最近是出门旅游还是休息?

出门旅游也是休息的一种形式,它和休息并不存在选择关系。

(4) 避免使用带有双重含义的词语。例如,您对乐华牌乳胶漆的价格和包装是否满意?这一问题中包含了价格和包装两个问题。

(5) 尽量避免使用反义疑问句或否定疑问句。例如,您是否不赞成商店实行"打折"?

(6) 注意避免问题的从众效应和权威效应。例如,科学家认为钙是人体不可缺少的元素,您认为您的孩子需要补钙吗?

(7) 避免使用引导性词语。例如,现在××影视剧很流行,您也喜欢吗?

(8) 避免使用断定性词语。例如,您喜欢喝什么口味的酒?这个问题隐含的前提是"您喜欢酒"。

(二)问题排序设计

问卷中问题的排序,也就是问题相互之间的排列组合和排列顺序。良好的排序会引起被调查者的兴趣,进而促进其积极配合。问题排序设计要从以下几个方面入手。

(1) 心理调适性问题、被调查者感兴趣的问题,要放在问卷开头,较难回答的问题应放在后面。设置心理调适性问题的目的在于缓解被调查者的紧张、担心、疲劳等心理。几个简明易答、令人感兴趣的问题和调试性问题,可以引起回答者的兴趣或松弛一下高度紧张的心理。

(2) 按难易程度排列问题的次序。问卷的开头部分应安排比较容易回答的问题,这样可以给被调查者一种轻松、愉快的感觉,以便其顺利答下去。如果一开始就设计难答的问题,就会影响被调查者继续回答的积极性,甚至拒答。

(3) 按时间的先后顺序排列问题的次序。按照时间顺序,先提问当前情况的问题,再问过去情况的问题,而不宜远近交错、前后跳跃,否则容易打乱被调查者的思路。

(4) 同类问题尽量集中。如果问卷中出现同类问题,应想办法尽量安排在一起,这样在被调查者回答时,其思路既不至于被不同性质的问题所隔断,也不至于频繁地在不同内容之间转换,从而减少或预防被调查者的疲劳和厌烦情绪,提高问卷质量。

(5) 结构式问题放在问卷的前面,无结构式问题排在问卷的后面。结构式问题的答案事前已经给出,被调查者只要从中选择认为合适的答案即可,易于回答,而且容易引起被调查者的兴趣,应放在前面;无结构式问题的回答需要思考,费时费力,甚至会引起被调查者的反感,为了不影响答题效果,这类问题应放在后面。

 参考案例

移动学习情况调查问卷

同学您好!我们是××大学的学生,正在进行一项关于移动设备学习研究方面的调查,恳请您用几分钟的时间帮忙填写完这份问卷。本问卷实行匿名制,所有的数据仅用来进行统计分析,请您按您的真实情况放心填写,十分感谢您的配合!

1. 您的性别:[单选题]
    a. 男　　　　　b. 女
2. 您所在的年级:[单选题]
    a. 大一　　　b. 大二　　　c. 大三　　　d. 大四　　　e. 研究生

3. 您的专业：[单选题]
   a. 文科　　　　b. 理科　　　　c. 工科　　　　d. 商科
4. 您是否有过移动学习的经历？[单选题]
   a. 有　　　　b. 没有
5. 请问您所拥有的手机或平板电脑等移动设备能否支持移动学习？[单选题]
   a. 能　　　　b. 不能
6. 您使用手机等移动设备的最主要用途是什么？请按使用的频率由高到低排序：[排序题]
   a. 通信　　　　b. 娱乐　　　　c. 学习　　　　d. 其他
7. 请问您使用智能手机等移动便携设备学习的频率如何？[单选题]
   a. 从不　　　　b. 偶尔　　　　c. 经常
8. 您是如何使用手机等移动设备来学习的？[多选题]
   a. 手机上网检索信息
   b. 浏览各大主流媒体网站及专门的学习网站
   c. 利用QQ、微博、微信、人人等网络社交平台的资料
   d. 下载相应的学习型App
   e. 将资料拷贝到手机上
   f. 其他：
9. 您通常更倾向于在什么情况下用移动设备进行学习？[单选题]
   a. 在大块时间专门用手机来学习
   b. 用碎片时间（如等车时）拿出手机来学习
   c. 以上两者皆有
10. 您每天使用手机等移动设备进行学习的时间大概在：[单选题]
    a. 半小时以内　　　　　　b. 半小时~1小时
    c. 1~2小时　　　　　　　d. 2小时以上
11. 在接受移动设备上提供的学习信息时，您通常习惯于：[单选题]
    a. 学习大块的、整体性的知识
    b. 学习零散的、碎片化的知识
    c. 以上两者皆有
12. 您对手机上提供的学习资料的接受度如何？[单选题]
    a. 接受度低　　b. 一般　　　c. 接受度好　　d. 接受度非常好
13. 对于移动学习这种新的学习方式,您最关注的是：[单选题]
    a. 学习内容　b. 学习资源　c. 操作方便性　d. 学习费用　e. 其他
14. 您认为在移动学习过程中下列哪些因素对学习效果有影响？[多选题]
    a. 部分设备屏幕太小　　　　b. 操作不方便
    c. 网速太慢　　　　　　　　d. 费用过高
    e. 网上学习资源有限　　　　f. 设备储存量有限
15. 您对以下移动学习内容的需要程度如何？[矩阵单选题]（见表3-4）

表 3-4　移动学习内容的需要程度调查表

项目	选项				
	非常需要	比较需要	一般需要	不太需要	完全不需要
外语学习					
就业信息					
数字图书馆					
百科知识					
专业课程学习					
考试认证信息					

16. 您对以下移动学习内容载体的需要程度如何？[矩阵单选题]（见表3-5）

表 3-5　移动学习内容载体的需要程度调查表

项目	选项				
	非常需要	比较需要	一般需要	不太需要	完全不需要
图片					
文本					
音频					
视频					

17. 在移动课程学习中，您期望可以完成以下哪些学习行为？[多选题]
    a. 获得课程的相关信息
    b. 下载、观看教师的授课课程
    c. 向教师提问并希望得到教师的答疑回复
    d. 与其他同学进行互动，达到共享信息、协作学习的效果
    e. 获得与课程相关的辅助学习资源（如教师推荐的一些拓展资源）
18. 您对移动学习的总体评价如何？[单选题]
    a. 学习更自主方便，目标更明确，强化和促进了学习效果
    b. 和平常学习没什么区别
    c. 受环境影响大，对学习的自我监控更差，降低了学习效率
    d. 没体会，不了解
19. 您是否喜欢利用手机等移动设备进行学习？为什么？
20. 您希望手机等移动设备（或学习软件）能够提供哪些学习功能，做出哪些改进？

调查至此结束，再次感谢您的合作！

资料来源：https://www.wjx.cn/jq/3814176.aspx.

同步练习与技能实训

【名词解释】

统计调查　　统计报表　　普查　　重点调查　　典型调查　　调查问卷
观察法　　网上调查法　　访问法　　文献法　　实验法　　报告法

【基本训练】

一、单项选择题

1. 要了解我国城乡居民的生活状况,最合适的调查方式是( )。
   A. 定期统计报表　　B. 重点调查　　C. 抽样调查　　D. 典型调查
2. 为了推广先进经验,有意识地选择了几个单位进行调查,这种调查方式属于( )。
   A. 抽样调查　　B. 典型调查　　C. 普查　　D. 重点调查
3. 区别重点调查与典型调查的依据是( )。
   A. 调查的数目不同　　　　　　　B. 收集资料的方法不同
   C. 选择调查单位的标准不同　　　D. 确定调查单位的目的不同
4. 人口普查规定统一的标准时间是为了( )。
   A. 避免登记的重复与遗漏　　　　B. 确定调查范围
   C. 确定调查单位　　　　　　　　D. 登记方便
5. 调查时间是指( )。
   A. 进行调查的时间　　　　　　　B. 调查资料所属的时间
   C. 调查工作期限　　　　　　　　D. 调查资料报送时间
6. 调查者事先设计好了问题和问题的各种可能答案,被调查者只能从备选的答案中选定自己认同的答案。这类问题构成的调查问卷是( )。
   A. 无结构式调查问卷　　　　　　B. 半结构式调查问卷
   C. 结构式调查问卷　　　　　　　D. 自填式调查问卷
7. 由被调查者判断问题答案的重要程度,排出问题答案的顺序,这种提问方法是( )。
   A. 二项选择法　　B. 多项选择法　　C. 评定尺度法　　D. 顺位法
8. 为了了解商品的库存情况,调查人员进行实地盘点,这种收集资料的方法属于( )。
   A. 观察法　　B. 报告法　　C. 访问法　　D. 实验法
9. 下列调查方法中,设计的问题不易太多,不能深入探讨的调查方法是( )。
   A. 观察法　　B. 面谈访问　　C. 报告法　　D. 电话访问

二、多项选择题

1. 统计调查的基本要求是( )。
   A. 准确性　　　　B. 系统性　　　　C. 经济性
   D. 及时性　　　　E. 完整性
2. 统计调查的主要方式有( )。
   A. 统计报表　　B. 普查　　C. 重点调查

D. 典型调查　　　　　　　E. 抽样调查
3. 统计报表按报送周期长短不同,可分为(　　)。
　　A. 日报　　　　　B. 旬报　　　　　C. 季报
　　D. 半年报　　　　E. 年报
4. 设计调查问卷时应遵循的原则有(　　)。
　　A. 有明确的主题　　　　　　B. 结构合理、逻辑性强
　　C. 通俗易懂、语言得当　　　D. 问题的排序要有层次
　　E. 便于统计处理
5. 调查问卷设计的程序包括(　　)。
　　A. 确定调查主题,收集资料　　B. 结构合理、逻辑性强
　　C. 设计调查问卷　　　　　　　D. 评估与修改调查问卷
　　E. 定稿印刷
6. 在调查问卷中,结构式问题的提问方法有(　　)。
　　A. 二项选择法　　B. 多项选择法　　C. 顺位法
　　D. 评定尺度法　　E. 矩阵法
7. 调查问卷的基本结构一般包括(　　)。
　　A. 标题及眉头　　　　　　　B. 问卷说明及填表说明
　　C. 主体部分　　　　　　　　D. 被调查者的基本情况
　　E. 结束语
8. 访问法按接触方式的不同可分为(　　)。
　　A. 面谈访问　　　B. 邮寄问卷　　　C. 留置问卷
　　D. 电话访问　　　E. 网上调查
9. 下列问题可采用实验法调查测试其效果的是(　　)。
　　A. 改变商品品质　　B. 变换商品包装　　C. 检查产品质量
　　D. 调整商品价格　　E. 推出新产品

三、判断题
1. 统计报表是我国定期取得统计资料的基本调查方式。　　　　　　　(　　)
2. 确定调查时间,就是要确定统计调查工作的起止时间。　　　　　　(　　)
3. 重点调查和典型调查都是全面调查。　　　　　　　　　　　　　　(　　)
4. 通过调查大庆、胜利、长庆、渤海、新疆、辽河等几个大型油田来了解我国原油的基本情况,这种调查属于重点调查。　　　　　　　　　　　　　　　　　　　　(　　)
5. 确定调查对象是制定统计调查方案的首要问题。　　　　　　　　　(　　)
6. 观察法只包括对人的态度、语言、行为的观察。　　　　　　　　　(　　)
7. 使用文献法收集信息资料时,对资料的鉴别主要是识别资料的真实性。(　　)

四、简答题
1. 完整的统计调查方案包括哪些内容?
2. 统计调查方式有哪些?各有什么特点?
3. 统计调查方法有哪些?各有什么特点?
4. 重点调查在选择重点单位时应遵循哪些原则?

5. 为什么在统计工作中要综合运用多种调查方法？

6. 调查问卷设计时，对问题的排序设计应注意哪些问题？

【实训任务】

1. 请对学院食堂的服务质量进行调查，试着设计一个调查方案。

2. 请为学院的食堂设计一份旨在提高服务质量的调查问卷。

3. 以调查问卷为调查工具，对学院食堂的服务进行调查，调查人数不少于100人。

【案例分析】

上海市中小学生课业负担调查报告（节选）

为了及时、客观、准确地反映上海基础教育情况，市教委专门成立了"上海市教育信息调查队"，该调查队于2004年11月8日至19日在本市进行了中小学生课业负担情况抽样调查。

调查发现，目前存在的主要问题为：一是有的学校仍存在教师为学生订购习题集、练习册等应试材料的问题；二是有的学校存在同一门课程使用两套以上教材的问题；三是部分小学、初中招生时违规进行入学考试或变相考试的情况比较严重；四是区县教育行政部门在《减负若干意见》规定以外组织考察的情况还存在。

《减负若干意见》规定，不得占用学生休息时间组织集体补课。统计显示，83.57%的学生和89.34%的家长反映，本学期学校已经不再组织集体补课了。对占用学生休息时间组织集体补课，84.41%的教师认为学校领导会"坚决反对"；6.97%的教师认为学校领导"肯定支持"；8.62%的教师认为学校领导"不支持不反对"。调查中，一部分教师反映，新教材容易但作业难，考试更难。有的学生由于种种原因，还会到校外寻求"补充"。教师们反应比较强烈的是，目前社会上各类文化补习班还有一定市场，如有的区教育学院举办的各年级收费补习班，由于执教的是教研员，因此对学生具有吸引力。

在学生问卷中，超过30%的学生每天睡眠时间在8小时左右，近10%的学生每天睡眠时间不到8小时，35.08%的学生反映能有10小时的睡眠。

在家长问卷中，近20%的家长反映，孩子每天睡眠时间不到8小时；21.66%的家长认为，孩子有8小时左右的睡眠时间；13.88%的家长反映，孩子每天能有10小时的睡眠时间。调查发现，本学期作为学年第一学期，有15.63%的学生觉得压力"很大"和"比较大"，有48.43%的学生觉得"基本没有"压力。统计还显示，总体上，压力"很大"和"比较大"的比率，小学随年级升高而下降，初中随年级升高而升高。

学生抽样范围从小学一年级到初中三年级。被调查学校各年级都各抽取6名学生。抽样方式是在同年级各班等距抽取。另一批学生家长的抽样方式，同样在各年级抽取6名对象，同样在各班等距抽样。抽样对象确定后，由学生带回家长问卷，第二天将密封问卷交给学校，由"教育信息调查员"取回拆封。教师抽样在每个学校分学科抽取10名。调查结果用SPSS12.0软件进行统计处理。

资料来源：http://news.sina.com.cn/e/2005-01-29/10284983195s.shtml.

讨论与分析：

1. 上述调查属于什么类型的调查？采用了哪些调查方法？

2. 上述调查的调查目的、调查对象、调查单位以及调查项目分别是什么？

项目四

统 计 整 理

知识目标

(1) 明确统计资料整理的概念、意义、步骤；
(2) 了解统计分组的意义，掌握统计分组的方法；
(3) 了解分配数列的种类，掌握分配数列的编制方法；
(4) 了解统计图的种类、作用，掌握统计图的绘制方法。

技能目标

(1) 会对统计资料进行正确的审核、汇总；
(2) 会依据研究目的对社会经济现象进行科学的分组；
(3) 会编制分配数列并对数据进行科学整理；
(4) 会根据统计资料绘制统计图。

 案例导入

某车间工人日产量数据整理

某车间有100名工人，工人每日的生产定额为250件产品，下面是每名工人的日产量。

220	255	290	315	225	240	270	240	250	325	270	290	210	325	310
270	260	315	270	210	290	260	270	310	322	315	270	290	360	255
250	270	290	255	265	360	270	290	325	310	290	270	250	265	270
290	325	270	260	225	260	325	270	360	290	250	315	270	265	
315	310	240	290	315	240	325	310	270	265	290	250	270	310	250
270	360	310	255	290	260	270	230	325	260	250	325	290	310	325
290	270	260	290	325	290	310	325	270	280					

上述通过统计调查取得的资料，都是处于原始状态的、大量的、零散的、不系统的资料，

直接观察这些资料，人们很难直接了解到生产定额完成的总体情况和分布特点。如果将上面的资料进行整理并汇总起来观察，就可以较清楚地看到100名工人生产定额的完成分布情况，如表4-1所示。

表4-1　某车间工人完成生产定额情况

按完成件数分组/件	工人人数/人	比重/%
250以下	10	10
250~300	59	59
300~350	27	27
350以上	4	4
合计	100	100

经过对资料的整理，从表4-1中我们可以了解到该车间工人生产定额的完成情况和分布特点。首先，在100名工人中，90%以上的工人完成了生产定额，未完成定额的只占10%；其次，在完成生产定额的工人中，略超过生产定额的（完成250~300件）占59%，超过生产定额较多的（300件以上）占31%。因此，该车间生产定额完成得比较好，绝大部分工人能完成或超额完成生产定额。如果不经过统计资料的整理，就很难观察出这种分布特征。

什么是统计资料整理？统计资料整理包括哪些内容？如何进行统计资料整理？通过本项目的学习，你将得到这些问题的答案。

任务一　统计整理的意义和步骤

一、统计整理的概念与意义

（一）统计整理的概念

统计资料整理简称统计整理，是指根据统计研究的目的，对统计调查所取得的原始资料进行科学的分类和汇总；或者对已初步加工的次级资料进行再加工，使其系统化、条理化、科学化，以反映研究对象总体特征的工作过程。

（二）统计整理的意义

（1）统计调查收集到的资料，大多是大量的、零散的、不系统的资料，只能表明各个调查单位的具体情况，反映事物的表面现象或一个侧面，不能说明事物的总体情况，还需要对这些资料进行加工整理，使之系统化、条理化，以便对总体进行概括性说明。

（2）统计整理是统计工作的第三个阶段，是统计调查和统计分析的连接点，在整个统计工作过程中起着承前启后的作用。统计整理的正确与否、质量好坏，将直接影响统计对社会经济现象数量描述的准确性和数量分析的真实性。因此，采用科学的方法进行统计整理是顺利完成统计分析任务的前提。

（3）统计整理是积累历史资料的必要手段。统计研究中经常要用到动态分析，这就要有长期积累的历史资料，而根据研究目的的需要，对已积累的统计资料进行筛选，以及按历史的口径对现有的统计资料重新调整、分类和汇总等，都必须通过统计整理来完成。

二、统计整理的步骤及内容

在统计整理中,无论是对原始资料进行整理,还是对次级资料的再整理,一般都包括以下几个方面的步骤及内容。

(一) 对原始资料进行审核、订正

在对统计资料进行整理前,首先需要对调查所取得的原始资料进行严格的审核,以保证数据的质量,为进一步的整理和分析打下基础。审核的内容主要包括统计资料的准确性、及时性和完整性三个方面。

审核资料的准确性是指检查所调查的资料是否真实、可靠。检查的方法有两种:一是逻辑检查,主要从常理角度审核数据是否符合逻辑,有无自相矛盾或不符合实际的地方,内容是否合理;二是计算检查,主要是复核调查表或调查问卷的各项数字有无差错,检查各项指标的计算方法是否正确,计量单位与法定单位是否一致,有关指标间的平衡关系是否得到保持等。

审核资料的完整性是指检查调查项目是否齐全,调查单位是否重复和遗漏,报送单位是否有没报或漏报的现象,是否按规定份数上报等。

审核资料的及时性是指检查资料是否符合规定的时间,资料报送是否能在调查期限内报出。

在发现统计资料数据有差错后,要分不同情况及时纠正处理:属于填报错误的,要通知填表人或填报单位重新填报;属于汇总错误的,应根据情况予以修正。

(二) 进行分组、汇总

根据研究的目的和统计分析的要求,依照一定标志,对统计资料进行分组。在分组的基础上对各项数字进行汇总,计算分组单位数、总体单位数、分组标志总量和总体标志总量。对大量的统计资料进行分组、汇总和计算是统计整理的主要工作。

(三) 复查整理资料

对整理后的统计资料再一次进行审核,改正汇总过程中发生的各种差错。汇总后的审核从以下几方面进行。

(1) 复计审核。对每个指标数值进行复核计算。

(2) 表表审核。审核不同统计表上重复出现的同一指标数值是否一致;对统计表中互有联系的各个指标数值,审核它们之间是否衔接和符合逻辑性。

(3) 表实审核。对汇总得到的指标数值,将其与了解到的实际情况联系起来进行检查。

(4) 对照审核。对某些统计、会计、业务三种核算都进行计算的指标数值,应进行相互对照检查,看数字是否相同,以便从中发现可能出现的错误。发现错误时,应查明原因,及时更正。

(四) 编制统计表,绘制统计图

把整理好的统计资料用编制成的统计表或绘制成的统计图表现出来,以简明扼要地表现社会经济现象在数量方面的具体特征和相互关系。

相关链接

产业结构演进的指向牌——第三产业比重

国内生产总值由第一产业、第二产业、第三产业增加值构成,其中第三产业增加值占国内生产总值的比重是一个重要的统计指标,它反映一个国家或地区所处的经济发展阶段和经济发展的总体水平。一般情况下,随着经济的发展和人均收入水平的提高,劳动力、资本在三个产业间的分布会发生规律性的变化:劳动力首先从第一产业向第二产业转移;当人均收入水平进一步提高时,劳动力又向第三产业转移。社会资本分布的重心也逐步从第一产业向第二、第三产业转移,随之而来的是三次产业增加值的相对比重发生相应的变化。第一产业比重不断下降,第二产业比重由快速上升逐渐转为下降,第三产业则经历上升、徘徊、再上升的发展过程,成为国民经济中最大的产业。各国经济发展历程表明,发达的第三产业是经济中心城市的重要标志,并成为带动经济增长的主要动力。这就是西方经济学中著名的配第—克拉克定理。

从全球看,目前世界第三产业的比重大致为70%,其中高收入国家为72.7%以上,中等收入国家为53.8%,低收入国家为46.9%,我国2021年为53.31%。作为我国全面小康进程的监测指标,2020年第三产业比重的目标是大于或等于50%。

任务二 统计分组

一、统计分组的含义与作用

(一) 统计分组的含义

统计分组是根据研究对象的特点和统计研究的目的,按照一定的标志将统计总体划分为若干个组成部分的一种统计方法。例如,国内总产值按产业分为第一产业、第二产业、第三产业;人口按性别分为男性人口和女性人口。

统计分组有两方面的含义:对总体而言是"分",即将总体分为性质相异的若干部分;对个体而言是"合",即将性质相同的个体组合起来。统计总体中的各单位,一方面在某个或几个标志上具有相同的性质,可以被结合在同一性质的总体中;另一方面又在其他标志上具有彼此相异的性质,从而可以被区分为性质不同的若干个组成部分。

可见,统计分组实质上是对总体内部结构进行定性分析,这是统计特有的方法,在统计工作中发挥着重要作用。只有对社会经济现象进行分门别类的研究,才能更深刻地认识事物的本质。

(二) 统计分组的作用

1. 划分社会现象的类型

统计分组的主要作用是划分社会现象的类型。社会现象是复杂多样的,有着各自不同的表现和发展规律。认识社会现象时若仅仅从总体上把握,那只是概括的、表面的,不能认识现象内部的数量构成、相互间的关系及现象的变化和规律。运用统计分组把现象总体划分为不同类型的组以进行研究,我们才能知道该现象总体由哪些类型构成,各类型的状态、关系及变化如何,从而真正地认识、了解该现象,使研究得以深入。在社会经济现象类型的分析和研究中,我们经常分析研究的结构有经济类型结构、产业结构、投资结构、消费结构、人口结构等。例如,表 4-2 和表 4-3 分别反映了联合国划分人口年龄结构类型的标准和 1953—2020 年我国人口年龄结构变化情况。

表 4-2　联合国划分人口年龄结构类型的标准

类　　型	0～14 岁人口比重/%	65 岁及以上人口比重/%
年轻型	40 以上	4 以下
成年型	30～40	4～7
老年型	30 以下	7 以上

表 4-3　1953—2020 年我国人口年龄结构变化情况

年　　份	0～14 岁人口比重/%	65 岁及以上人口比重/%
1953 年	36.3	4.4
1964 年	40.7	3.6
1982 年	33.6	4.9
1990 年	27.7	5.6
2000 年	22.89	7.03
2010 年	16.60	8.87
2020 年	17.95	13.50

由表 4-3 可以看出 1953—2020 年我国人口年龄结构变化的情况。2020 年,我国已经进入老龄化国家行列,65 岁及以上人口已占总人口的 13.5%,与 2010 年第六次人口普查相比,上升了 4.63 个百分点,表明我国的人口老龄化仍在进一步发展。

2. 分析总体的内部结构

总体的内部结构也就是总体的各个组成部分占全部总体的比重,总体内部结构的计算必须建立在统计分组之上。现代科学早已证明研究对象的性质、特点、发生和发展的规律性均源于其内部结构。所以,通过研究总体的内部结构及结构在时间上的变化,能正确认识现象的性质和发展趋势。例如,我国经济划分为公有经济和非公有经济;人口划分为城镇人口和农村人口;国内生产总值划分为第一产业增加值、第二产业增加值和第三产业增加值,如表 4-4 所示。

表 4-4　1980—2020 年我国国内总产值构成情况

年　　份	国内生产总值/%	第一产业增加值/%	第二产业增加值/%	第三产业增加值/%
1980 年	100	30.2	48.2	21.6
1990 年	100	27.1	41.3	31.6
2000 年	100	15.1	45.9	39.0
2010 年	100	10.2	46.8	43.0
2020 年	100	7.7	37.8	54.5

资料来源:国家统计局统计公报。

从表 4-4 中可以看出，1980—2020 年这 40 年间我国第三产业迅速发展，已经成为经济发展的火车头。第三产业的兴旺发达是现代经济的一个重要特征。在当代世界，第三产业的发展水平已经成为一个国家或地区生产力发展水平的重要标志之一。第三产业比重超过第二产业体现出我国产业结构更加优化，第三产业逐步发展成为经济发展火车头的过程是一个从量变到质变的过程。

3. 分析现象之间的依存关系

社会经济现象之间广泛地存在着相互依存的关系。利用统计分组，可以从数量上反映现象之间相互联系、相互依存和相互制约的关系，即根据研究目的，按照一定标志对总体进行分组，然后观察相应数据的变化。例如，商品销售额与流通费用之间、劳动生产率与产品成本之间、家庭收入与生活费支出之间等，都在一定程度上存在相互依存的关系，这些依存关系都可以通过统计分组来研究，这有助于人们全面、深刻地认识现象。例如，观察我国 2012—2021 年城镇居民和农村居民收入与恩格尔系数的关系可以发现，随着城镇居民家庭人均可支配收入及农村居民家庭人均可支配收入水平的提高，恩格尔系数在不断下降，如表 4-5 所示。

表 4-5　2012—2021 年我国城镇和农村的家庭人均可支配收入和恩格尔系数

年份	城镇居民		农村居民	
	家庭人均可支配收入/元	恩格尔系数/%	家庭人均可支配收入/元	恩格尔系数/%
2012 年	24 565.0	36.2	7 917.0	39.3
2013 年	26 955.0	35.0	8 896.0	37.7
2014 年	28 844.0	35.6	9 892.0	37.9
2015 年	31 195.0	34.8	10 772.0	37.1
2016 年	33 616.0	29.3	12 363.0	32.2
2017 年	36 396.0	28.6	13 432.0	31.2
2018 年	39 251.0	27.7	14 617.0	30.1
2019 年	42 359.0	27.6	16 021.0	30.0
2020 年	43 834.0	29.2	17 131.0	32.7
2021 年	47 412.0	28.6	18 931.0	32.7

资料来源：国家统计局统计公报。

相关链接

恩格尔系数

恩格尔系数（Engel's Coefficient）是食品支出总额占个人消费支出总额的比重。19 世纪德国统计学家恩格尔根据统计资料，对消费结构的变化得出一个规律：一个家庭收入越少，家庭收入中（或总支出中）用来购买食物的支出所占的比例就越大；随着家庭收入的增加,家庭收入中(或总支出中)用来购买食物的支出比例则会下降。推而广之,一个国家越穷,国民的平均收入中(或平均支出中)用于购买食物的支出所占比例就越大。恩格尔系数由食物支出金额在总支出金额中所占的比重来最后决定。其计算公式为

$$恩格尔系数 = \frac{食物支出金额}{总支出金额}$$

恩格尔系数达59%以上为贫困,50%~59%为温饱,40%~50%为小康,30%~40%为富裕,低于30%为最富裕。随着国家富裕程度的提升,这个比例呈下降趋势。

恩格尔系数是国际上通用的衡量居民生活水平高低的一项重要指标。它一般随居民家庭收入和生活水平的提高而下降。改革开放以来,我国城镇和农村居民家庭的恩格尔系数已由1978年的57.5%和67.7%分别下降到2021年的28.6%和32.7%。

二、统计分组的原则

科学的统计分组应遵循穷尽原则和互斥原则。

(一)穷尽原则

穷尽原则是指分组后总体的每一个单位都能有组可归,无一遗漏。这就要求分组时列出的类别能把所有总体单位都包含进去,避免出现无组可归的总体单位。

(二)互斥原则

互斥原则是指分组后总体的任何一个单位都只能归属某一组,不能归属另一组,避免重复,即组限的划分要分明,不能模棱两可。

三、统计分组方法

(一)正确选择分组标志

统计分组中的关键问题在于选择分组标志和划分各组界限。选择分组标志是统计分组的核心问题,分组标志是对总体进行分组时应遵循的标准和依据。正确选择分组标志必须注意以下几点。

1. 根据统计研究的目的选择分组标志

统计分组是为统计研究目的服务的,统计研究的目的不同,对分组的要求也不同,选择的分组标志也应不同。选择的分组标志只有符合研究目的的要求,才能使统计分组后的资料满足统计研究目的。例如,研究企业状况时,若研究企业的规模,就可以选择企业职工人数、销售额、生产能力、资产总额等标志分组;若研究企业经济效益水平,则要选择劳动生产率、利润率、销售利润率、总资产报酬率、资本收益率等标志分组。

2. 选择最能反映研究对象本质特征的标志作为分组标志

在选择分组标志时,往往会有许多标志可以选择。这就需要根据研究对象的特征,选择最主要的、最能反映事物本质特征的标志进行分组。例如,研究职工生活水平高低情况,可以用职工的工资水平作为分组标志,也可以用职工家庭成员人均收入水平作为分组标志。相比较而言,职工家庭成员人均收入水平更能反映职工生活水平的高低,反映现象的本质特征。因为即使某个职工工资水平较高,但如果他赡养的人口很多,其家庭生活水平也不会很

高。在进行统计分组时,就要选择其中最能反映问题本质特征的标志(即职工家庭成员人均收入水平)进行分组,这样能够使我们对所研究的对象有一个正确的认识。

3. 根据现象所处的具体条件选择分组标志

要根据研究对象不同的具体条件选择不同的分组标志。例如,对于劳动密集型产业,应选择职工人数作为分组标志来反映企业生产规模;对于资金密集型产业或技术密集型产业,应选择固定资产价值或生产能力作为分组标志来反映企业生产规模。

(二)品质标志分组和数量标志分组

1. 品质标志分组

品质标志分组是指以反映事物属性差异的标志作为分组标志,并在品质标志的变异范围内划定各组界限,将总体划分为若干个性质不同的组成部分。例如,企业按经济类型,国民经济按产业部门,国内生产总值按产业构成等标志分组,职工按性别、文化程度等标志分组。

在实际工作中,常常需要对所研究的现象进行复杂的品质标志分组,它们不仅涉及复杂的分组技术,而且涉及国家的政策和有关科学理论,这种复杂的分组也称分类,如行业分类、产品分类、人口职业分类等。为了保证各种分类的完整性和统一性,国家制定了统一的分类目录和标准。

2. 数量标志分组

数量标志分组是指以反映事物数量差异的数量标志作为分组标志,并在数量的变异范围内划定各组的界限,如企业按营业额、固定资产价值分组,人口按年龄分组等。

数量标志分组具体表现为许多不等的变量值,这些变量值虽然能够准确地反映现象数量上的差异,但不能明确地反映现象性质上的区别。因此,在按数量标志进行统计分组时,应当根据研究目的,首先确定总体在已选定的数量标志的特征下有多少种性质不同的组成部分,然后研究确定各组成部分的数量界限,使分组的数量界限能够区分现象性质上的差别。关于数量标志分组的详细内容,将在本项目任务三中阐述。

四、统计分组体系

统计分组体系是指根据统计分析的要求,通过对同一总体进行不同分组,形成一系列相互联系、相互补充的体系。统计分组体系有平行分组体系与复合分组体系之分。对同一总体既可按一个标志分组,也可按两个或两个以上标志分组。当按两个或两个以上标志分组时,将形成统计分组体系。

(一)简单分组和平行分组体系

1. 简单分组

简单分组是指对研究的总体按一个分组标志进行的分组。例如,将企业按规模分为大、中、小型企业;将人口按性别分为男、女两组;等等。简单分组只能说明总体在某一方面的差异情况。例如,将企业职工按文化程度分组如下。

大学本科及以上;

大学专科;

中专或技工；

高中；

初中；

小学及以下。

2. 平行分组体系

平行分组体系是指对同一总体同时选择两个或两个以上的标志分别进行简单分组,然后并列在一起所形成的统计分组体系,借以反映总体多方面的特征。例如,为了解人口总体的基本特征,我们将人口总体按性别、居住地、年龄、政治面貌不同进行分组,形成如下的平行分组体系。

按性别分组：　　　　　　　按居住地分组：
　　男　　　　　　　　　　　城镇人口
　　女　　　　　　　　　　　乡村人口
按年龄分组：　　　　　　　按政治面貌分组：
　　0～14岁　　　　　　　　中共党员
　　15～64岁　　　　　　　 共青团员
　　65岁及以上　　　　　　 民主党派

平行分组体系的特点是：每一个分组固定一个分组标志,即只考虑一个因素的差异对总体内部分布情况的影响,而且各个简单分组之间彼此独立,没有主次之分,不互相影响。

(二) 复合分组和复合分组体系

复合分组体系是指将总体按两个或两个以上的标志结合起来进行层叠分组所形成的统计分组体系。具体地说,它是先按一个标志分组,再按另一个标志对已经分好的各组进行再分组。例如,对人口按性别和年龄重叠分组形成的复合分组体系如图 4-1 所示。

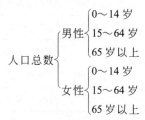

图 4-1　按性别和年龄重叠分组的复合分组体系

采用复合分组能够比较全面深入地说明总体的特征,因为复合分组是从深度上分析研究总体现象的。但应注意的是,复合分组的标志不宜过多,因为随着分组标志的增多,组数将成倍增加,会影响对总体的认识。

阅读资料

统计上大中小微型企业划分标准

2017年,国家统计局对《统计上大中小微型企业划分办法》进行了修订,修订后的划分标准如表4-6所示。

表 4-6 统计上大中小微型企业划分标准

行业名称	指标名称	计量单位	大型	中型	小型	微型
农、林、牧、渔业	营业收入(Y)	万元	Y≥20 000	500≤Y<20 000	50≤Y<500	Y<50
工业*	从业人员(X)	人	X≥1 000	300≤X<1 000	20≤X<300	X<20
	营业收入(Y)	万元	Y≥40 000	2 000≤Y<40 000	300≤Y<2 000	Y<300
建筑业	营业收入(Y)	万元	Y≥80 000	6 000≤Y<80 000	300≤Y<6 000	Y<300
	资产总额(Z)	万元	Z≥80 000	5 000≤Z<80 000	300≤Z<5 000	Z<300
批发业	从业人员(X)	人	X≥200	20≤X<200	5≤X<20	X<5
	营业收入(Y)	万元	Y≥40 000	5 000≤Y<40 000	1 000≤Y<5 000	Y<1 000
零售业	从业人员(X)	人	X≥300	50≤X<300	10≤X<50	X<10
	营业收入(Y)	万元	Y≥20 000	500≤Y<20 000	100≤Y<500	Y<100
交通运输业*	从业人员(X)	人	X≥1 000	300≤X<1 000	20≤X<300	X<20
	营业收入(Y)	万元	Y≥30 000	3 000≤Y<30 000	200≤Y<3 000	Y<200
仓储业	从业人员(X)	人	X≥200	100≤X<200	20≤X<100	X<20
	营业收入(Y)	万元	Y≥30 000	1 000≤Y<30 000	100≤Y<1 000	Y<100
邮政业	从业人员(X)	人	X≥1 000	300≤X<1 000	20≤X<300	X<20
	营业收入(Y)	万元	Y≥30 000	2 000≤Y<30 000	100≤Y<2 000	Y<100
住宿业	从业人员(X)	人	X≥300	100≤X<300	10≤X<100	X<10
	营业收入(Y)	万元	Y≥10 000	2 000≤Y<10 000	100≤Y<2 000	Y<100
餐饮业	从业人员(X)	人	X≥300	100≤X<300	10≤X<100	X<10
	营业收入(Y)	万元	Y≥10 000	2 000≤Y<10 000	100≤Y<2 000	Y<100
信息传输业*	从业人员(X)	人	X≥2 000	100≤X<2 000	10≤X<100	X<10
	营业收入(Y)	万元	Y≥100 000	1 000≤Y<100 000	100≤Y<1 000	Y<100
软件和信息技术服务业	从业人员(X)	人	X≥300	100≤X<300	10≤X<100	X<10
	营业收入(Y)	万元	Y≥10 000	1 000≤Y<10 000	50≤Y<1 000	Y<50
房地产开发经营	营业收入(Y)	万元	Y≥200 000	1 000≤Y<200 000	100≤Y<1 000	Y<100
	资产总额(Z)	万元	Z≥10 000	5 000≤Z<10 000	2 000≤Z<5 000	Z<2 000
物业管理	从业人员(X)	人	X≥1 000	300≤X<1 000	100≤X<300	X<100
	营业收入(Y)	万元	Y≥5 000	1 000≤Y<5 000	500≤Y<1 000	Y<500

续表

行业名称	指标名称	计量单位	大型	中型	小型	微型
租赁和商务服务业	从业人员(X)	人	$X \geqslant 300$	$100 \leqslant X < 300$	$10 \leqslant X < 100$	$X < 10$
	资产总额(Z)	万元	$Z \geqslant 120\,000$	$8\,000 \leqslant Z < 120\,000$	$100 \leqslant Z < 8\,000$	$Z < 100$
其他未列明行业*	从业人员(X)	人	$X \geqslant 300$	$100 \leqslant X < 300$	$10 \leqslant X < 100$	$X < 10$

说明：(1) 大、中、小型企业须同时满足所列指标的下限，否则下划一档；微型企业只需满足所列指标中的一项即可。

(2) 附表中各行业的范围以《国民经济行业分类》(GB/T 4754—2017)为准。带*的项为行业组合类别，其中，工业包括采矿业，制造业，电力、热力、燃气及水生产和供应业；交通运输业包括道路运输业，水上运输业，航空运输业，管道运输业，装卸搬运和运输代理业，不包括铁路运输业；信息传输业包括电信、广播电视和卫星传输服务，互联网和相关服务；其他未列明行业包括科学研究和技术服务业，水利、环境和公共设施管理业，居民服务、修理和其他服务业，社会工作，文化、体育和娱乐业，以及房地产中介服务，其他房地产业等，不包括自有房地产经营活动。

(3) 企业划分指标以现行统计制度为准。①从业人员，是指期末从业人员数，没有期末从业人员数的，采用全年平均人员数代替。②营业收入，工业、建筑业、限额以上批发和零售业、限额以上住宿和餐饮业以及其他设置主营业务收入指标的行业，采用主营业务收入；限额以下批发与零售业企业采用商品销售额代替；限额以下住宿与餐饮业企业采用营业额代替；农、林、牧、渔业企业采用营业总收入代替；其他未设置主营业务收入的行业，采用营业收入指标。③资产总额，采用资产总计代替。

资料来源：http://www.stats.gov.cn/xxgk/tjbz/gjtjbz/202008/t 20200811_1782335.html.

任务三　分　配　数　列

2020年全球各国GDP分析

一、分配数列的意义与种类

（一）分配数列的意义

在统计分组的基础上，把总体的所有单位按组归类整理，并按一定顺序排列，形成总体中各个单位在各组间的分布，称为分配数列，也称次数分布或分布数列。分配在各组的单位数称为次数，也称频数。将各组的次数与次数总和相比求得的比重称为频率。分配数列实质上是反映统计总体中所有单位在各组间的分布状态和分布特征的一个数列。例如，某班50名学生按学习成绩不同分组形成的分配数列如表4-7所示。

表 4-7　某班学生学习成绩分布表

学生按考分分组/分	学生人数/人	比重/%
60 以下	5	10
60～70	15	30
70～80	18	36
80～90	10	20

续表

学生按考分分组/分	学生人数/人	比重/%
90～100	2	4
合　计	50	100

各级变量值 ── 次数 ── 频率

各组单位数

分配数列主要由两部分组成：一是各组名称（总体按某标志所分的组）；二是各组的单位数（次数或频率）。分配数列直观地表明了总体单位的分布特征和结构状况，在此基础上可研究其构成、平均水平及变动规律。分配数列是进行统计分析的一个重要手段。

（二）分配数列的种类

1. 根据分组标志分类

根据分组标志的不同，分配数列可分为品质分配数列和变量分配数列。

（1）品质分配数列。按品质标志分组形成的分配数列叫作品质分配数列，简称品质数列，也叫属性分配数列。表 4-8 是一个典型的品质分配数列。

表 4-8　我国 2021 年年末人口数及性别构成表

性　别	年末人数/万人	比重/%
男	72 311	51.2
女	68 949	48.8
合　计	141 260	100.0

各组名称 ── 次数 ── 频率

各组单位数

从表 4-8 可以看出，该品质数列反映了我国2021年年末男性人数和女性人数的分布情况。只要品质标志分组正确，形成的分配数列通常都能准确地反映总体的分布特征。

（2）变量分配数列。变量分配数列是按数量标志分组所编制的分配数列，简称变量数列。例如，表 4-7 是以某班学生学习成绩作为分组标志所编制的变量数列。按学习成绩的高低对学生分组，可以清楚地看出学生在各组的分布情况，这为统计分析和进一步研究提供了重要数据资料。

2. 根据变量的表示方法和分组方法分类

根据变量的表示方法和分组方法不同，变量数列可以分为单项式变量数列（简称单项数列）和组距式变量数列（简称组距数列）。

（1）单项数列。单项数列是指将每个变量值列为一组，按各组顺序简单排列而编制的变量数列。单项数列适用于变量值个数较少、变动范围较小的离散型变量。例如在表 4-9 中，变量值的数目较少并可一一列举，因此可编制单项数列。

表 4-9　某地区居民家庭子女数分布

居民家庭按子女数分组/人	户数/户	比重/%
0	2 000	4.2
1	30 000	62.5
2	8 000	16.7
3	5 000	10.4
4	3 000	6.2
合　计	48 000	100

（2）组距数列。组距数列是指以两个表示一定范围的变量值作为一组，按各组顺序排列而编制的变量数列。组距数列中的每个组不是用一个具体的变量值表示，而是用变量值的一定变化范围（即各组变量值变动的区间）来表示。组距数列如表 4-7 所示。

组距数列一般适用于连续型变量或变量值变动范围较大的离散型变量。在离散型变量变动范围比较大、统计单位数又很多的情况下，若编制单项数列，把每个变量值作为一组，则必然会使分组的组数过多，各组次数过于分散，不能反映总体内部各部分的性质和差异，从而失去了编制分配数列的意义。至于连续型变量，由于变量值无法一一列举，更不能编制单项数列，因而需要编制组距数列。

二、变量数列的编制

对于品质数列来讲，如果分组标志选择得好，分组标准定得恰当，则事物性质的差异表现得就比较明确，总体中各组也容易划分。在编制品质数列时，只要按规定的分组标准将总体单位按组归类整理即可。品质数列一般来说比较稳定，通常能准确反映总体的分布特征。在这里我们只对变量分配数列的编制进行重点介绍。

（一）单项数列的编制

在编制单项数列时，一般先将调查所得资料按照变量值按从小到大的顺序排列；然后确定各组的变量值和组数，一般有多少个变量值就有多少组；最后汇总出各变量值出现的次数，编制单项数列。

由于单项数列每组只有一个变量值，各组之间界限划分也非常明确，因此编制出的数列也很稳定。

（二）组距数列的编制

编制组距数列时，一般首先把变量值按由小到大的顺序排列，并确定全距；其次，确定组数和组距；再次，在此基础上确定组限；最后，汇总出各组的次数及频率，编制组距数列。

1. 全距

全距是全部变量值的最大值和最小值的距离。确定组数与组距时，先要找出全距以及大多数变量集中的区间，然后根据变量值的分散程度以及项目多少等因素来考虑组数和组距的问题。全距的计算公式为

$$全距 = 最大变量值 - 最小变量值$$

2. 组数

组数是指某个变量数列划分为多少组。组数与组距是相互联系的,在同一变量数列中,组距的大小与组数的多少成反比。组数越多,组距越小;组数越少,组距越大。确定组数的基本要求:一是根据现象的性质和特点确定组数;二是根据原数据的分布特征和集中趋势确定。对一个总体来讲,组数和组距的确定要能正确反映总体分布特征。

3. 组距

在组距数列中,我们用两个表示一定范围的变量值作为一组,每个组的最大值为组的上限,最小值为组的下限,每个组的上限和下限之间的距离称为组距。编制组距数列时,要把性质相同的单位归入一组,将性质不同的单位划分为不同的组列,以保证编制的组距数列尽可能反映出总体单位分布的特征及其规律性。组距的计算公式为

$$组距=上限-下限(连续式分组的组距)$$

$$组距=本组上限-前组上限(间断式分组的组距)(通用公式)$$

或

$$组距=后组下限-本组下限(间断式分组的组距)$$

组距数列根据组距是否相等,分为等距数列和异距数列。等距数列是各组组距都相等的数列,一般在社会经济现象性质差异的变动比较均衡或均匀的条件下采用。在等距分组中,一般先确定全距、组数,然后用全距除以组数得出组距,并据以划分各组的界限。全距、组数和组距之间的关系为

$$组距=\frac{全距}{组数}$$

以上计算结果只是一个参考数值,为计算方便,实际工作中一般组距取 5 或 10 的整数倍。当然也可以先确定组距,再确定组数。

异距数列是各组组距不等的数列,也叫不等距数列,通常适用于社会经济现象数量变动不均衡且很难用等组距的办法实现区分事物不同性质的情况。在异距分组中,如果标志值是按一定比例发展变化的,可以按等比的组距间隔来分组。例如,钢铁厂高炉按有效容积(m^3)的异距分组,可以分为:100 以下、100~200、200~400、400~800、800~1 600 等。更多的异距分组是根据事物性质变化的数量界限来确定组距。例如,为了反映人口年龄结构的类型,将人口划分为 0~14 岁、15~64 岁、65 岁及以上 3 个组,即少年儿童组、成年组和老年组。

4. 组限与组中值

(1) 组限。组限是每组两端的标志值。每组的最大值为上限,最小值为下限。在编制组距数列时,为了避免出现空白组,同时又能使个别特大或特小的变量值的个体不至于无组可归,常用到最小组无下限和最大组无上限的组,这样的组叫开口组,其中只有上限无下限的组称为下开口组(见表 4-7),只有下限无上限的组称为上开口组。

确定组限要注意以下三点:一是组限应是决定各组事物之间不同性质的数量界限;二是组限应能正确反映总体内各个单位的实际分布特点;三是最小组的下限要略小于最小变量值,最大组的上限要略大于最大变量值。因此,在编制组距数列之前,应对标志值的分布情况进行仔细审查,在分布较集中的标志值中确定组距的中心位置,然后根据组距的大小确

定组限，尽可能使总体内各单位的分布特征表现出来。

在编制组距数列，按连续变量分组划分组限时，相邻两组的组限必须重叠。如表4-7所示，用学生的学习成绩分组，第一组的上限60同时又是第二组的下限。这是由于连续变量相邻两个变量值之间可以作无限的分割，如果上下限是两个不同的数值，那么相邻两组上下限之间就可能有很多数值无组可归，不符合穷尽原则。因此，相邻两组上下限必须用同一个数值表示，这样才不至于发生遗漏。在统计工作中，当遇到某单位的标志值刚好等于相邻两组上下限数值时，为避免重复计算，一般遵循"上组限不在内"的原则。例如，学生按学习成绩分组，有60~70分、70~80分两组，如果学生的学习成绩是70分，则应计入70~80分这一组。

按离散变量划分组限时，相邻两组的组限可以用整数断开。因为离散变量不能用小数表示，相邻两个变量值可以用整数断开，因此，如果相邻两组的组限不重叠的话，也不会导致遗漏，如表4-10所示。

表4-10 某城市企业按职工人数分组统计

企业按职工人数分组/人	企业数/个	比重/%
499及以下	230	7.7
500~999	680	22.7
1 000~2 999	1 430	47.6
3 000~4 999	580	19.3
5 000以上	80	2.7
合 计	3 000	100

在实际工作中，为了保证总体单位的不重不漏，按离散变量划分组限时，也可以按"上组限不在内"原则分为重叠式组限，如表4-10中企业按职工人数分组也可以写成500人以下、500~1 000人、1 000~3 000人、3 000~5 000人和5 000人以上。

（2）组中值。组中值是每组上限和下限之间的中点数值。由于组距数列使用变量值变动的一段区间来表现变量值的取值，因而掩盖了分布在各组内各单位的实际变量值，为了反映各组中个体单位变量值的一般水平，统计中往往要计算组中值。其计算公式为

$$连续式分组的组中值 = \frac{上限+下限}{2}$$

$$间断式分组的组中值 = \frac{本组下限+后一组下限}{2}$$

对于开口组，由于缺少上限或下限，因此确定组中值一般以相邻组的组距作为自己假定的组距，利用相邻组组距的一半来调整计算组中值。其计算公式为

$$上开口组组中值 = 下限 + \frac{邻组组距}{2}$$

$$下开口组组中值 = 上限 - \frac{邻组组距}{2}$$

用组中值来代表组内变量值的一般水平存在一个假定，即假定各单位变量值在本组范

围内呈均匀分布,它只是各组实际平均值的近似代表值。

【例 4-1】 某高校财经学院校抽取 50 名学生进行调查,每个学生平均每月支出的生活费如下(单位:元)。

1 210	1 470	820	1 060	1 300	980	1 260	1 160	1 350	1 430
1 250	1 140	1 370	1 420	1 230	1 270	1 050	1 690	1 610	1 110
1 340	1 090	1 220	1 540	1 660	1 410	1 170	1 440	920	1 330
1 490	1 150	1 380	1 580	860	1 510	1 310	1 180	1 130	1 220
1 390	1 750	1 240	1 080	1 590	1 280	1 560	1 790	1 360	1 190

变量数列的编制一般采取以下步骤。

(1) 排序,计算全距。首先将原始资料按大小顺序排列,然后计算全距。

820	860	920	980	1 050	1 060	1 080	1 090	1 110	1 130
1 140	1 150	1 160	1 170	1 180	1 190	1 210	1 220	1 220	1 230
1 240	1 250	1 260	1 270	1 280	1 300	1 310	1 330	1 340	1 350
1 360	1 370	1 380	1 390	1 410	1 420	1 430	1 440	1 470	1 490
1 510	1 540	1 560	1 580	1 590	1 610	1 660	1 690	1 750	1 790

通过排序表明:第一,50 名学生的每月生活费支出区间为 820~1 790 元,全距=1 790-820=970;第二,大多数学生生活费支出区间为 1 000~1 600 元,每月消费支出太低或太高的学生都不多。

(2) 确定分组形式、组数和组距。总体看来,学生每月消费支出变化幅度虽然较大,但 50 名学生中每个学生的消费支出由 820~1 790 的变动是比较均匀的,因此可采用等距分组。从排序资料可以看出,50 名学生的每月消费支出分布集中在 1 200~1 400 元的较多,如果组距确定为 200,那么这些学生会集中在一个组内,从等距数列的角度考虑,组数=全距÷组距,有 970÷200=4.85,组数也化整为 5 组。

(3) 确定组限。为了使分组的结果把所有的变量值都包括进来,最小组的下限取 800(800<820),最大组的上限取 1 800(1 800>1 790)。由于消费支出是连续变量,所以相邻组的组限要重叠。最后,将每名学生的生活费支出按组归类,于是形成了反映 50 名学生平均每月消费支出的等距数列,如表 4-11 所示。

表 4-11　50 名学生每月生活费支出分布

人均月生活费支出/元	学生人数/人	比重/%
800~1 000	4	8
1 000~1 200	12	24
1 200~1 400	18	36
1 400~1 600	11	22
1 600~1 800	5	10
合　计	50	100

有时,在编制组距数列时该用多大组距,组数多小,可能陷入盲目,不妨先按小组距分组,然后逐步合并组距,从比较中择其优者。就例 4-1 来说,若先按 100 元组距来编制组距

数列,将发现各组单位数分散,看不出什么规律性。当组距扩大到 200 元时,规律性就十分明显了。

在实际工作中确定组数时,可以根据对事物的定性分析加以确定。这种方法需要对研究总体进行认真分析,才能做出准确判断。例如,根据某个班级学生学习成绩的数据资料编制组距数列,在编制数列前,首先确定不及格、及格、中等、良好、优秀五个不同性质的组,然后把组距数列分为 60 分以下、60~70 分、70~80 分、80~90 分、90~100 分五个组。

三、次数与频率的累计分布

在统计分析中,有时需要观察某一数值以下或某一数值以上的次数或频率之和,这就需要编制次数或频率的累计分布数列,它表明总体变量在某一水平以上或以下所包含的次数和频率的总和。

1. 向上累计

向上累计又称较小制累计,是将各组次数或频率由变量值低的组向变量值高的组累计,表明各组上限以下的累计次数或累计频率。

2. 向下累计

向下累计又称较大制累计,是将各组次数或频率由变量值高的组向变量值低的组累计,表明各组下限及以上的累计次数或累计频率。

【例 4-2】 某县城居民家庭人均月消费支出次数累计如表 4-12 所示。

表 4-12 某县城居民家庭人均月消费支出次数累计

人均月消费 支出/元	户数/户	频率/%	向上累计		向下累计	
			累计次数/户	累计频率/%	累计次数/户	累计频率/%
700 以下	2	5	2	5	40	100
700~800	7	17.5	9	22.5	38	95
800~900	15	37.5	24	60	31	77.5
900~1 000	10	25	34	85	16	40
1 000~1 100	4	10	38	95	6	15
1 100 以上	2	5	40	100	2	5
合计	40	100.0	—	—	—	—

由表 4-12 可知,该县城调查的 40 户居民家庭中人均月消费支出低于 800 元的有 9 户,占全部调查户数的 22.5%;人均月消费支出高于 1 000 元的有 6 户,占全部调查户数的 15%。

四、统计汇总方法

统计汇总是在统计整理的后期,把分组后的数据填写、汇总到有关表格中,并进行计算和加总,集中、系统地反映调查对象总体的特征。统计资料的汇总技术主要有两种:一是手工汇总;二是计算机汇总。

(一) 手工汇总

在计算机迅速普及的今天,手工汇总作为一种传统的汇总方法在许多场合仍然有其不可替代的用途。手工汇总主要有以下几种。

1. 画记法

画记法是在汇总表上采取画点或画线的方法进行分组计数。它适用于各组总体单位数的汇总,但不能汇总各组和总体的标志总量,一般在总体单位数不多的情况下使用。常用的点画记号有"正""卌"等,如表4-13所示。

表4-13 某车间工人工龄情况资料汇总表

按工龄分组	画 记	工人数/人
5年以下	正正正下	18
5~10年	正正正正丅	22
10~15年	正正正正正正	29
15~20年	正正正正	20
20年以上	正正一	11
合 计	—	100

2. 过录法

过录法是将需要汇总的资料过录到事先准备好的整理表上,然后将各组和总体的单位数或标志值加总,再填入统计表中。采用这种方法既可以汇总单位数,也可以汇总标志值,而且便于核对和计算。但这种方法工作量比较大,而且费时费力,易发生差错。

3. 折叠法

折叠法是将各调查表或统计表中需要汇总的数值折在边上,一张压一张地重叠起来,将纵列和横行对齐,仅露出需要汇总项目的数值,然后汇总。这种方法简便易行,省时省工,但出现差错不易查出。表4-14是用折叠法对商品进销存情况进行的汇总。

表4-14 用折叠法对商品进销存情况进行的汇总

项 目	单 位	商品购进	商品销售	商品库存	备 注
表(1)	万元	300	500	260	
表(2)	万元	700	1 000	400	
表(3)	万元	650	800	350	
表(4)	万元	430	650	280	
表(5)	万元	660	900	200	
表(6)	万元	500	720	340	
合 计	万元	3 240	4 570	1 830	

4. 卡片法

卡片法是指事先准备好摘录卡片,将每个总体单位需要汇总的项目和数值摘录至卡片上,然后根据卡片进行汇总和计算。这种方法适合总体单位多且复合分组多的情况。采用卡片法可以保证汇总质量和较高的时效性。表 4-15 是用卡片法进行汇总的表格。

表 4-15　汇总卡片　　　　　　　　　　　　　　　　　编号　001

1	2	3	4	5	6	7	8	9	10
11	12	13	14	15	16	17	18	19	20
21	22	23	24	25	26	27	28	…	…

（二）计算机汇总

计算机汇总速度快、精度高，具有逻辑运算、自动工作和储存资料的功能。计算机汇总大体分为以下几个步骤。

1. 编制程序

按计算机语言对汇总工作进行全面系统的安排，计算机将按规定进行逻辑运算和数学运算。

2. 编码

根据程序的规定把汉字信息数字化。

3. 数据录入

把经过编码后的数据和实际数字通过录入设备输入计算机。

4. 逻辑检查

按照事先规定的一套逻辑检查规则对输入计算机的原始数据进行筛选、整理。

5. 制表打印

所有数据经过逻辑检查之后，由计算机按照事先规定的汇总表式和汇总层次进行统计制表，并通过输出设备把结果打印出来。

任务四　统　计　图

统计图是根据统计数字，用几何图形、事物形象和地图等绘制的表现研究对象数量关系和数量特征的各种图形。它具有直观、形象、生动、具体等特点。统计图可以使复杂的统计数字简单化、通俗化、形象化，使人一目了然，便于理解和比较。因此，统计图在统计资料整理与分析中占有重要地位，并得到了广泛的应用。常用的统计图有折线图、条形图、圆形图等。绘制统计图最常用的工具就是 Office 套件中的 Excel 软件。

一、折线图

折线图是在平面坐标系上用线条的升降来表示数值大小和发展变化的统计图。在描述两个变量或等距变量之间的关系时，常使用折线图。折线图包括简单折线图和复合折线图。

前者适用于描述一段时间内单个变量的发展趋势,后者适用于描述两个或两个以上变量的发展趋势。依据表 4-16 制作的图 4-2 是复合折线图的示例。

表 4-16　2011—2020 年我国城镇居民家庭和农村居民家庭恩格尔系数　　单位:%

地区	2011 年	2012 年	2013 年	2014 年	2015 年	2016 年	2017 年	2018 年	2019 年	2020 年
城镇	36.3	36.2	35	35.6	34.8	29.3	28.6	27.7	27.6	29.2
农村	40.4	39.3	37.7	37.9	37.1	32.2	31.2	30.1	30	32.7

资料来源:2011—2020 年的《中华人民共和国国民经济和社会发展统计公报》。

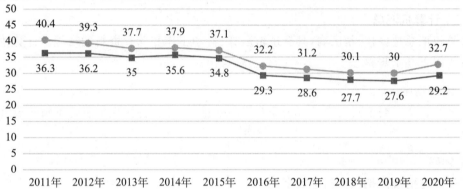

图 4-2　2011—2020 年我国城镇和农村的恩格尔系数

从图 4-2 可以清楚地看出全国城镇和农村恩格尔系数的增长变化趋势。

二、条形图

(一)矩形条形图

矩形条形图是在坐标平面上利用矩形或柱状图形来表达数据信息的统计图形。矩形条形图的表达方式可以横向设置,也可以纵向设置;其柱形的高度或长度代表的数值可以是绝对数,也可以是相对数。矩形条形图按其问题中所包含的变量的多少,可分为简单矩形条形图和复合矩形条形图。简单矩形条形图适用于说明现象在一段时间内单一变量的变化情况;复合矩形条形图适用于说明两个或两个以上变量变化的对比关系。依据表 4-17 制作的图 4-3 是复合矩形条形图的示例。

表 4-17　2011—2020 年我国居民人均可支配收入　　单位:元

地区	2011 年	2012 年	2013 年	2014 年	2015 年	2016 年	2017 年	2018 年	2019 年	2020 年
城镇	21 810	24 565	26 955	28 844	31 195	33 616	36 396	39 251	42 359	43 834
农村	6 977	7 917	8 896	9 892	10 772	12 363	13 432	14 617	16 021	17 131

资料来源:2011—2020 年的《中华人民共和国国民经济和社会发展统计公报》。

(二)折线条形图

折线条形图是将矩形条形图与折线图结合在一起,共同说明同一现象在一段时间内总

图 4-3 2011—2020 年我国居民人均可支配收入

量的变化情况和增长速度。依据表 4-18 制作的折线条形图 4-4 反映了我国 2016—2020 年国内生产总值及其增长速度的情况。

表 4-18 2016—2020 年我国国内生产总值及环比增长速度

年　　份	2016 年	2017 年	2018 年	2019 年	2020 年
国内生产总值/亿元	746 395	832 036	919 281	986 515	1 015 986
增长速度/%	6.8	6.9	6.7	6.0	2.3

资料来源：2020 年《中华人民共和国国民经济和社会发展统计公报》。

图 4-4 2016—2020 年我国国内生产总值及环比增长速度

（三）结构条形图

结构条形图是以条形的全长来表示某一现象的总量（100%），条内的分段表示总量的各个组成部分，分段的长短表示各组成部分在总量中所占的比重大小。结构条形图可以反映某一现象内部在不同时期的结构变化情况。依据表 4-19 制作的图 4-5 是结构条形图的示例。

表 4-19　某连锁超市 2017—2021 年各类商品销售情况　　　　　单位：%

商品类别	2017 年	2018 年	2019 年	2020 年	2021
水畜商品	16.5	18.5	19.6	22.8	23.7
果蔬商品	35.0	33.5	32.7	31.2	30.2
食品商品	26.0	27.6	29.8	29.4	31.5
日用杂品	22.5	20.4	17.9	16.6	14.6
合　计	100	100	100	100	100

图 4-5　某连锁超市 2017—2021 年各类商品销售情况

三、饼图

饼图也称圆形图，是以一个圆的整体面积代表被研究现象的总体，按构成现象的各部分占总体比重的大小，把圆形分割成若干扇形来表现部分与总体的比例关系的统计图。饼形图可以比较清楚地反映出部分与部分、部分与整体之间的数量关系。依据表 4-20 制作的图 4-6 是饼图的示例。

表 4-20　2020 年全国居民人均消费支出及其构成

项　　目	人均消费支出/元	比重/%
食品烟酒	6 398	30.2
衣着	1 238	5.8
居住	5 215	24.6
生活用品及服务	1 260	5.9
交通通信	2 762	13.0

续表

项　目	人均消费支出/元	比重/%
教育文化娱乐	2 032	9.6
医疗保健	1 843	8.7
其他用品和服务	462	2.2
合　计	21 210	100

资料来源：http://www.stats.gov.cn/xxgk/sjfb/zxfb2020/202101/t20210118_1812464.html.

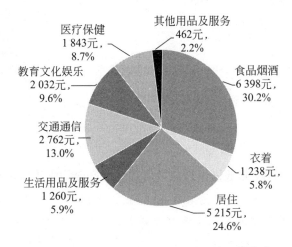

图 4-6　2020 年全国居民人均消费支出及其构成

四、环形图

环形图是由两个及两个以上大小不一的饼图叠在一起，挖去中间部分所构成的图形。环形图中间有一个"空洞"，每个总体用一个环来表示，总体中的每一部分的数据用环中的一段表示。环形图可显示多个总体各部分所占的相应比例，有利于对总体构成的比较研究。依据表 4-21 制作的环形图如图 4-7 所示。

表 4-21　某地区对甲、乙两所高校餐饮服务情况的调查结果

问题类别	甲学校餐饮服务		乙学校餐饮服务	
	学生人数/人	比例/%	学生人数/人	比例/%
非常不满意	28	9.3	12	4
不满意	99	33	33	11
一般	110	36.7	98	32.7
满意	55	18.3	132	44
非常满意	8	2.7	25	8.3
合　计	300	100	300	100

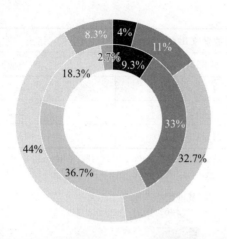

■非常不满意　■不满意　一般　满意　非常满意

图 4-7　甲、乙两个学校餐饮服务状况的学生评价

调查问卷及整理表

2017—2021年我国国内总产值和三次产业构成及增长速度

2021年全年国内生产总值1 143 670亿元,比上年增长8.1%(见图4-8),两年平均增长5.1%。其中,第一产业增加值83 086亿元,比上年增长7.1%;第二产业增加值450 904亿元,增长8.2%;第三产业增加值609 680亿元,增长8.2%。第一产业增加值占国内生产总值比重为7.3%,第二产业增加值比重为39.4%,第三产业增加值比重为53.3%(见图4-9)。

图 4-8　2017—2021年国内生产总值及其增长速度

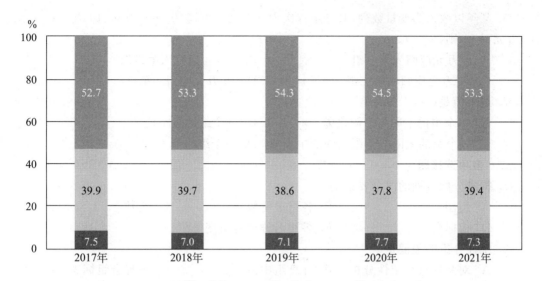

■ 第一产业　■ 第二产业　■ 第三产业

图 4-9　2017—2021 年三次产业增加值占国内生产总值比重

资料来源：2021 年《中华人民共和国国民经济和社会发展统计公报》。

同步练习与技能实训

【基本概念】

统计资料整理　统计分组　分配数列　分组标志　组距　组限　累计次数　统计图

【基本训练】

一、单项选择题

1. 下列各项中按数量标志分组的有（　　）。
   A. 人口按民族分组　　　　　　B. 产品按合格与不合格分组
   C. 人口按性别分组　　　　　　D. 家庭按月收入分组

2. 统计整理资料（　　）。
   A. 只包括原始资料　　　　　　B. 只包括次级资料
   C. 包括原始资料和次级资料　　D. 是统计分析的结果

3. 某连续型变量的组距数列，其末组为开口组，下限为 600，其邻组的组中值为 550，则末组的组中值为（　　）。
   A. 550　　　B. 650　　　C. 700　　　D. 750

4. 某班组工人收入最高为 6 500 元，最低为 3 500 元，据此分为 6 组，形成等距数列，其组距应为（　　）。
   A. 600　　　B. 500　　　C. 550　　　D. 650

5. 采用组距式分组时，对于连续变量，相邻的组限必须（　　）。
   A. 间断　　　B. 相近　　　C. 重叠　　　D. 不等

6. 某年以收入为变量数列,其分组依次为5万元以下、5万~10万元、10万~15万元、15万元以上,则（   ）。

    A. 5万元应归入第一组   B. 5万元应归入第二组

    C. 10万元应归入第二组   D. 15万元应归入第三组

7. 组中值是（   ）。

    A. 一个组的上限与下限之差   B. 一个组的最小值

    C. 一个组的上限与下限之间的中点值   D. 一个组的最大值

二、多项选择题

1. 构成分配数列的两个要素是（   ）。

    A. 组距   B. 各组单位数   C. 组数

    D. 指标数值   E. 各组名称或各组变量值

2. 统计分组的关键是（   ）。

    A. 对总体进行定性分析   B. 计算组中值   C. 选择分组标志

    D. 计算次数   E. 划分各组界限

3. 影响变量次数分布的要素有（   ）。

    A. 变量值大小   B. 变量性质   C. 选择的分组标志

    D. 组数与组距   E. 组限与组中值

4. 统计分组的主要作用在于（   ）。

    A. 划分社会现象的类型   B. 反映总体的内部结构   C. 说明总体质量特征

    D. 说明总体数量特征   E. 分析现象之间的依存关系

5. 对统计总体进行分组时,采用等距分组还是异距分组,取决于（   ）。

    A. 现象的特点   B. 变量值的多少   C. 频数的大小

    D. 数据分布是否均匀   E. 组数的多少

6. 对连续性变量编制次数分配数列时,（   ）。

    A. 只能用组距数列   B. 相邻组的组限必须重叠

    C. 组距可相等也可不相等   D. 首尾两组一定要采用开口组

    E. 首尾两组一定要采用闭口组

7. 在编制组距数列时,组限的确定应做到（   ）。

    A. 最小组的下限应略大于最小变量值   B. 最小组的下限应略小于最小变量值

    C. 最大组的上限应略小于最大变量值   D. 最大组的上限应略大于最大变量值

    E. 最小组的下限和最大组的上限应分别等于最小和最大变量值

三、判断题

1. 统计整理是统计调查和统计分析的基础和前提。   （   ）
2. 统计分组的关键在于选择好组数和组距。   （   ）
3. "上组限不在内"是指连续型变量分组时,本组的上限不包括在本组内。（   ）
4. 等距变量数列中,全距一定时,组数多少与组距的大小成正比。（   ）
5. 职工按工资分组,相邻组限必须间断。   （   ）
6. 离散型变量既可以做单项分组,也可以做组距分组。   （   ）
7. 单项分组适用于离散型变量。   （   ）

8. 某企业职工按文化程度分组属于单项分组　　　　　　　　　　　　　（　）

四、简答题

1. 什么是统计资料整理？它有何意义？统计资料整理的步骤有哪些？
2. 什么是统计分组？统计分组有哪些作用？
3. 选择分组标志应遵循哪些原则？
4. 什么是分配数列？它有哪些种类？
5. 累计次数的计算方法有哪几种？它们各有什么作用？

五、计算题

1. 有20名工人，每名工人看管的机器台数如下。

5　4　2　4　3　4　3　5　4　3
4　3　4　3　2　6　4　4　2　5

根据上述资料，按每名工人看管机器台数编制变量数列，并计算出各组频率。

2. 某班50名学生"统计基础与应用"课程的考试成绩如下。

67　89　88　84　66　87　75　73　72　68
70　82　97　58　81　54　79　76　95　76
71　60　90　65　76　72　76　85　89　92
64　57　83　81　78　77　72　96　70　81
65　86　78　68　73　87　61　88　75　74

根据上述资料，编制学生学习成绩的分配数列，并计算出各组的次数和频率。

3. 某企业某工种工人每日生产定额为100件产品，6月12日，50名工人生产某种产品产量如下。

83　88　123　110　118　158　121　146　117　108
105　110　107　137　120　159　125　136　127　142
118　103　87　115　141　117　123　126　138　151
101　86　82　113　114　119　126　135　93　142
108　101　105　125　116　132　138　131　127　125

要求：

（1）根据上述资料，按工人日产量编制等距数列；

（2）计算组距、组中值；

（3）计算累计次数、累计频率，指出资料分布的特征，并对工人生产定额完成情况进行简要分析。

【实训任务】

选择下列问题，对你校的学生进行一次调查，至少要选择100个调查单位，并对调查取得的资料进行整理。

问题：

你购买商品时最注重的因素是什么？（单项选择）

□质量　　□价格　　□品牌　　□款式　　□其他

要求：

（1）根据调查资料编制分布数列。

（2）计算累计次数、累计频率，指出资料分布的特征，并对学生消费情况进行简要分析。

项目五

总量指标和相对指标

知识目标

(1) 了解总量指标的概念、作用和种类;
(2) 掌握总量指标的计算方法;
(3) 了解相对指标的概念、作用、表现形式和种类;
(4) 掌握相对指标的计算方法及应用原则。

技能目标

(1) 会正确计算总量指标、相对指标;
(2) 会正确运用总量指标、相对指标分析问题。

 案例导入

中华人民共和国 2021 年国民经济和社会发展统计公报(节选)

初步核算,全年国内生产总值 1 143 670 亿元,比上年增长 8.1%,两年平均增长 5.1%。其中,第一产业增加值 83 086 亿元,比上年增长 7.1%;第二产业增加值 450 904 亿元,增长 8.2%;第三产业增加值 609 680 亿元,增长 8.2%。第一产业增加值占国内生产总值比重为 7.3%,第二产业增加值比重为 39.4%,第三产业增加值比重为 53.3%。全年最终消费支出拉动国内生产总值增长 5.3 个百分点,资本形成总额拉动国内生产总值增长 1.1 个百分点,货物和服务净出口拉动国内生产总值增长 1.7 个百分点。全年人均国内生产总值 80 976 元,比上年增长 8.0%。国民总收入 1 133 518 亿元,比上年增长 7.9%。全员劳动生产率为 146 380 元/人,比上年提高 8.7%。

年末全国人口 141 260 万人,比上年末增加 48 万人,其中城镇常住人口 91 425 万人。全年出生人口 1 062 万人,出生率为 7.52‰;死亡人口 1 014 万人,死亡率为 7.18‰;自然增长率为 0.34‰。全国人户分离的人口 5.04 亿人,其中流动人口 3.85 亿人。

年末全国就业人员74 652万人,其中城镇就业人员46 773万人,占全国就业人员比重为62.7%,比上年末上升1.1个百分点。全年城镇新增就业1 269万人,比上年多增83万人。全年全国城镇调查失业率平均值为5.1%。年末全国城镇调查失业率为5.1%,城镇登记失业率为3.96%。全国农民工总量29 251万人,比上年增长2.4%。其中,外出农民工17 172万人,增长1.3%;本地农民工12 079万人,增长4.1%。

居民消费价格比上年上涨0.9%。工业生产者出厂价格上涨8.1%。工业生产者购进价格上涨11.0%。农产品生产者价格下降2.2%。12月,70个大中城市中,新建商品住宅销售价格同比上涨的城市个数为53个,下降的为17个;二手住宅销售价格同比上涨的城市个数为43个,持平的为1个,下降的为26个。

资料来源:2021年《中华人民共和国国民经济和社会发展统计公报》。

从上述数据中,我们可以看到指标在说明现象特征时表现出的重要性。案例中的指标都有哪些种类?构成指标的要素有哪些?如何使用指标说明问题?这是本项目主要学习的内容。学会运用总量指标和相对指标说明问题,可以全面、深入地反映现象的本质和规律,本项目将介绍如何运用总量指标和相对指标。

任务一　总　量　指　标

一、总量指标的概念和作用

(一)总量指标的概念

总量指标是反映社会经济现象在一定时间、地点、条件下的总规模和总水平的统计指标。它的表现形式是绝对数,也就是用一个绝对数来反映特定现象在一定时间上的总量状况,故又被称为绝对指标或绝对数。例如,某年我国的人口数、土地面积、粮食产量、基本建设投资额、原煤产量、国内生产总值等都是总量指标。总量指标还可以表现为社会经济现象在一定时空条件下总量增减变化的绝对数。也就是说,同性质的总量指标之和或者之差仍然是总量指标。

总量指标具有两个主要特点:①总量指标是统计汇总的结果,直接具体。②总量指标的数值随总体范围的大小而发生增减变化。一般来说,总体范围越大,总量指标也越大,反之则越小。

(二)总量指标的作用

总量指标是最基本的统计指标,是对统计调查得来的原始资料进行分组和汇总后得到的数据的总和,是统计整理阶段的直接结果。在实际的统计工作中,总量指标的应用十分广泛,其主要作用可归纳为以下三点。

1. 总量指标是人们认识社会经济现象的起点

总量指标是认识社会经济现象的起点,它经常被用来反映一个国家的国情、国力,原因是社会经济现象的基本状况一般情况下总是首先表现为总量。例如,我国土地面积为960万平方千米,2020年我国人口总数约为141 178万人,这两个总量指标反映了我国幅员辽阔、人口众多的基本特点。

2. 总量指标是进行经济管理、宏观调控、制定经济发展方针政策的重要依据

总量指标能够反映社会经济发展规模、国情国力和生产建设成果,是进行经济管理、宏观调控、制定经济发展政策的重要依据之一。上至国家的宏观调控,下至企业的微观管理,都必须从客观实际出发,都要以总量指标为重要参考。例如,货币流通量这一总量指标的大小就是国家确定货币发行量的基础。

3. 总量指标是计算相对指标和平均指标的基础

相对指标和平均指标一般是在有关总量指标的基础上对比计算得来的,可以说是总量指标的派生指标。总量指标的计算是否真实、科学,会直接影响相对指标和平均指标的计算结果。例如,人口的性别比例是男性人口数与女性人口数之比。

二、总量指标的种类

(一)总体单位总量和总体标志总量

总量指标按照说明现象总体的内容不同,分为总体单位总量和总体标志总量。

总体单位总量简称单位总量或总体总量,可以用计数的方法取得,是总体单位的合计总数;总体标志总量简称标志总量,需要通过汇总计算取得,是总体中各单位某种数量标志值的总和。例如,要了解某地区所有国有企业的生产经营情况,则该地区全部国有企业是总体,每个工业企业是总体单位,因此,国有企业的总数就是单位总量,该地区国有企业的产品年销售额、职工总数则是标志总量。

需要指出的是,单位总量和标志总量不是固定不变的,而是随着研究目的的不同和研究对象的变化而变化。例如,要了解某企业职工的身体健康状况,则该企业职工总数是单位总量,工资总额是标志总量,其中,职工总数在前例中是标志总量,这里就变成了单位总量。单就一定的总体而言,单位总量只有一个,而标志总量根据研究目的的不同可以有多个。

(二)时期指标和时点指标

总量指标按照说明现象的时间状态不同,分为时期指标和时点指标。

时期指标是用来说明现象在一段时间内累计总量的总量指标,如人口出生数、产品产量、商品销售量、某高校毕业生人数等都是时期指标。时点指标是说明现象在某一时刻所达到的总数量的总量指标。如人口数、商品库存量、储蓄存款余额等都是时点指标。

时期指标和时点指标各有不同的特点。时期指标的数值大小与所属时间长短有直接关系,各时期的数值可以直接相加,其资料收集是通过经常性调查取得;时点指标的数值大小与时点之间间隔的长短没有直接关系,各时点指标数不能相加,其资料收集是通过一次性调查来完成的。

(三)实物指标、价值指标和劳动量指标

总量指标按采用的计量单位不同,可分为实物指标、价值指标和劳动量指标。其对应的计量单位分别是实物单位、价值单位和劳动单位。

1. 实物单位

实物单位是根据事物的外部特征或物理属性而采用的单位,具体分为以下几种。

(1)自然单位。如鸭子以"只"为单位,纸以"张"为单位,机器设备以"台"为单位等。

(2)度量衡单位。度量衡单位是以已经确定的标准来计量实物的重量、长度、面积、体

积、容积等的单位,如吨、千米、公顷、立方米、升等。

(3) 复合单位。复合单位是两个单位的乘积,如旅客周转量以"人千米"计量,货物周转量用"吨千米"计量等。

(4) 双重单位。双重单位是用两种或两种以上的单位结合起来进行计量,如起重机的计量单位是"台/吨",货轮用"艘/马力/吨位"计量。

(5) 标准实物单位。标准实物单位是按照统一的折算标准来计量事物数量的一种实物单位。它主要用于计量存在差异的工业产品和农产品,为了准确反映其总量,需要把各产品按照一定的标准折合成标准品再加总求和进行比较。如把棉花按照标准的含水含杂率核算为标准棉花;把含氮量不同的化肥都折合成含氮100%的标准化肥;把各种能源都折合成热值为7 000千卡/千克的标准煤等。

实物单位的特点是具体但是不可加,不同单位不可以直接相加,相同单位不同物品也不可以直接相加。

2. 价值单位

价值单位是以货币作为价值尺度计量社会财富和劳动成果的总量指标,如国民收入、商品销售总额、利润总额、产品成本等。价值指标应用十分广泛,具有综合性和概括性,能够综合说明具有不同使用价值的产品总量和商品销售量的总规模或总水平,在国民经济管理中起着重要作用。常见的价值单位有美元、人民币、欧元等。

价值单位的特点是抽象但是可以相加,不过要注意不同价值单位之间的汇率换算问题。

3. 劳动单位

劳动单位是用劳动时间作为计量单位,一般用"工日""工时"表示。工时指一名职工做1小时的工作,工日通常指一名职工做8小时的工作。劳动量指标是评价劳动时间利用程度和计算劳动生产率的依据,同时也是企业编制生产计划和检查生产计划的依据。

三、总量指标的计算

总量指标的数值是通过对总体单位进行全面调查,采用直接计数、点数或测量等方法,逐步计算汇总而得到的。只有在少数情况下,如不能直接计算或不必直接计算总体的总量指标的情况下,才采用间接的估计推算的方法取得。

(一) 直接计量法

直接计量法是将总体的一系列变量值直接加总求和的方法,即

$$\sum X_n = X_1 + X_2 + X_3 + \cdots + X_n$$

式中,X为变量值;n为总体单位数;$\sum$为求和符号。

(二) 间接计算法

间接计算法是一种根据现象之间的关系或根据非全面调查资料来推算总量指标的方法,具体可以分为关系推算法和估算法。

1. 关系推算法

关系推算法是指根据社会经济现象之间的因果关系、平衡关系、比例关系,在已知其中某一个或几个总量的条件下,推算另一总量指标,例如:

商品销售额＝商品销售量×商品销售单价

工业总产值＝产品销售量×出厂价格

期末商品库存量＝期初商品库存量＋本期商品购进量－本期商品销售量

2. 估算法

估算法是指运用抽样推断的方法估算总量指标。具体内容和方法将在项目九中介绍。

总量指标数值的计算方法比较简单，但计算内容非常复杂。总量指标数值的计算并不是一个单纯的加总问题，它必须在正确规定总量指标所表示的各种社会经济现象的含义、内容和计算范围的基础之上才能进行。

正确计算总量指标必须注意以下两点。

（1）必须明确界定总量指标的含义、范围。例如，要计算班级学生总成绩，必须首先明确参加考试的学生范围；要正确计算工资总额，必须先明确工资的实质和构成；要计算第一、二、三各产业增加值，必须事先明确各产业增加值的含义和所包括的范围。

（2）必须注意现象的同类性。即不同种类的实物总量指标数值不能直接加总求和，只有同类现象才能计算出总量。例如，对于钢、煤、棉、粮的总量不能进行简单的加总。

相关链接

"蒙人"的绝对数

绝对数是统计绝对数的简称。它是反映现象总体在一定时间和空间条件下所达到的总规模、总水平或工作总量的综合指标，其数值的大小受总体范围的制约。因此，对于规模不等的总体，其绝对数数值不能直接对比，并以此判断事物的优劣。

但在日常生活中，常常有人有意无意地忽视总体规模的大小，用不匹配的绝对数数值达到"蒙人"的目的。例如，公安部发布的2005年中国道路交通事故统计分析数据指出：2005年，全国公路上发生交通事故272 840起，造成76 689人死亡，其中高速公路上发生的交通事故造成6 407人死亡；二、三级公路上交通事故死亡人数最多，共造成47 448人死亡。这样的数据给人的感觉好似二、三级公路比高速公路更容易出事故。其实不然，虽然中国的高速公路近年发展很快，到2005年年底，高速公路总里程达到4.1万千米，位居世界第二位，但二级公路有24.6万千米，三级公路有34.5万千米，合计达59.1万千米。在营运里程14倍于高速公路的二、三级公路上出现的交通事故较多是很自然的事，因为二、三级公路的营运里程长，行驶的车辆和行人更多，出现事故的可能性更大。

其实，绝对数只能说明某一现象总体本身的总量，不能说明现象与现象间的相互联系，以及现象在不同时间和空间上的发展变化情况。而客观现象是相互联系的，我们对这些现象的认识如果单凭某一绝对数数值是无法做出正确判断的。

资料来源：中国统计杂志社．生活中的统计学[M]．北京：中国统计出版社，2010．

任务二 相对指标

一、相对指标的概念、作用与表现形式

总量指标虽然可以综合反映社会经济现象的总规模和总水平，但由于现象总体的复杂

性,仅根据总量指标仍难以对客观事物做出正确、全面的判断。相对指标就是在总量指标的基础上,为了进行对比而产生的统计分析指标,它更有利于反映现象之间的联系。

(一)相对指标的概念

相对指标是将社会经济现象中两个有联系的统计指标数值进行对比而得到的抽象的比值,其结果表现为相对数,故相对指标又称相对数,如比重、比例、速度、程度、密度等。相对指标有两个特点:①抽象性,由于相对指标是由两个有联系的指标数值对比得到的比值,所以相对指标抽象掉了构成相对指标分子和分母的具体总量指标数值;②相对指标的数值不随总体范围的大小而增减,原因是相对指标必然受到被对比的分子、分母两个因素的影响。

中国超过美国,成为全球制造业第一大国

(二)相对指标的作用

相对指标反映了现象之间的数量对比关系和联系程度等问题,在国民经济管理、企业经济活动分析和统计研究中被广泛应用。

对一种社会经济现象进行统计分析时,若只利用单独某一项指标,而不把相关指标联系起来进行全面的比较分析,就难以对事物有全面、深刻的认识。相对指标可以帮助我们观察某一总体的任务完成情况、内部的结构构成以及比例状况、某一事物相对另一事物的强度、密度和普遍程度等问题,为进一步认识现象的本质和特点提供客观依据。例如,对职工家庭生活状况进行研究,若只考核家庭的总收入而不结合家庭人数进行分析,就不能反映出这个家庭本质的经济水平。

相对指标把分子、分母两个总量指标之间的具体差异抽象化了,从而使不可比的现象转化为可对比的现象。例如,某年甲、乙两个企业的销售利润额分别是100万元和50万元,如果直接以销售利润额作为判断两个企业销售效益好坏的依据,似乎甲企业的效益更好。而事实上,甲企业的销售额为800万元,乙企业的销售额为500万元,而甲企业的销售利润率为8%,乙企业的销售利润率为10%。通过对比两个企业销售利润率,可以看出乙企业的销售效益更好。

(三)相对指标的表现形式

相对指标的表现形式有无名数和有名数两种。

1. 无名数

无名数是一种抽象化的数值,当对比的两个指标的计量单位相同,相对数表现为无名数。它是一种抽象值,是把对比的分母指标抽象成1、10、100或1 000,分别用倍数和系数、成数、百分数、千分数等表示,如人口出生率、死亡率等。

(1)倍数和系数。倍数和系数是将对比的基数抽象化为1而计算出的相对数。其中,系数一般在分子、分母差别不大时使用,既可以大于1,也可以小于1,如工资等级系数等;而倍数则是在分子数值比分母数值大很多时使用。

(2)成数。成数是将对比的基数抽象化为10而计算出的相对数,1成等于10%。例如,某县2016年粮食产量比2015年增长一成,即增长1/10。

(3)百分数、百分点、千分数。百分数(%)是将对比的基数抽象为100而计算出的相对数,是相对指标中最常用的表现形式。当分子、分母数值差别不大时,可用百分数表示。例如,某企业职工出勤率为98%,某批产品合格率为99%。

百分点是百分数的另一种表现形式,一个百分点等于1%。例如,原来银行活期储蓄利率一年期为3.45%,现在下调一个百分点,说明现在银行活期储蓄利率为2.45%。

千分数(‰)是将对比的基数抽象为1 000而计算出的相对数。一般在两个数值对比中,如果分子比分母的数值小很多,则用千分数表示。例如,2020年我国人口出生率为8.52‰,人口自然增长率(出生率－死亡率)仅为1.45‰。

(4) 番数。番数是指两个相比较的数值中,一个数值是另一个数值的 2^m 倍,这当中的 m 就是番数。例如,某校2015年的在校生人数为10 000人,计划到2020年翻一番,则该校2020年的在校生人数为20 000人,番数 m 为1;若计划翻两番,即为40 000人,番数 m 为2。

2. 有名数

相对指标也有用有名数表示的。凡是由两个性质不同、单位不同而又有联系的指标数值对比计算所得的相对数,一般都是有名数。有名数是量数和计量单位的合称,例如,2米、3千克等都是有名数,其中2和3是量数,米和千克是单位名称。

二、相对指标的种类及其计算方法

根据研究目的和对比的基础不同,相对指标可分为计划完成相对指标、结构相对指标、比例相对指标、比较相对指标、强度相对指标、动态相对指标等。

(一) 计划完成相对指标

计划完成相对指标又称计划完成情况相对指标、计划完成程度相对指标或计划完成百分比,它是将某一时期内同一总体的实际完成数和计划任务数对比所得到的相对数。它表明实际完成计划的程度,用来检查、监督计划的执行情况。计划完成相对指标一般用百分数表示。它的基本计算公式为

$$计划完成相对指标 = \frac{实际完成数}{计划任务数} \times 100\%$$

计算和应用计划完成相对指标,必须注意以下三个问题。

(1) 由于计划任务数是作为衡量计划完成情况的标准,所以公式中的分子与分母不能互换,而且要求分子、分母指标在含义、计算口径、计算方法、计量单位、计算时间、空间范围等方面都保持完全一致。

(2) 在用计划完成相对指标检查计划完成情况时,不仅要用相对数观察计划的完成程度,而且要看计划完成程度所产生的绝对效果,即还需用绝对数去考核计划的完成程度,其做法是用实际完成数减去计划任务数。如在下面的例5-1中,工业总产值超额完成计划10%,则使工业总产值增加了500(5 500－5 000)万元。

(3) 对计划完成程度的评价,需要注意指标的性质和要求,当计划指标是以最低限额规定时,计划完成相对指标大于100%为好,大于100%的部分为超额完成计划部分。当计划指标是以最高限额规定时,计划完成相对指标小于100%为好,小于100%的部分为超额完成计划部分。

1. 计划完成程度的计算

在制订计划时,由于具体情况与计算要求不同,计划任务数的表现形式有绝对数、相对

数和平均数三种,但是在计算计划完成相对指标时,其计算原理、方法仍然要符合基本计算公式的要求,只是计算的表现形式不同。

(1) 计划任务数为绝对数。当计划任务数为绝对数时,其计算公式为

$$计划完成程度相对指标=\frac{实际完成数}{计划任务数}\times100\%$$

【例 5-1】 某地区 2021 年第一季度工业总产值实际完成数为 5 500 万元,计划任务数为 5 000 万元,则

$$计划完成程度=\frac{5\ 500}{5\ 000}\times100\%=110\%$$

$$5\ 500-5\ 000=500(万元)$$

这就是说,该地区 2021 年第一季度工业总产值超额完成 500 万元,超计划 10%。

(2) 计划任务数为相对数。当计划数为相对数时分为两种情况,分别用提高百分比、降低百分比来规定计划任务,如劳动生产率计划提高百分之几,成本计划降低百分之几。在这种情况下,计划完成相对指标不能直接用实际提高或降低百分比除以计划提高或降低百分比,而应当包括原有基数(以上年实际水平为 100%)在内,即还原到"为上年的百分比",然后才能对比,其计算公式为

$$计划完成相对指标=\frac{100\%\pm实际比基期提高(降低)百分比}{100\%\pm计划比基期提高(降低)百分比}\times100\%$$

【例 5-2】 某企业 2021 年计划劳动生产率比上年提高 5%,实际提高 10%,则

$$劳动生产率计划完成程度=\frac{100\%+10\%}{100\%+5\%}\times100\%=104.76\%$$

计算结果表明,该企业超额 4.76% 完成了劳动生产率计划。

【例 5-3】 某企业 2021 年某产品单位成本计划规定比上年降低 5%,实际降低 10%,则

$$产品单位成本计划完成程度=\frac{100\%-10\%}{100\%-5\%}\times100\%=94.74\%$$

计算结果表明,该产品单位成本计划超额 5.26% 完成。

当计划任务数以相对数形式规定时,也可以利用百分点来进行分析。如在例 5-2 和例 5-3 中,我们还可以表达为实际劳动生产率比计划提高了 5 个百分点(10%−5%),实际单位产品成本比计划下降了 5 个百分点(10%−5%)。

(3) 计划任务数为平均数。如果计划任务数以平均数的形式给出,如产品单位成本、员工平均工资等,这时可根据计划完成相对指标的基本公式,直接用实际平均水平与计划平均水平进行对比计算。其计算公式为

$$计划完成相对指标=\frac{实际平均水平}{计划平均水平}\times100\%$$

【例 5-4】 某企业生产某种产品,产品的单位成本计划为 600 元,实际产品的单位成本为 560 元,求该产品单位成本计划完成程度。

$$产品单位成本计划完成程度=\frac{560}{600}\times100\%=93.33\%$$

计算结果表明,该厂产品单位成本实际比计划降低了 6.67%,单位成本降低了 40 元。

2. 计划执行进度的计算

在实际工作中,有时实际完成任务数所属的时期仅是计划期的一部分,这种实际数与计划数的对比,称为计划执行进度。它不是在计划期末,而是在计划执行过程中的计算,这样可以了解计划执行进度。用计划执行进度指标和时间进度百分比进行比较,可以监督计划的执行,考核计划执行的均衡性,促进管理者及时采取措施,以保证计划按期完成。计划执行进度的计算公式为

$$计划执行进度 = \frac{计划期初至某时间止的累计实际完成数}{全期计划数} \times 100\%$$

【例 5-5】 某企业 2021 年 1 月完成销售额 135 万元,2 月完成销售额 140 万元,3 月完成销售额 155 万元,全年计划销售额为 1 550 万元,求该企业 1—3 月销售额完成全年计划销售额进度的百分比。

$$截至 3 月的计划执行进度 = \frac{135+140+155}{1\ 550} \times 100\% = 27.74\%$$

截至 3 月的销售额计划执行进度为 27.74%,截至 3 月的时间进度占全年的百分比为 $3 \div 12 = 25\%$,$27.74\% > 25\%$,说明该企业计划执行进度走在了时间前面,即在全年 25% 的时间里完成了 27.74% 的销售额任务。

3. 长期计划执行情况的计算

长期计划一般是指 5 年及 5 年以上的计划。依据长期计划任务数的规定方法不同,检查长期计划的完成情况,具体分为累计法和水平法两种。

(1) 累计法。累计法就是把计划期内各年累计实际完成数与同期计划规定的累计数对比检查计划完成情况。它适用于检查计划期内构成国民财产存量的经济指标,如固定资产投资、资金投放、住宅建设等计划的完成情况。累计法检查计划完成情况分为两个方面:一是计算计划完成相对数;二是计算提前完成计划的时间。其计算公式为

$$计划完成相对指标 = \frac{计划期内各年累计实际完成数}{计划规定的累计数} \times 100\%$$

【例 5-6】 某地区 2016—2020 年计划规定的基本建设投资总额为 1 000 亿元,5 年实际完成情况如表 5-1 所示。

表 5-1　2016—2020 年基本建设投资计划完成情况　　　　　　单位:亿元

年　份	2016 年	2017 年	2018 年	2019 年	2020 年	
					上半年	下半年
投资额	180	220	240	240	120	150

根据上述资料,可知该地区计划的 5 年时间内基本建设投资计划完成情况为

$$计划完成相对指标 = \frac{180+220+240+240+120+150}{1\ 000} \times 100\% = 115\%$$

累计法计算提前完成计划的时间,是将计划全部时间减去自计划执行之日起至累计完成计划任务的时间。在例 5-6 中,由于 2016—2020 年 6 月累计投资完成数为 1 000(180+220+240+240+120)亿元,已达到计划规定的累计数,故提前 6(60−54)个月完成基本建

设投资计划。

(2) 水平法。水平法是指在下达长期计划时一般只规定计划期最末一年达到的水平,如产值计划、产量计划、工资计划等,检查此种计划的完成情况,通常采用水平法。用水平法检查计划完成情况也分为两个方面:一是计算计划完成相对数;二是计算提前完成计划的时间。其计算公式为

$$计划完成相对指标=\frac{长期计划最后一年实际达到的水平}{计划规定最后一年应达到的水平}\times 100\%$$

【例5-7】 某地区工业总产值计划规定,5年最后一年的产值应达到7 200亿元,计划完成情况如表5-2所示。

表5-2 某地区工业总产值计划完成情况 单位:亿元

时间	第一年	第二年	第三年	第四年				第五年			
				一季度	二季度	三季度	四季度	一季度	二季度	三季度	四季度
总产值	5 700	6 000	6 500	1 700	1 700	1 750	1 750	1 800	1 800	1 850	1 900

根据表5-2计算:

$$计划完成相对指标=\frac{1\ 800+1\ 800+1\ 850+1\ 900}{7\ 200}\times 100\%=102.08\%$$

应用水平法确定提前完成计划的时间,是在计划期内有连续一年时间(不论是否在一个日历年度,只要连续12个月或4个季度即可)的实际完成数达到了最末一年计划规定的水平,就算完成计划任务,剩余的时间就是提前完成计划的时间。在例5-7中,7 200亿元产值是在第四年第四季度至第五年第三季度完成的(1 750+1 800+1 800+1 850=7 200),那就可以说提前一个季度完成了计划。

(二)结构相对指标

结构相对指标是表明总体内部的构成状况,说明各部分在总体中的地位的相对指标,一般用百分数表示,也被称为结构相对数。结构相对指标是利用分组法将总体区分为性质不同的各部分,将各部分数值与总体数值对比得到的比重或比率,如产品合格率等。其计算公式为

$$结构相对指标=\frac{总体某一部分数值}{总体的全部数值}\times 100\%$$

结构相对指标计算公式中的分子和分母既可以是总体单位总量,也可以是总体标志总量。结构相对指标有三个特点:一是它必须以分组法为基础和前提,只有将被研究的总体按一定标志区分为不同性质的前提下,才能计算结构相对指标,进而准确地反映现象总体内部的构成状况;二是结构相对指标各部分所占比重之和必须为1(或100%);三是由于结构相对指标的分子是分母的一部分,所以分子分母的位置不能互换。

【例5-8】 2021年年底某高校在校生15 000人当中,男生8 100名,女生6 900名,则

$$男生所占的比重=\frac{8\ 100}{15\ 000}\times 100\%=54\%$$

$$女生所占的比重=\frac{6\ 900}{15\ 000}\times 100\%=46\%$$

以上男女生所占的比重,表明了该高校2021年年底学生的性别结构状况。

相关链接

贡献率及其计算方法

在统计分析中经常使用"贡献率",那么"贡献率"是什么含义呢?它是怎样计算的呢?

贡献率是分析经济效益的一个指标,是指有效或有用成果数量与资源消耗及占用量之比,即产出量与投入量之比,或所得量与所费量之比。其计算公式为

$$贡献率(\%) = \frac{贡献量(产出量,所得量)}{投入量(消耗量,占用量)} \times 100\%$$

贡献率也可用于分析经济增长中各因素作用大小的程度,具体计算方法为

$$贡献率(\%) = \frac{某因素贡献量(增量或增长程度)}{总贡献量(总增量或增长程度)} \times 100\%$$

上式实际上是指某因素的增长量(程度)占总增长量(程度)的比重。

举例说明如下。

$$总资产贡献率(\%) = \frac{利润总额 + 税金总额 + 利息支出}{平均资产总额} \times 100\%$$

(1) 总资产贡献率是反映企业资金占用的经济效益,说明企业运用全部资产的收益能力。

(2) 社会贡献率是衡量企业运用全部资产为社会创造或支付价值的能力。其计算公式为

$$社会贡献率(\%) = \frac{社会贡献总额}{平均资产总额} \times 100\%$$

社会贡献总额包括工资、劳保退休统筹及其他社会福利支出、利息支出净额、应交增值税、产品销售税金及附加、应交所得税及其他税、净利润等。为了反映企业对国家所作贡献的程度,可按上述原则计算贡献率,具体计算公式为

$$企业对国家的贡献率(\%) = \frac{税金总额 + 上缴利润}{社会贡献总额} \times 100\%$$

(3) 技术进步对产出增长速度的贡献率。这个指标是指在产出增长速度中,技术进步因素所占的比重,综合反映了技术进步对经济增长作用的大小。其计算公式为

$$技术进步对产出增长速度的贡献率(\%) = \frac{技术进步速度}{产出增长速度} \times 100\%$$

上式中的贡献率越大,表明技术进步对经济增长的贡献和作用就越大;反之,则越小。

(4) 各产业贡献率是指第一、二、三产业增量与国内生产总值增量之比。以第三产业为例,其计算公式为

$$第三产业贡献率 = \frac{第三产业当年增量}{国内生产总值当年增量} \times 100\%$$

应该注意的是,贡献率指标比较抽象,在使用时应说明具体含义,不能随意使用,要符合常规,做到标准化、规范化、通俗化。例如资本收益率、资金利税率以及某些对增量因素分析的指标,已有专用名称,就没必要改称为贡献率。另外,在计算各产业贡献率时应剔除价格变动因素,分子、分母均用可比价格的增量计算。

资料来源:https://tjj.fy.gov.cn/content/detail/5c37fd7e52550d9a67adb33c.html。

（三）比例相对指标

比例相对指标是将同一总体内不同部分指标数值对比得到的相对指标，用以分析总体各部分之间的比例关系，也称比例相对数，如人口性别比、积累与消费比等。其计算公式为

$$比例相对指标 = \frac{总体中某一部分数值}{总体中另一部分数据} \times 100\%$$

比例相对指标可以用百分数表示，也可以用几比几的形式表示，有时还可以用 $1:m:n$（或 $n:m:1$）的连比形式。

【例 5-9】 承例 5-8，如果以该校女生人数为 100，则男生人数是女生的 117.39%，男女生之间的比例相对指标为

$$以女生为基础的比例相对指标 = \frac{8\ 100}{6\ 900} \times 100\% = 117.39\%$$

也可以说，男女生比例约等于 117:100。

【例 5-10】 初步核算，2021 年全年国内生产总值 1 143 670 亿元。其中，第一产业增加值 83 086 亿元；第二产业增加值 450 904 亿元；第三产业增加值 609 680 亿元，则以第一产业为基础的比例相对指标为

$$第二产业增加值的比例相对指标 = \frac{450\ 904}{83\ 086} = 5.43$$

$$第二产业增加值的比例相对指标 = \frac{609\ 680}{83\ 086} = 7.34$$

即 2021 年我国第一、二、三产业之间的比例关系为 1:5.43:7.34。

比例相对指标能够反映总体内部各组成部分之间的数量联系程度和比例关系，有以下两个特点：①要与统计分组法结合运用，只有明确了总体内部各部分之间内在的社会经济联系，才能据以计算有关的比例相对指标；②因为比例相对指标计算方式中的分子、分母是并列关系，所以根据研究目的不同，用作比较的两个指标数值可以互为分子与分母。

比例相对指标与结构相对指标虽然计算方法不同，说明问题的角度不同，但二者的本质是一样的，比例相对指标的分子和分母可以相互换算。

【例 5-11】 假如某校男生占 40%，女生占 60%，则男女生之比为 $\frac{40\%}{60\%} = 2:3$；反之，已知男女生之比为 2:3，则男生所占的比重为 $\frac{2}{2+3} = 40\%$，女生所占的比重为 $\frac{3}{2+3} = 60\%$。

（四）比较相对指标

比较相对指标是将同一时间同类指标在不同空间之间对比得到的相对指标，它反映同一时间（时期或时点）同类事物在不同空间（不同国家、不同地区、不同部门、不同单位）条件下的差异程度，也称比较相对数，一般用系数、倍数、百分数形式表示。其计算公式为

$$比较相对指标 = \frac{某一总体的某类指标数值}{另一总体的同类指标数值} \times 100\%$$

【例 5-12】 2021 年甲企业产值为 2 000 万元，乙企业产值为 1 500 万元，则

$$甲企业产值为乙企业产值的百分比 = \frac{2\ 000}{1\ 500} \times 100\% = 133.33\%$$

计算结果表明，以乙企业为基础，甲企业产值为乙企业的 133.33%。

比较相对指标可以揭示现象之间的差异程度,既可以用于不同国家、地区、单位之间的比较,也可以用于先进与落后的比较,还可以用于和标准水平或者平均水平的比较。其特点有:①分子和分母根据研究目的不同,可以互换计算两个不同的比较相对指标;②对比的两个统计指标,可以是绝对数也可以是相对数或平均数。由于绝对数易受具体条件的影响,缺乏直接的可比性,因而在计算比较相对指标时多采用相对数或平均数来比较。

(五)强度相对指标

强度相对指标是指将同一时期两个性质不同而又相互联系的现象的总量指标对比得到的相对指标,它用来说明现象的强度、密度和普遍程度等,也称强度相对数。其计算公式为

$$强度相对指标 = \frac{某一现象的总量指标数值}{另一有联系而性质不同的总量指标数值}$$

【例 5-13】 2016 年中国国内生产总值为 744 127 亿元,中国大陆平均人口数为 137 866.5 万人,则 2016 年中国的人均国内生产总值为

$$中国人均国内生产总值 = \frac{7\ 441\ 270\ 000}{137\ 866.5} = 53\ 974(元/人)$$

有些强度相对指标中相互比较的两个总量指标(分子和分母)可以互换,形成强度相对指标的正指标和逆指标。正指标是指强度相对指标的数值大小与现象的发展程度或密度成正向变化;逆指标是指强度相对指标的数值大小与现象的发展程度或密度成反向变化。

【例 5-14】 2021 年,某城市有储蓄机构 500 个,人口 100 万人,则该市储蓄机构网密度指标为

$$储蓄机构网密度(正指标) = \frac{500}{1\ 000} = 0.5(个/千人)$$

计算结果表明该市每千人拥有 0.5 个储蓄机构。这个强度相对指标的数值越大,表明储蓄机构网密度越大,所以称其为说明储蓄机构网密度的正指标。如果把分子与分母互换一下,则

$$储蓄机构网密度(逆指标) = \frac{1\ 000\ 000}{500} = 2\ 000(人/个)$$

计算结果表明该市每个储蓄机构平均服务 2 000 人。该指标的数值越大,表明储蓄机构网密度越小,所以称其为说明储蓄机构网密度的逆指标。

与其他相对指标相比,强度相对指标有两个明显的特点:第一,有些指标数值是用有名数表示的,一般用双重计量单位,如例 5-14 中的"人/个",再如人均国内生产总值、人均收入用"元/人"来表示等;有些指标数值是用无名数表示的,如流通费用率用百分数表示,人口出生率用千分数表示,流动资金周转次数用次数表示等。第二,强度相对指标具有平均之意,如按全国人口分摊的人均国民收入、人均钢产量、人均粮食产量、人均煤产量等,表现形式上类似平均数,但两者有着本质的区别。

强度相对数的作用表现在以下几个方面。

(1)强度相对数可以用来反映事物的密度和普遍程度。例如,商业网点密度说明商业网点发展的普及程度,医疗网密度说明医院的普及程度及服务范围,人口密度指标说明某一国家或地区人口分布的稠密状况。

(2) 强度相对数可以用来反映一个国家或地区的经济实力。一个国家或地区的经济实力主要表现为国民经济的一些主要指标与相应人口对比而计算的强度相对数,如人均粮食产量、人均国内生产总值、人均国民收入等。

(3) 强度相对数可以用来反映企业的经济效益。考核企业的经济效益,不仅要用到绝对指标,如产值、利税额等,还要用到强度相对指标,如资金利税率、流动资金周转速度、成本利润率等,这样才能正确反映企业经济效益的高低。

(六) 动态相对指标

动态相对指标又称动态相对数或发展速度,是同类现象在不同时间上的指标之比,用以反映现象在时间上发展变化方向和变化程度的相对指标。其计算公式为

$$动态相对指标 = \frac{报告期的水平}{基期的水平} \times 100\%$$

【例 5-15】 某企业 2020 年产值为 2 000 万元,2021 年产值为 2 200 万元,以 2020 年为基期,则动态相对指标为

$$动态相对指标 = \frac{2\ 200}{2\ 000} = 110\%$$

计算结果表明,该企业产值增长较快,2021 年比 2020 年增长了 10%。

一般情况下,把用来作为对比基础的时期称为基期,而把同基期对比的时期称为报告期或计算期,动态相对指标将在项目七中详细介绍。

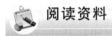
阅读资料

虚幻的相对数

一到节假日,各大商家争相上演"打折大餐"。"现在购买新年礼物,你将节省 100 %。"这是一家商场的导购员在吆喝。听上去就像是免费的馈赠,但实际上它混淆了比较的基础。相对于原来的价格,现价只是减少了 50%,实际上就是打 5 折。而商家混淆视听,故意将打折后少支付的钱与打折后的价格或新价格对比,虽然减少量的确是 100%,但这个 100% 是不科学的,是虚伪的,与导购员吆喝的内容是不一样的。

在报道一条来自印第安纳波利斯城的美联社新闻时,也在偷换基数问题上犯了错误。"今天,经济危机已大为缓解。属于印第安纳波利斯城建筑贸易工会的管子工、泥水匠、木工、油漆工和其他工种的工人享受了 5% 的工资提升,这是去年冬天工资下降 20% 的四分之一补偿。"表面上很合理,但减少的是以原有工资为基数计算的,而增加的却使用了较小的基数,即削减后的收入。高水平基数下降的 5% 与低水平基数上调的 5% 是不一样的。如同一支 100 元的股票,假如跌 50 %,股价就是 50 元,股票市值减少 50 元,如果在此基础上涨 50%,股价就是 75 元,实际增加的股票市值只有 25 元。许多股评家因此在股票下跌大约 50% 后大肆吹牛:如果让我帮你理财,我能在一段时间内让你的股票再涨回 50%。和许多看起来似乎正确的错误一样,这个错误通过巧妙的夸张使事情看上去更美妙了,更具有欺骗性。

变换基数的确能产生增加折扣的幻觉。当计算机批发商向你提供一份"50%折扣再打 20%折扣"的报价单时,那并不意味着 70% 的折扣,实际只有 60%[1−(1−50%)×(1−20%)],因为后面 20% 的折扣是用 5 折后的价格计算的。这种将一些看似能直接相加却不

能这样操作的事情加在一起的做法,常伴有欺骗性和隐瞒性。

资料来源:颜泳红. 生活中的统计学[M]. 长沙:湖南大学出版社,2008.

三、计算和应用相对指标时应注意的问题

(一)正确选择对比基数

计算强度相对指标时,应注意社会经济现象之间的内在本质联系。各种相对指标是通过指标数值对比来反映现象的联系的,因此,必须根据研究目的,从现象的性质、特点出发,正确选择对比基数,这样才能真实反映现象的联系。

(二)要保持两个对比指标数值的可比性

所谓可比性,主要是指所要对比的现象在总体范围、指标口径、计算方法、计算价格、时间和空间等方面应该一致。尤其是进行国家间统计资料的对比时,由于不同国家社会制度不尽相同,各种统计指标的口径不尽一致,更应严格加以分析,进行必要的核算和调整工作。相对指标的可比性主要是指所对比指标的经济内容是否一致,计算范围是否相同,计算方法和计量单位是否可比等。

相对指标是通过指标对比的方法来反映事物数量对比关系和联系程度的统计指标。所以,对比的事物是否可比是正确计算和运用相对指标的前提。如果作为比较的两个事物缺乏可比性,就会歪曲事实的真相,导致严重的认识错误。

(三)相对指标和总量指标结合运用

无论是哪一种统计指标,都有它自身的优势和适用性,同时也有其局限性。总量指标能够反映事物发展的总规模和总水平,但却不易看清事物的差别程度。相对指标是通过两个总量指标的对比,用一个抽象化的比值来揭示现象的联系程度,把现象的具体规模或水平抽象掉了,掩盖了现象绝对量上的差别。只有将二者结合起来运用,才能对问题的实质做出正确的判断。

(四)各种相对指标要结合运用

相对指标有多种,一种相对指标只说明一个方面的情况,很难用某一个相对指标来全面地认识现象。运用多种相对指标,把从不同侧面反映的情况结合起来观察分析,才能更加深入、全面地分析问题和认识问题。例如,某企业2021年产值计划完成情况指标为110%,说明企业超额10%完成了产值计划;该企业2021年产值为2020年的90%,说明该企业2021年产值比上年减少了10%。若把这两种不同的相对指标结合起来进行研究,就能发现该企业2020年的计划产值定得过低,应进一步分析原因。

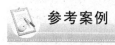
参考案例

相对指标和总量指标的结合运用

2021年全年批发和零售业增加值为110 493亿元,比上年增长11.3%;交通运输、仓储和邮政业增加值为47 061亿元,增长12.1%;住宿和餐饮业增加值为17 853亿元,增长14.5%;金融业增加值为91 206亿元,增长4.8%;房地产业增加值为77 561亿元,增长5.2%;信息传输、软件和信息技术服务业增加值为43 956亿元,增长17.2%;租赁和商务服务业

各种各样的相对指标

增加值为 35 350 亿元,增长 6.2%。全年规模以上服务业企业营业收入比上年增长 18.7%,利润总额增长 13.4%。图 5-1 为 2017—2021 年服务业增加值及其增长速度。

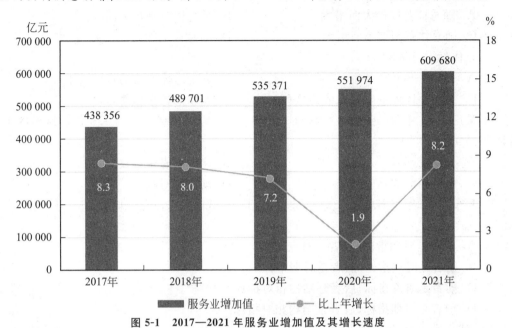

图 5-1　2017—2021 年服务业增加值及其增长速度

资料来源：2021 年《中华人民共和国国民经济和社会发展统计公报》。

同步练习与技能实训

【基本概念】

总量指标　　　相对指标　　　总体单位总量　　　总体　　　标志总量
时期指标　　　时点指标　　　计划完成相对指标　　结构相对指标
比例相对指标　比较相对指标　强度相对指标　　　　动态相对指标

【基本训练】

一、单项选择题

1. 下列指标属于时期指标的是(　　)。
   A. 商品销售额　　B. 商品库存额　　C. 商品库存量　　D. 职工人数
2. 下列指标中属于时点指标的是(　　)。
   A. 国内生产总值　B. 人口数　　　　C. 粮食总产量　　D. 产品销售量
3. 将不同地区、部门、单位之间同类指标进行对比得到的相对指标称为(　　)。
   A. 动态相对指标　B. 结构相对指标　C. 比例相对指标　D. 比较相对指标
4. 下列指标中属于比例相对指标的是(　　)。
   A. 产品合格率　　　　　　　　　　B. 人均土地面积
   C. 第一、二、三产业的比例关系　　D. 工人平均工资
5. 总量指标按其反映的内容不同可分为(　　)。
   A. 实物指标和价值指标　　　　　　B. 总体单位总量和总体标志总量

C. 时期指标和时点指标 　　　　　　D. 时间指标和时期指标

6. 总量指标数值大小(　　)。
   A. 随总体范围扩大而增大　　　　B. 随总体范围扩大而减小
   C. 随总体范围缩小而增大　　　　D. 与总体范围大小无关

7. 总体标志总量(　　)。
   A. 说明总体单位特征　　　　　　B. 表示总体本身的规模大小
   C. 是指总体各单位标志值的总和　D. 是指总体单位总量

8. 某厂2021年职工劳动生产率为15 000元,是历史最高水平的1.5倍。这里的1.5倍是(　　)。
   A. 比例相对数　　　　　　　　　B. 计划完成相对数
   C. 强度相对数　　　　　　　　　D. 动态相对数

9. 某市2021年年末总人口339.84万人,其中,城镇人口占总人口的46.1%,这两个指标(　　)。
   A. 前者是时期指标,后者是时点指标
   B. 前者是时点指标,后者是时期指标
   C. 前者是时点指标,后者是结构相对指标
   D. 前者是时期指标,后者是结构相对指标

10. 某公司2020年完成产值400万元,2021年计划增长8%,实际完成480万元,则超额完成计划为(　　)。
    A. 12%　　　　　B. 120%　　　　　C. 20%　　　　　D. 11%

二、多项选择题

1. 下列属于时期指标的有(　　)。
   A. 学生人数　　　B. 商品销售额　　　C. 商品库存量
   D. 工业总产值　　E. 利润总额

2. 相对指标数值的表现形式有(　　)。
   A. 比例数　　　　B. 无名数　　　　　C. 结构数
   D. 抽样数　　　　E. 有名数

3. 某企业计划2022年甲产品单位成本比上年降低5%,实际降低了10%,则以下说法正确的有(　　)。
   A. 该企业甲产品单位成本计划完成情况为10%/5%
   B. 该企业甲产品单位成本计划完成情况为110%/105%
   C. 该企业甲产品单位成本计划完成情况为90%/95%
   D. 该企业甲产品单位成本为完成计划任务
   E. 该企业甲产品单位成本超额完成了计划任务

4. 下列属于绝对数的有(　　)。
   A. 某商场月末商品库存额　　　　B. 某地区人口净增加数
   C. 某高校某年毕业生人数　　　　D. 某企业月末在册人数
   E. 人均钢产量

5. 下列属于强度相对指标的有（   ）。
   A. 工人劳动生产率   B. 铁路密度   C. 人均粮食产量
   D. 产值利税率   E. 人口密度
6. 下列相对数中，属于结构相对数的有（   ）。
   A. 商业网点密度
   B. 全国总人口中少数民族人口所占比重
   C. 出勤率
   D. 出口贸易额与进口贸易额的比率
   E. 农轻重比例
7. 分子与分母可以互换的相对指标有（   ）。
   A. 结构相对指标   B. 比例相对指标   C. 比较相对指标
   D. 强度相对指标   E. 计划完成相对指标
8. 下列属于时点指标的有（   ）。
   A. 某地区年末人口数
   B. 某地区年内人口出生数
   C. 某地区高校在校学生数
   D. 某地区固定资产投资数
   E. 某地区每年初拖拉机台数

三、判断题

1. 我国耕地面积占世界 7%，养活人口占世界 22%，上述两个指标都为结构相对指标。（   ）
2. 某厂的产值计划在去年的基础上提高 7%，实际仅提高 3.5%，这说明产值的计划任务数实现一半。（   ）
3. 时期指标数值与时期长短成正比，时点指标数值与时点间隔成正比。（   ）
4. 如果计划完成情况相对指标大于 100%，则肯定完成计划任务了。（   ）
5. 强度相对指标可以用来反映现象的密度和普遍程度。（   ）

四、简答题

1. 什么是总量指标？它有何特点与作用？
2. 举例说明时期指标与时点指标及其区别。
3. 什么是相对指标？它有何特点与作用？
4. 相对指标数值表现形式中的百分数和百分点各有什么含义？二者有何区别？
5. 相对指标有几种？它们各有什么作用？
6. 结构相对数和比例相对数有什么区别和联系？正确计算和应用二者为什么必须以科学的分组为前提？
7. 计算和应用总量指标与相对指标应注意哪些问题？

五、计算题

1. 某商店三个门市部 2021 年上半年商品销售资料如表 5-3 所示。

表 5-3 某商店三个门市部 2021 年上半年商品销售资料

店别 甲	第一季度实际销售额/万元 (1)	第二季度 计划 销售额/万元 (2)	第二季度 计划 比重/% (3)	第二季度 实际 销售额/万元 (4)	第二季度 实际 比重/% (5)	计划完成/% (6)	第二季度销售额为上季度的比例/% (7)
第一门市部	80	90		100			
第二门市部	180	170				110	
第三门市部				260		96.3	
合 计	520						

要求：
(1) 填写表中空白格数字。
(2) 指出表中的相对指标属于哪种相对指标。

2. 某企业 2021 年产值计划完成 105%，实际比上年增长 6%，问：2021 年计划规定的产值比上年增长百分之多少？

3. 某企业 2020 年甲产品的单位成本为 800 元，计划规定 2021 年成本降低 4.5%，实际降低 5%。

计算：
(1) 甲产品 2021 年单位成本的计划数与实际数。
(2) 甲产品 2021 年产品成本计划完成程度。

4. 某集团所属三家公司 2021 年下半年的工业总产值资料如表 5-4 所示。

表 5-4 某集团所属三家公司 2021 年产值完成情况

公司名称 甲	计划总产值/万元 2021 年全年 (1)	计划总产值/万元 其中第三季度 (2)	实际完成总产值/万元 第三季度 (3)	实际完成总产值/万元 累计到第三季度止 (4)	第三季度总产值完成程度/% (5)	累计到第三季度为止总产值计划完成程度/% (6)
A	5 000	1 250	1 300	3 850		
B	3 000	750	730	2 190		
C	1 500	380	440	1 203		
合 计	9 500	2 380	2 470	7 243		

要求：
(1) 计算全集团第三季度总产值计划完成情况。
(2) 计算累计到第三季度为止全集团 2021 年总产值计划完成程度，是否完成了计划？

5. 表 5-5 是我国 2010 年第六次和 2020 年第七次人口普查资料，又知我国国土面积为 960 万平方千米。

表 5-5　2010—2020 年我国人口普查资料　　　　　　　　　　　单位：万人

项　　目	2010 年	2020 年
人口总数	133 972	141 178
其中：男	68 685	72 334
女	65 287	68 844

计算：

(1) 2010 年和 2020 年各年以女性为基础的男女之间的比例相对数。

(2) 2010 年和 2020 年各年人口总数、男性及女性的动态相对数。

(3) 2010 年和 2020 年各年男性和女性的比较相对数。

(4) 2010 年和 2020 年各年男性和女性的结构相对数。

(5) 2010 年和 2020 年各年我国人口密度的强度相对数。

6. 某企业生产某种产品，按五年计划规定最后一年产量应达到 100 万吨。计划执行情况如表 5-6 所示。

表 5-6　某企业生产某种产品五年计划执行情况

指　标	年　　份											
	第一年	第二年	第三年		第四年				第五年			
			上半年	下半年	第一季度	第二季度	第三季度	第四季度	第一季度	第二季度	第三季度	第四季度
产量/万吨	75	85	40	49	23	24	24	25	25	26	26	27

计算：

(1) 该产品产量计划完成程度。

(2) 该企业提前多少时间完成了五年计划规定的指标。

7. 某企业 2016—2020 年计划基本建设投资总额为 2 500 万元，实际执行情况如表 5-7 所示。

表 5-7　某企业 2016—2020 年基本建设投资总额实际执行情况

年　　份	2016 年	2017 年	2018 年	2019 年	2020 年			
					第一季度	第二季度	第三季度	第四季度
基本建设投资总额/万元	480	508	600	612	120	180	250	150

计算：

(1) 该企业 2016—2020 年基本建设投资计划完成情况相对指标。

(2) 该企业提前多长时间完成了五年计划规定的指标。

【实训项目】

1. 某企业在招聘测试中写道："今年计划销售收入 1 000 万元，实际销售收入 1 060 万元,超额完成 3%;计划销售利润率 10%,实际销售利润率 15%,超额完成 5%;劳动生产率计划提高 5%,实际提高 8%,计划完成程度为 130%;单位成本计划降低 5%,实际降低 2%,实际比计划多降低 3 个百分比。"请指出文中出现的错误之处,并把错误的地方改正。

2. 以小组为单位,通过互联网搜索、查阅图书资料或赴企业调查等方式收集资料,分析工业企业经济指标体系的构成,理解其中每一个指标的含义及反映的内容,掌握每一个指标的计算方法,然后在班级展示学习结果。

【案例分析】

多种相对指标结合运用

社会经济现象错综复杂,各种现象内部以及与其他有关现象之间都存在着复杂的相互依存和矛盾的关系。一个相对指标只能反映某个方面的问题。因此,要对现象进行比较全面的研究,就必须将多种相对指标结合起来,从多方面分析问题。表 5-8 为某企业生产计划完成情况资料表。

表 5-8 某企业生产计划完成情况资料表

指 标 名 称	计量单位	2020 年实际	2021 年		2021 年同行业先进水平	2021 年计划完成情况/%	2021 年比上年实际/%	2021 年比同行业先进水平/%
			计划	实际				
生产总值	万元	2 400	2 600	2 700		103.8	112.5	
利税总额	万元	600	650	720		110.8	120	
资金平均占用额	万元	2 200	2 350	2 500		106.4	113.6	
资金利税率	%	27.3	27.7	28.8	39	104	105.5	73.8
职工总人数	人	1 200	1 300	1 400		107.7	116.7	
生产工人比重	%	80	85	84	88	98.8	105	95.5
全员劳动生产率	元/人	200	200	192.9	230	96.5	96.5	83.9

讨论与分析:

1. 该企业经济效益如何?
2. 该企业全员劳动生产率未完成计划的原因是什么?该如何提高?

项目六

平均指标和标志变异指标

知识目标

(1) 了解平均指标和标志变异指标的概念和作用；
(2) 掌握平均指标和标志变异指标的种类和计算方法；
(3) 理解计算和应用平均指标应注意的问题。

技能目标

(1) 会计算各种平均指标；
(2) 会计算各种标志变异指标；
(3) 会运用平均指标和标志变异指标分析问题。

 案例导入

广东省区域经济发展差异分析

2018年广东区域经济发展情况分析报告发布，区域发展差异系数八年来最低。

2018年各区域经济运行在合理区间，经济结构不断优化，经济质量效益不断提升，区域协调发展稳步推进。珠三角、东翼、西翼和北部生态区的地区生产总值分别为81 048.50亿元、6 652.12亿元、7 450.88亿元和5 874.45亿元，占全省的80.2%、6.6%、7.4%和5.8%。珠三角为全省的经济平稳增长发挥了重要基石作用。

区域经济相对差距缩小，东翼人均地区生产总值增速较快。2018年，全省人均地区生产总值86 412元，同比增长5.1%。分区域看，2018年，珠三角、东翼、西翼和北部生态区四大区域人均地区生产总值分别为130 182元、38 340元、46 203元和34 883元。根据世界银行制定的国家与地区收入水平划分标准，珠三角达到中等偏上、接近高收入国家或地区的水平。从区域差距变化情况看，四大区域经济相对差距有所缩小。2018年，人均地区生产总值最高(珠三角)与最低(北部生态区)之比为3.73∶1，是2013年以来的最小值。区域发展差异系数方面,2012—2017 年,广东 21 个地市人均地区生产总值差异系数基本维持在 0.670~0.675 这一区间,而 2018 年,该值明显下降至 0.661 9,是 2010 年以来最低水平。

资料来源:http://www.gd.gov.cn/gdywdt/tzdt/content/post_2579918.html。

在分析区域经济差异过程中,用到了一系列的综合指标,包括我们学过的总量指标、相对指标,还有本项目要学习的平均指标、标志变异指标。平均指标、标志变异指标的含义是什么?它们各有什么特点和作用?如何计算?在进行统计分析时怎样应用?通过本项目的学习,你将得到这些问题的答案。

任务一 平均指标

一、平均指标的概念、作用与分类

(一)平均指标的概念

平均指标又称"统计平均数",是反映社会经济现象总体各单位某一数量标志在一定时间、地点条件下所达到的一般水平的综合指标,例如平均身高、平均工资、单位成本等。

平均指标在社会经济生活中的应用十分广泛,该类综合指标具有以下三个特点。

1. 平均指标反映总体各单位变量分布的集中趋势

在社会经济现象总体中,各单位某一方面的变量值从小到大形成一定的分布。一般情况下,很小或很大变量值的单位数都比较少,而越是靠近平均数,其分布的单位数就越多。变量值围绕在平均数周围的单位数占的比重最大,所以平均数反映了标志值的集中趋势。

2. 平均指标反映总体各单位的一般水平

总体内各单位某一方面的变量值大小不一,平均指标就是对这些变量值通过"取长补短"来求平均的结果,所以平均数不会太大,也不会太小,而是一个比较适中的一般水平值。

3. 平均指标抽象了各总体单位之间的差异

总体内各单位之间的数量表现存在差异,为了"取长补短",可以通过平均指标把这种差异补齐。例如,某单位职工的月平均工资为 4 800 元,表明该单位职工平均每人每月的工资为 4 800 元,但具体到每名职工,其工资有的比 4 800 元高,也有不足 4 800 元的,这种差异被平均指标"抽象"掉了。这也是平均指标的一个局限性,我们在利用平均指标分析问题时要注意。

(二)平均指标的作用

平均指标的应用十分广泛,其主要作用表现为以下四个方面。

1. 便于同类现象对比分析

例如,在生产同类产品的小型企业之间进行生产消耗的对比,若采用总成本进行比较就不合理,因其数值大小受产量高低的影响,采用单位成本进行比较就可以消除产量高低对生产消耗的影响。在进行不同企业效益的对比时常采用平均指标,通过对比,找出差距,改进和提高企业生产经营水平。

2. 可以作为评价事物的标准

平均指标作为总体所有单位一般水平的代表值,反映了研究对象的普遍水平。例如,对工业企业工人劳动生产率的评定,通常以平均劳动生产率水平为依据。以平均指标作为评价事物的标准,可以比较客观地说明经济现象发展水平的高低和工作质量的好坏。

3. 利用平均指标可以分析现象之间的依存关系

例如,将耕地按自然条件、密植程度、施肥量等标志进行分组,再计算出各组单位面积产量,就可以反映出单位面积的产量与自然条件优劣、密植程度高低、施肥量多少的关系。

4. 平均指标可以作为经济管理和推算其他指标的依据

平均指标是反映社会经济现象总体各单位某一数量标志在一定时间、地点条件下所达到的一般水平的综合指标,它为经济管理活动中制订工作计划、预算、决算等提供了科学依据;在抽样推断中,也要根据样本平均数水平推断总体的相应总量指标。

(三)平均指标的分类

1. 按被平均数的特点分类

按被平均数的特点不同,平均指标可分为静态平均数(也叫一般平均数)和动态平均数(也叫序时平均数)。我们前面提到的都是静态平均数,这也是本项目要讲解的重点。动态平均数是社会经济现象在不同时间上的数值表现的一般水平,我们将在项目七中重点学习。

2. 按计算形式分类

按计算形式的不同,平均指标可分为算术平均数、调和平均数、几何平均数、众数和中位数五种。算术平均数、调和平均数和几何平均数是根据总体所有单位标志值数据计算而来的,称为数值平均数;众数和中位数是根据标志值所处位置计算而来的,称为位置平均数。这些平均指标所反映的一般水平有不同的意义,它们有不同的计算方法,也有不同的应用场合。

二、平均指标的计算

(一)算术平均数

算术平均数是统计总体各单位的某一方面数量标志值的平均,是总体标志总量与总体单位总量的商。算术平均数是最基本、最常用的平均数,如果没有特别说明,本项目提到的平均数就是指算术平均数,其基本公式为

$$算术平均数 = \frac{总体标志总量}{总体单位总量}$$

算术平均数的基本特点是分子、分母属于同一总体而且具有严格的对应关系,即分子的标志总量是分母上各单位某一方面标志值的总和。这一特点正是平均数与强度相对数的区别所在。强度相对数带有平均的性质,但是它的分子分母仅有一定的联系,并不具有严格的对应关系。

在实际工作中,由于所掌握的资料不同,算术平均数有两种计算形式:简单算术平均数和加权算术平均数。

1. 简单算术平均数

简单算术平均数适用于未分组的统计资料,它是将各单位的标志值直接求和后与总体单位总量相除而得到的平均数。简单算术平均数的计算公式为

$$\bar{x} = \frac{x_1 + x_2 + \cdots + x_n}{n} = \frac{\sum x}{n}$$

式中,$\bar{x}$ 为算术平均数;x 为各标志值(变量值);n 为总体单位总量;$\sum$ 为求和符号。

【例 6-1】 某企业一生产班组有 6 名工人,每名工人日产量分别为 50 件、56 件、58 件、62 件、65 件、69 件,试用简单算术平均数法计算工人平均日产量。

$$\bar{x} = \frac{\sum x}{n} = \frac{50+56+58+62+65+69}{6} = \frac{360}{6} = 60(件)$$

由上式可以看出,影响简单算术平均数的因素只有一个,那就是各单位的变量值。

2. 加权算术平均数

如果掌握的是分组资料,则计算算术平均数要采用加权算术平均数的方法。具体计算方法为:将各组的变量值与各组的次数相乘,计算出各组标志总量,将各组标志总量相加得出总体标志总量,然后除以各组次数之和(即总体单位总量),得到平均数。由此计算的算术平均数叫作加权算术平均数。其计算公式为

$$\bar{x} = \frac{x_1 f_1 + x_2 f_2 + \cdots + x_n f_n}{f_1 + f_2 + \cdots + f_n} = \frac{\sum xf}{\sum f}$$

式中,x 为各组标志值;f 为各组次数;其余符号与前式相同。

【例 6-2】 某生产小组 22 名工人的日产量统计如表 6-1 所示,计算加权平均日产量。

表 6-1 某生产小组 22 名工人的日产量统计

日产量(x)/件	工人数(f)/人	总产量(xf)/件	次数比重/%
3	2	6	9.1
4	6	24	27.3
5	10	50	45.4
6	4	24	18.2
合 计	22	104	100

$$平均日产量\ \bar{x} = \frac{\sum xf}{\sum f} = \frac{3 \times 2 + 4 \times 6 + 5 \times 10 + 6 \times 4}{2+6+10+4} = \frac{104}{22} = 4.7(件)$$

从表 6-1 可以看出,工人平均日产量的大小受两个因素的影响,即各组变量值的大小和各组次数的多少。人数多的组,其变量值对平均数的影响大;人数少的组,其变量值对平均数的影响小。也就是说,当变量值比较大的组次数多时,平均数就接近变量值大的一组;当变量值比较小的组次数多时,平均数就接近变量值小的一组,变量值的次数的多少对平均数的大小具有权衡轻重的作用。因此,统计中通常把各组次数称为权数,把变量值乘以权数的过程叫作加权,这样计算出来的算术平均数就叫加权算术平均数。

必须指出,权数对算术平均数的影响大小实质上取决于各组单位数(次数或频数)占总体单位数的比重,哪组单位数所占比重大,哪组变量值对平均数的影响就大。因此,当各组的单位数相等时,各组单位数所占的比重相等,单位数就失去了权数的作用,这时加权算术

平均数与简单算术平均数相等。

如果 $f_1=f_2=\cdots=f_n$，则 $\bar{x}=\dfrac{\sum xf}{\sum f}=\dfrac{f_1\sum x}{nf_1}=\dfrac{\sum x}{n}$。

由此可见，简单算术平均数是加权算术平均数在各组权数相等时的特例。

加权算术平均数的权数有两种形式：一种是绝对数；另一种是结构相对数（比重）或频率。以结构相对数作权数计算的加权算术平均数公式为

$$\bar{x}=\sum x\times\dfrac{f}{\sum f}$$

式中，$\dfrac{f}{\sum f}$ 为各组次数占总次数的比重（权重）。

以上公式可以表述为：加权算术平均数等于各组变量值与其权重乘积的总和。用该公式计算例 6-2 的平均日产量如下。

$$\bar{x}=\sum x\times\dfrac{f}{\sum f}3\times 9.1\%+4\times 27.3\%+5\times 45.4\%+6\times 18.2\%=4.7（件）$$

以上两个公式的计算结果说明，无论是用绝对数作权数还是用相对数作权数，两者的性质是相同的，由此计算的平均数也是相同的。相对数权数是根据绝对数计算出来的，它能反映权数在各个变量之间的分配比例，更好地体现权数的实质。

在实际工作中，有时需要根据组距变量数列计算平均数。它的计算方法与单项变量数列基本相同，所不同的是要先计算出各组的组中值，再以组中值作为某一组变量值的代表值来进行计算。

【例 6-3】 某生产小组 20 名工人的日产量统计如表 6-2 所示，求其平均日产量。

表 6-2　某生产小组 20 名工人的日产量统计

日产量/件	组中值(x)/件	工人数(f)/人	各组产量(xf)/件
30～40	35	2	70
40～50	45	6	270
50～60	55	8	440
60 以上	65	4	260
合　计	—	20	1 040

$$平均日产量=\bar{x}=\dfrac{\sum xf}{\sum f}=\dfrac{1\ 040}{20}=52（件）$$

根据组距数列计算加权算术平均数，是假定各单位变量值在组内的分布是均匀的。实际上，这种分布要完全均匀一般是不可能的，由于各组组中值与组平均数会存在一定程度的误差，因此用组中值计算出来的加权算术平均数只是一个近似值。

（二）调和平均数

调和平均数是各变量值倒数的算术平均数的倒数，也叫倒数平均数。在实际工作中，有

时由于缺乏总体的单位数资料,而不能直接计算平均数,这时就可采用调和平均数计算。调和平均数也有简单调和平均数和加权调和平均数两种形式。

1. 简单调和平均数

简单调和平均数是对各变量值的倒数先求简单算术平均数,再求倒数而得的调和平均数。其计算公式为

$$\bar{x}_H = \frac{1+1+\cdots+1}{\frac{1}{x_1}+\frac{1}{x_2}+\cdots+\frac{1}{x_n}} = \frac{n}{\sum \frac{1}{x}}$$

式中,$\bar{x}_H$ 为调和平均数;n 为标志总量;其余符号与前式相同。

【例 6-4】 市场上某种蔬菜早、中、晚的价格分别是 1.8 元/kg、1.5 元/kg、1.2 元/kg,如果早、中、晚各买该种蔬菜 1kg,其平均单价是多少?若早、中、晚各买 1 元的蔬菜,其平均单价又是多少?

第一问用算术平均数计算如下。

$$\bar{x} = \frac{\sum x}{n} = \frac{1.8+1.5+1.2}{3} = 1.5(元)$$

第二问未知蔬菜的数量,用调和平均数计算如下。

$$\bar{x}_H = \frac{n}{\sum \frac{1}{x}} = \frac{3}{\frac{1}{1.8}+\frac{1}{1.5}+\frac{1}{1.2}} = 1.46(元)$$

2. 加权调和平均数

加权调和平均数是对各变量值的倒数先求加权算术平均数,再求倒数而得到的调和平均数。其计算公式为

$$\bar{x}_H = \frac{m_1+m_2+\cdots+m_n}{\frac{m_1}{x_1}+\frac{m_2}{x_2}+\cdots+\frac{m_n}{x_n}} = \frac{\sum m}{\sum \frac{m}{x}}$$

式中,m 为权数,即各组的标志总量;其余符号与前式相同。

在例 6-4 中,早、中、晚各买 1 元蔬菜,支出金额相等,用简单调和平均数。但如果早、中、晚购买蔬菜的支出金额不等,那就要用加权调和平均数了。

【例 6-5】 承例 6-4,如果早、中、晚购买该种蔬菜的支出额分别为 10 元、15 元、20 元,则当天该蔬菜的平均单价计算为

$$\bar{x}_H = \frac{\sum m}{\sum \frac{m}{x}} = \frac{10+15+20}{\frac{10}{1.8}+\frac{15}{1.5}+\frac{20}{1.2}} = 1.40(元)$$

计算结果比例 6-4 的计算结果小了,这是因为早上价格高、支出少,晚上价格低、支出多,总体价格水平受此影响会下降,说明不同时间的支出额起到了权数的作用。

【例 6-6】 承例 6-4,如果已知早、中、晚购买量分别为 5.6kg、10kg、16.7kg,则当天该蔬菜的平均单价是多少?

蔬菜的数量已知,用加权算术平均数公式计算如下。

$$\bar{x} = \frac{\sum xf}{\sum f} = \frac{1.8 \times 5.6 + 1.5 \times 10 + 1.2 \times 16.7}{5.6 + 10 + 16.7} = 1.40(元)$$

通过例 6-5 和例 6-6 可以看出,分子是购买总额,即总体标志总量,分母是购买总量,即总体单位总量,所以调和平均数仍然是以总体标志总量除以总体单位总量计算的,它在经济内容与计算结果上与算术平均数是一致的。只是由于计算时依据的资料不同,在计算公式和计算过程方面调和平均数有别于算术平均数,所以说加权调和平均数实际上是加权算术平均数的变形。

在实际工作中,经常会遇到总体各单位的变量值或组中值为相对数或平均数,可根据已知条件的不同,采用加权算术平均数或调和平均数的计算公式计算平均数。

【例 6-7】 某总公司下属 10 个分公司 2020 年一季度销售计划完成程度汇总如表 6-3 所示,求 10 个分公司平均计划完成程度。

表 6-3 某总公司下属 10 个分公司 2020 年一季度销售计划完成程度汇总

计划完成程度/%	分公司个数/个	组中值/% x	实际销售额/万元 m	计划销售额/万元 m/x
90~100	3	95	475	500
100~110	5	105	3 150	3 000
110~120	2	115	1 725	1 500
合 计	10	—	5 350	5 000

基本公式为

$$计划完成程度 = \frac{实际销售额}{计划销售额} \times 100\%$$

本例中,已知基本公式的分子(实际销售额),未知分母(计划销售额),所以用加权调和平均数计算公式,计算过程如下。

$$\bar{x}_H = \frac{\sum m}{\sum \frac{m}{x}} = \frac{475 + 3\ 150 + 1\ 725}{\frac{475}{0.95} + \frac{3\ 150}{1.05} + \frac{1\ 725}{1.15}} = \frac{5\ 350}{5\ 000} = 107\%$$

如果已知计划销售额,而未知实际销售额,则应用加权算术平均数公式来计算。其实,求 10 个分公司平均计划完成程度也可以理解为求公司总的计划完成程度,用 10 个分公司实际销售额总和除以 10 个分公司计划销售额总和即可。

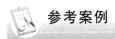

参考案例

平均工资的骗局——小张的困惑

一个小工厂有管理厂长李小姐、3 个管理人员、4 个领工、10 个工人和 2 名学徒,现在需要增加 1 个新的工人。

小张应征而来,与李小姐交谈。李小姐说:"我们这里的报酬不错,平均工资是每周 2 400 元。"小张工作几天后,找到李小姐说:"你欺骗了我,我已经问过其他工人,没有一个工人的工资超过每周 2 400 元,平均工资怎么可能是一周 2 400 元呢?"李小姐说:"小张,平均工资是 2 400 元,不信,你看这张工资表。"李小姐说的工资表如表 6-4 所示。

表 6-4　某工厂工资表

项　目	管理厂长李小姐	管理人员	领工	工人	学徒	合计
周工资/元	5 500	2 500	3 000	2 000	1 500	—
人数/人	1	3	4	10	2	20
周工资与人数的乘积/元	5 500	7 500	12 000	20 000	3 000	48 000

小张根据工资表计算的平均工资为 48 000÷20=2 400(元),李小姐确实没有欺骗他。可为什么明明工人每周的工资是 2 000 元,算出的平均工资却是 2 400 元呢?小张百思不得其解。聪明的同学们请帮小张找一找其中的原因。

(三) 几何平均数

几何平均数是 n 个变量值连乘积的 n 次方根。几何平均数主要用于计算平均比率和平均发展速度(平均发展速度将在项目七中学习,这里仅介绍平均比率的计算)。当所掌握的变量值本身是比率的形式,而且各比率的乘积等于总的比率时,就采用几何平均法计算平均比率。根据所掌握的资料不同,几何平均数也有简单几何平均数和加权几何平均数之分。

1. 简单几何平均数

当掌握未分组资料时,用简单几何平均数,其计算公式为

$$G = \sqrt[n]{x_1 \times x_2 \times x_3 \times \cdots \times x_n} = \sqrt[n]{\prod x}$$

式中,G 为几何平均数;x 为各变量值;n 为变量值的个数;$\prod$ 为乘积符号。

【例 6-8】 甲产品经过四个车间的连续加工而成,已知各车间的生产合格率分别为 98%、95%、97%、92%,求各车间平均的合格率。

各车间总的产品合格率并不等于各车间产品合格率之和,而是等于各车间产品合格率的乘积,所以求平均合格率就要用几何平均法来计算。

$$G = \sqrt[n]{\prod x} = \sqrt[4]{0.98 \times 0.95 \times 0.97 \times 0.92} = 95.47\%$$

2. 加权几何平均数

计算几何平均数时,如果各变量值的次数不等,则要用加权几何平均数计算。其计算公式为

$$G = \sqrt[f_1+f_2+\cdots+f_n]{x_1^{f_1} \times x_2^{f_2} \times \cdots \times x_n^{f_n}} = \sqrt[\sum f]{\prod x^f}$$

式中,f 为各变量值次数;其他符号同前式。

【例 6-9】 公司向银行借的某笔贷款期限为 10 年,前 5 年的利率为 5%,中间 3 年的利率为 6%,最后 2 年的利率为 8%,按复利计息,求 10 年的平均利率。

$$G = \sqrt[\sum f]{\prod x^f} - 100\% = \sqrt[10]{(1+0.05)^5 \times (1+0.06)^3 \times (1+0.08)^2} - 100\% = 5.89\%$$

(四) 众数

1. 众数的意义

众数是指总体中出现次数最多的标志值,反映现象的集中趋势,属于位置平均数。通

常,如果只要求将一般的、常见的变量值作为研究问题或安排工作时的参考,就可以采用众数。例如,如果要说明企业职工最普遍的工资和工人的一般文化水平,反映某地区某种农作物通常达到的单位面积产量,掌握消费者需要最多的服装、鞋袜、帽子等的尺码,表明某种商品成交量最多的价格水平等,就可以不计算算术平均数而采用众数。众数只有在总体内单位数充分多时才有意义。

2. 众数的确定

(1) 根据未分组资料确定众数。在资料未分组的情况下,可以通过直接观察来确定出现次数最多的变量值,即为众数。例如,某一组学生的年龄分别是 18、19、19、20、20、20、20、20、21、22,则众数为 20。

(2) 根据单项数列确定众数。确定单项数列的众数比较简单,只需要观察找出出现次数最多的那个变量值,即为众数。

【例 6-10】 某班学生年龄分组资料如表 6-5 所示,求学生年龄的众数。

表 6-5 某班学生年龄分组资料

年龄/岁	17	18	19	20	21	22
学生人数/人	1	8	25	5	3	1

观察发现,19 岁的学生人数最多,有 25 个,学生年龄的众数为 19 岁。

(3) 根据组距数列确定众数。确定组距数列的众数比较复杂,首先要确定次数最多的一组为众数组,其次参照变量数列次数分布的情况,根据众数组的变量值来进一步计算众数的近似值。其计算公式有下限公式和上限公式,任选其一即可。

下限公式为

$$M_0 = L + \frac{f_0 - f_{-1}}{(f_0 - f_{-1}) + (f_0 - f_{+1})} \times i$$

上限公式为

$$M_0 = U - \frac{f_0 - f_{+1}}{(f_0 - f_{-1}) + (f_0 - f_{+1})} \times i$$

式中,M_0 为众数;L 为众数组的下限;U 为众数组的上限;f_0 为众数组的次数;f_{-1} 为众数组前一组的次数;f_{+1} 为众数组后一组的次数;i 为众数组的组距。

【例 6-11】 某地区居民家庭人均月收入资料如表 6-6 所示。

表 6-6 某地区居民家庭人均月收入资料

人均月收入/元	家庭数/户
1 000 以下	280
1 000～2 000	640
2 000～3 000	1 720
3 000～4 000	5 000
4 000～5 000	2 400

人均月收入/元	家庭数/户
5 000 以上	360
合 计	10 400

从表 6-6 可看出,家庭数最多的是 5 000 户,对应的家庭人均月收入 3 000~4 000 元为众数所在组,可以利用公式确定众数的近似值。

利用下限公式的计算如下。

$$M_0 = 3\,000 + \frac{5\,000 - 1\,720}{(5\,000 - 1\,720) + (5\,000 - 2\,400)} \times (4\,000 - 3\,000)$$

$$= 3\,000 + \frac{3\,280}{3\,280 + 2\,600} \times 1\,000$$

$$= 3\,557.82(元)$$

利用上限公式的计算如下。

$$M_0 = 4\,000 - \frac{5\,000 - 2\,400}{(5\,000 - 1\,720) + (5\,000 - 2\,400)} \times (4\,000 - 3\,000)$$

$$= 4\,000 - \frac{2\,600}{3\,280 + 2\,600} \times 1\,000$$

$$= 3\,557.82(元)$$

3. 众数的特点及应用众数要注意的问题

(1) 众数是根据变量值出现次数的多少来确定的,其数值不受极端变量值的影响。

(2) 根据组距数列计算众数的前提是该组距数列中各组组距相等。因为组距数列中各组次数的分配受组距大小的影响,只有等距分组才能保证各组次数分配的客观性和公平性,从而相对准确地计算众数。

(3) 可能出现多个众数或无众数的状态。当一个分配数列中有多个众数时,称该数列有多重众数,此时说明总体内存在不同性质的事物。当数列没有明显的集中趋势而趋于均匀分布时,不存在众数。

(4) 众数缺乏敏感性。这是由于众数的计算只利用了众数组的数据信息,不像数值平均数那样利用了全部数据信息。

(五) 中位数

1. 中位数的意义

中位数是将总体单位的某一数量标志值按大小顺序排列,位于中间位置的标志值。它与众数一样,也是位置平均数。在总体中,有一半数值小于中位数,另一半数值则大于中位数。由于中位数是根据标志值所处的中点位次来确定的,不受极大或极小数值的影响,所以可以用来代替变量值的一般水平。

2. 中位数的确定方法

中位数的确定需要遵循三个步骤:首先,根据资料按照由小到大或由大到小的顺序将标志值排序;其次,确定中位数所在的中间位置;最后,根据中间位置确定中位数。

(1) 根据未分组资料确定中位数。根据未分组资料确定中位数时,应先将总体各单位的标志值按其大小顺序排列,然后确定标志值数列的中间位置点,即

$$中位数的位置 = \frac{n+1}{2}$$

式中,n 为变量值的个数。

如果变量值的个数(n)为奇数,则居于中间位置点的变量值就是中位数;如果变量值的个数(n)为偶数,则处于中间位置两边变量值的简单算术平均数即为中位数。

【例 6-12】 有 5 名员工,奖金分别是 800 元、900 元、1 000 元、1 200 元、1 300 元,则中点位置是 $3\left(3=\frac{5+1}{2}\right)$。因此,中位数为第三个员工的奖金,为 1 000 元。如果有 6 名员工,奖金分别是 800 元、900 元、1 000 元、1 200 元、1 300 元、1 350 元,则中点位置为 $3.5\left(3.5=\frac{6+1}{2}\right)$,中位数是第三个员工和第四个员工奖金的简单算术平均数,为 1 100 元。

(2) 根据单项数列确定中位数。根据单项数列确定中位数的步骤如下。

① 计算累计次数。

② 计算中位数的位置。中位数的位置 $\frac{\sum f+1}{2}$。

③ 确定中位数。刚刚大于中位数位置累计次数所在组的变量值就是中位数。

【例 6-13】 某车间 100 名工人按日产量分组,如表 6-7 所示,求日产量的中位数。

表 6-7 某车间 100 名工人按日产量分组

日产量/件	工人数/人 f	累计次数	
		向上累计次数/人	向下累计次数/人
10	9	9	100
11	18	27	91
12	29	56	73
13	20	76	44
14	17	93	24
15	7	100	7
合 计	100	—	—

中位数的位置 $= \frac{100+1}{2} = 50.5$。计算结果表明,中位数在第 50.5 人的位置上,向上累计的 56 人这组或向下累计的 73 人这组是累计人数刚刚大于 50.5 的第一个组,故相对应的第三组为中位数组,这组的标志值即工人的日产量 12 件是中位数。

(3) 根据组距数列确定中位数。根据组距数列确定中位数时,和根据单项数列确定中位数的步骤一样,不过在第三步只能确定出中位数所在的组,最后再用比例插值法计算中位数的近似值(假定中位数所在组的次数分布完全均匀)。计算中位数也有上限公式和下限公式两个,其结果一致。

下限公式为

$$M_e = L + \frac{\dfrac{\sum f}{2} - S_{m-1}}{f_m} \times i$$

上限公式为

$$M_e = U - \frac{\dfrac{\sum f}{2} - S_{m+1}}{f_m} \times i$$

式中，M_e 为中位数；L 为中位数所在组的下限；U 为中位数所在组的上限；f_m 为中位数所在组的次数；S_{m-1} 中位数所在组以前的组向上累计的次数；S_{m+1} 为中位数所在组以后的组向下累计的次数；i 为中位数所在组的组距；$\sum f$ 为总次数。

【例 6-14】 根据表 6-8 所示的资料计算农民家庭人均可支配收入的中位数。

表 6-8 某县农民家庭按人均可支配收入计算中位数

按人均纯收入分组/元	农民家庭户数/户 f	农民家庭户数累计	
		向上累计/户	向下累计/户
6 000 以下	130	130	2 000
6 000～7 000	280	410	1 870
7 000～8 000	420	830	1 590
8 000～9 000	490	1 320	1 170
9 000～10 000	350	1 670	680
10 000～11 000	270	1 940	330
11 000 以上	60	2 000	60
合　计	2 000	—	—

(1) 确定中位数所在位置。根据 $\dfrac{\sum f + 1}{2} = \dfrac{2\,000 + 1}{2} = 1\,000.5$，向上累计的 1 320 户或向下累计的 1 170 户均是大于刚刚 1 000.5 户的第一组，故中位数在其对应的 8 000～9 000 元组内。

(2) 计算中位数的近似值。将表 6-8 的数值代入公式进行计算。

利用下限公式进行计算如下。

$$M_e = 8\,000 + \frac{\dfrac{2\,000}{2} - 830}{490} \times 1\,000 = 8\,346.94(元)$$

利用上限公式进行计算如下。

$$M_e = 9\,000 - \frac{\dfrac{2\,000}{2} - 680}{490} \times 1\,000 = 8\,346.94(元)$$

以上计算结果表明,采用下限公式和上限公式确定中位数,其结果是一样的。

3. 中位数的特点

(1) 中位数是以它在所有标志值中所处的位置确定的全体单位标志值的代表值,不受分配数列的极大或极小值影响。当存在极端值时,中位数能比平均数更好地代表数据分布的一般水平。

(2) 有些离散型变量的单项式数列,当次数分布偏态时,中位数的代表性会受到影响。

(3) 中位数缺乏敏感性。由于计算中位数是依据中位数所在组及前后组的数据,不像数值平均数那样利用了全部数据,所以其敏感性会受到影响。

三、计算和运用平均指标应注意的问题

平均指标在统计分析中的应用非常广泛,但它是一个抽象化的指标,掩盖了现象总体各单位标志值的具体差异,因此,在运用平均指标分析问题时,要注意以下几个问题。

(一) 在同质总体中应用和计算平均指标

社会经济现象总体的同质性是计算和应用平均指标的基本要求。要使平均指标真正成为反映现象总体数量特征的代表值,它就不能对任何现象总体都加以计算,而只能对同质总体加以计算。同质性是指构成现象总体的各个单位都具有某一共同的标志表现。例如,在计算居民平均收入时,应按城镇居民、农村居民来分别计算;在社会成分都表现为"工人"时,才能计算工人的平均工资;在计算学生的平均身高时,应按男、女生分别计算。

(二) 用组平均数补充说明总平均数

总平均数是根据总体各单位标志值计算的平均数,组平均数是由组内各单位标志值计算的。总平均数可反映总体的一般水平,却掩盖了内部各组成部分的数量差异。所以,在分析现象总体的一般水平时,可将总平均数和组平均数相结合应用,这样才能正确认识事物的本质。

【例 6-15】 甲、乙两家企业的工人平均工资资料如表 6-9 所示。

表 6-9 甲、乙两家企业技术工人和普通工人月工资收入汇总表

组 别	甲 企 业				乙 企 业			
	工人数/人	比重/%	工资总额/元	平均工资/元	工人数/人	比重/%	工资总额/元	平均工资/元
技术工人	200	80	1 800 000	9 000	120	60	1 092 000	9 100
普通工人	50	20	400 000	8 000	80	40	656 000	8 200
合 计	250	100	2 200 000	8 800	200	100	1 748 000	8 740

从表 6-9 可以看出:甲企业工人月总平均工资是 8 800 元,乙企业是 8 740 元,甲企业工人月平均工资高于乙企业。但是,从分组计算的平均工资看,乙企业技术工人和普通工人的平均工资都高于甲企业。原因是甲、乙两企业两类工人构成的比重不同,甲企业技术工人的比重为 80%,乙企业为 60%;甲企业普通工人的比重为 20%,乙企业为 40%。正是这种工资水平不同的工人人数结构差别的影响,使甲企业总平均工资水平高于乙企业。因此,运用

平均指标进行分析不仅要看到总平均数的差异,还要看到各组水平的差别,注意用组平均数来补充说明总平均数。

(三)用分配数列补充说明总平均指标

平均指标代表现象总体的一般水平,是总体各单位标志值的抽象化,但它掩盖了总体各单位标志值间的差异,也掩盖了总体内部各单位的分布情况。为了深入研究现象,还要结合原来的分配数列具体分析总体内部结构变化,补充说明总平均数。

【例 6-16】 某集团公司某年利润总平均计划完成程度为 108%,下属企业利润计划完成程度资料如表 6-10 所示。

表 6-10　某集团下属企业利润计划完成程度汇总表

利润计划完成程度/%	企业数/个
80 以下	1
80～90	2
90～100	3
100～110	9
110 以上	5
合　　计	20

以上 20 个企业利润平均计划完成程度为 108%,说明该集团超额完成了计划,但从分配数列资料看,该集团有 30%(6 家企业)的企业未完成计划,其中有 1 家企业利润计划完成程度没有达到 80%。

(四)用标志变异指标说明平均指标的特征

平均指标反映总体的一般水平和集中趋势,标志变异指标则反映总体各单位标志值的差异程度,它不仅能说明平均指标的代表性,而且从另一个侧面反映了总体的离散程度。所以,为分析平均指标代表总体一般水平的有效程度,还要运用标志变异指标说明平均指标,以达到更深刻地认识总体特征的目的。标志变异指标的具体内容将在本项目的任务二中介绍。

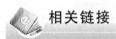
相关链接

总量指标、相对指标、总平均数、组平均数和中位数的结合运用

2021 年全年全国居民人均可支配收入为 35 128 元,比上年增长 9.1%,扣除价格因素,实际增长 8.1%。全国居民人均可支配收入中位数为 29 975 元,增长 8.8%。按常住地分,城镇居民人均可支配收入达 47 412 元,比上年增长 8.2%,扣除价格因素,实际增长 7.1%。城镇居民人均可支配收入中位数为 43 504 元,增长 7.7%。农村居民人均可支配收入为 18 931 元,比上年增长 10.5%,扣除价格因素,实际增长 9.7%。农村居民人均可支配收入中位数为 16 902 元,增长 11.2%。城乡居民人均可支配收入比值为 2.50,比上年缩小 0.06。将全国居民分为 5 个收入组,低收入组人均可支配收入 8 333 元,中间偏下收入组人均可支配收入 18 445 元,中间收入组人均可支配收入 29 053 元,中间偏上收入组人均可支

配收入 44 949 元,高收入组人均可支配收入 85 836 元。全国农民工人均月收入 4 432 元,比上年增长 8.8%。全年脱贫县农村居民人均可支配收入 14 051 元,比上年增长 11.6%,扣除价格因素,实际增长 10.8%。

全年全国居民人均消费支出 24 100 元,比上年增长 13.6%,扣除价格因素,实际增长 12.6%。其中,人均服务性消费支出 10 645 元,比上年增长 17.8%,占居民人均消费支出的比重为 44.2%。按常住地分,城镇居民人均消费支出 30 307 元,增长 12.2%,扣除价格因素,实际增长 11.1%;农村居民人均消费支出 15 916 元,增长 16.1%,扣除价格因素,实际增长 15.3%。全国居民恩格尔系数为 29.8%,其中城镇为 28.6%,农村为 32.7%。

我国 5 000 年来的平均寿命和身高,看来身高不仅仅是遗传

2021 年全国居民人均消费支出构成如图 6-1 所示。

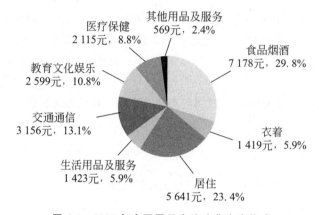

图 6-1　2021 年全国居民人均消费支出构成

职工平均工资、社保缴费基数究竟有何用

资料来源:2021 年《中华人民共和国国民经济和社会发展统计公报》。

任务二　标志变异指标

一、标志变异指标的概念与作用

(一)标志变异指标的概念

标志变异指标又称标志变动度指标,是反映社会经济现象总体各单位标志值之间差异程度的综合指标。

标志变异指标和平均指标是一对相互联系的对应指标,是从两个不同的侧面反映同质总体的共同特征。平均指标表明总体各单位标志值的一般水平,说明变量数列中变量值的集中趋势;标志变异指标则表明总体各单位标志值差别大小的程度,说明变量值的离散趋势。它们之间相互补充,有助于我们对事物进行全面的认识。在统计分析中,在计算总体标志值的平均数的同时,要进一步测定标志变异指标,这对于全面认识总体的特征,探讨其变动的规律性,进行科学管理与预测等都有重要的意义。在本项目引导案例中提到的差异系数就是标志变异指标。

（二）标志变异指标的作用

测定标志变异指标是应用平均指标进行统计分析的重要方法之一，标志变异指标的作用主要有以下几个方面。

(1) 标志变异指标可以衡量平均数的代表性的大小。总体各单位标志值的差异程度越大，则平均数的代表性越小。反之，标志值变动范围或程度越小，则平均数的代表性就越大。

(2) 标志变异指标可以用于分析经济活动过程的均衡性、节奏性或稳定性。

① 标志变异指标可以表明生产过程的节奏性或其他经济活动过程的均衡性和稳定性，说明经济管理工作的质量。例如，观察企业的生产经营情况，在研究生产计划完成程度的基础上，利用标志变异指标可以测定生产经营过程的均衡性、节奏性。

② 标志变异指标还能测定产品质量的稳定性，如检验产品质量是否稳定、检测农作物收获率是否相对稳定。

③ 标志变异指标还是衡量投资风险程度的尺度。投资收益的标志变异指标大，说明投资收益的不确定性大，即风险大；投资收益的标志变异指标小，说明投资收益的风险小。

(3) 标志变异指标是确定抽样数目和计算抽样误差的必要依据，这部分内容将在抽样推断中详细阐述。

此外，在进行趋势分析、相关分析和统计预测等方面，都需要用标志变异指标作为分析、预测的重要依据。

二、标志变异指标的计算

常见的标志变异指标有全距、平均差、标准差、标志变异系数等。

（一）全距

全距是指总体各单位标志值中的最大值与最小值的离差，又称为极差，用 R 表示。其计算公式为

$$R = 最大变量值 - 最小变量值$$

【例 6-17】 某车间有甲乙两个生产小组生产同一产品，每组 5 名工人的日产量如下。

甲：68、69、70、71、72（件）；

乙：50、60、70、80、90（件）。

要求：用全距比较两组工人平均日产量的代表性大小。

$\bar{x}_甲 = \bar{x}_乙 = 70$（件）；$R_甲 = 72 - 68 = 4$（件），$R_乙 = 90 - 50 = 40$（件）。

因为 $R_甲 < R_乙$，所以甲的平均数代表性大于乙。

全距计算简便，容易理解，在实际中，常用于检查产品质量的稳定性，进行产品质量控制，使质量指标误差控制在一定的范围内。但是，由于计算全距只考虑最大值和最小值，容易受极端值的影响，因此全距只能粗略地说明总体标志值变动程度，不能充分说明各个标志值的具体变动情况，因而在应用方面有较大的局限性。

（二）平均差

平均差是总体各单位标志值对其算术平均数的离差的绝对值的算术平均数，也叫平均离差，用 $A \cdot D$ 表示。由于各个标志值对算术平均数的离差有正负号，其和为零，因此，必须采用离差的绝对值来计算。

平均差综合反映各标志值与算术平均数之间的平均差异。平均差越大,标志变异程度越大,平均数的代表性越小;反之,平均差越小,标志变异程度越小,平均数的代表性越大。

由于掌握的资料不同,平均差的计算方法分为简单平均法和加权平均法两种。

1. 简单平均法

在资料未经分组的情况下,可采用简单平均法计算平均差,计算公式为

$$A \cdot D = \frac{\sum |x - \bar{x}|}{n}$$

【例 6-18】 分别计算例 6-17 中甲组和乙组工人日产量的平均差,并比较两组工人平均日产量代表性的大小。

$$A \cdot D_{甲} = \frac{2+1+0+1+2}{5} = 1.2(件)$$

$$A \cdot D_{乙} = \frac{20+10+0+10+20}{5} = 12(件)$$

计算结果表明,在两组的平均产量相同时,第一组的平均差小于第二组的平均差,所以第一组平均数的代表性比第二组平均数的代表性要大。

2. 加权平均法

在资料已分组的情况下,可采用加权平均法计算平均差,计算公式为

$$A \cdot D = \frac{\sum |x - \bar{x}| \times f}{\sum f}$$

【例 6-19】 已知甲车间工人的平均日产量为 42 千克,其平均差为 5.6 千克,乙车间工人的日产量如表 6-11 所示,计算乙车间工人的平均日产量及平均差,比较哪个车间平均日产量的代表性大。

表 6-11 乙车间工人的日产量

日产量/千克	工人数/人 f	组中值/千克 x	总产量/千克 xf	$\lvert x-\bar{x} \rvert$	$\lvert x-\bar{x} \rvert f$
20~30	1	25	25	17	17
30~40	7	35	245	7	49
40~50	9	45	405	3	27
50 以上	3	55	165	13	39
合 计	20	—	840	—	132

$$乙车间平均产量\ \bar{x} = \frac{\sum xf}{\sum f} = \frac{840}{20} = 42(千克)$$

$$A \cdot D_{乙} = \frac{\sum |x - \bar{x}| \times f}{\sum f} = \frac{132}{20} = 6.6(千克)$$

计算结果表明,两个车间的平均日产量相同,但乙车间日产量的平均差为 6.6 千克,大

于甲车间日产量的平均差 5.6 千克,所以甲车间平均日产量的代表性好于乙车间。

平均差不同于全距,它考虑了总体全部单位标志值的差异,能较准确地反映总体各标志值的平均变异程度。但由于它采用绝对值的离差形式加以数学假定,在运用上有较大的局限性,因此需要采用一种数学性能更科学的标志变异指标,即标准差。

(三) 标准差

标准差是总体各单位标志值与其算术平均数离差平方算术平均数的平方根,故又称均方差,用 σ 表示。标准差的平方叫作方差(σ^2)。标准差的实质与平均差基本相同,也是各个标志值对其算术平均数的平均离差,只在数学处理上不同,它采用平方的方法消除正负号,是标志变异指标中使用较多的指标。

标准差越大,标志值的变异越大,数据越分散,平均数的代表性越小;标准差越小,平均数的代表性越大。

根据所掌握的资料不同,标准差的计算方法分为简单平均法和加权平均法两种。

1. 简单平均法

在资料未经分组的情况下,可采用简单平均法计算标准差。其计算公式为

$$\sigma = \sqrt{\frac{\sum(x-\bar{x})^2}{n}}$$

【例 6-20】 计算例 6-17 中甲组和乙组工人日产量的标准差,并比较两组工人平均日产量的代表性大小。

甲、乙两组的标准差计算过程如表 6-12 所示。

表 6-12 简单标准差计算表

甲 组			乙 组		
日产量/件	$x-\bar{x}$	$(x-\bar{x})^2$	日产量/件	$x-\bar{x}$	$(x-\bar{x})^2$
68	−2	4	50	−20	400
69	−1	1	60	−10	100
70	0	0	70	0	0
71	1	1	80	10	100
72	2	4	90	20	400
合 计	0	10	合 计	0	1 000

$$\sigma_{甲} = \sqrt{\frac{\sum(x-\bar{x})^2}{n}} = \sqrt{\frac{10}{5}} = 1.41(件)$$

$$\sigma_{乙} = \sqrt{\frac{\sum(x-\bar{x})^2}{n}} = \sqrt{\frac{1\,000}{5}} = 14.1(件)$$

因为 $\sigma_{甲} < \sigma_{乙}$,所以甲组工人平均日产量的代表性大。

2. 加权平均法

在资料已分组的情况下,可采用加权平均法计算标准差,其计算公式为

$$\sigma = \sqrt{\frac{\sum(x-\bar{x})^2 f}{\sum f}}$$

【例 6-21】 以例 6-19 中的资料计算乙车间工人的平均日产量和标准差，如表 6-13 所示。

表 6-13　加权标准差计算表

日产量/千克	工人数/人 f	组中值/千克 x	总产量/千克 xf	离差 $x-\bar{x}$	离差平方 $(x-\bar{x})^2$	离差平方×次数 $(x-\bar{x})^2 f$
20~30	1	25	25	−17	289	289
30~40	7	35	245	−7	49	343
40~50	9	45	405	3	9	81
50 以上	3	55	165	13	169	507
合　计	20	—	840	—	—	1 220

$$乙车间平均产量\ \bar{x} = \frac{\sum xf}{\sum f} = \frac{840}{20} = 42(千克)$$

$$\sigma = \sqrt{\frac{\sum(x-\bar{x})^2 f}{\sum f}} = \sqrt{\frac{1\ 220}{20}} = 7.8(千克)$$

（四）标志变异系数

前面讲过的全距、平均差和标准差都是反映标志变异程度的指标。其数值的大小，不仅取决于标志值的差异程度，还受总体单位标志值本身水平高低的影响。因此，在比较两个不同平均水平的数列或不同总体标志变异程度时，就不能直接用上述指标来进行对比，需要用全距、平均差和标准差与其相应的算术平均数对比，计算标志变异的相对指标，称为标志变异系数。

标志变异系数也称离散系数或差异系数，是指用标志变异指标与其相应的平均指标对比，用来反映总体各单位标志值之间的离散程度的相对指标，一般用 V 表示，具体有全距系数、平均差系数和标准差系数。其中，标准差系数在实际应用中较普遍。标志变异系数越大，平均数的代表性越小；相反，标志变异系数越小，平均数的代表性越大。

常用的标志变异系数有平均差系数和标准差系数，其中又以标准差系数的应用最为普遍。

1. 平均差系数

平均差系数是平均差与相应的平均数的比率，记作 $V_{A\cdot D}$。其计算公式为

$$V_{A\cdot D} = \frac{A\cdot D}{\bar{x}} \times 100\%$$

式中，$V_{A\cdot D}$ 为平均差系数。

2. 标准差系数

标准差系数是标准差与相应的平均数的比率，记作 V_σ，其计算公式为

$$V_\sigma = \frac{\sigma}{\bar{x}} \times 100\%$$

式中，V_σ 为标准差系数。

【例 6-22】 甲企业职工的平均工资为 8 000 元，标准差为 215 元。乙企业职工的平均工资为 9 000 元，标准差为 228 元。从资料上看，$\sigma_甲 < \sigma_乙$，似乎甲企业平均工资的代表性比乙企业好，但如果计算标准差系数，就会得出不同的结论。

$$V_{\sigma甲} = \frac{\sigma}{\bar{x}} \times 100\% = \frac{215}{8\,000} \times 100\% = 2.7\%$$

$$V_{\sigma乙} = \frac{\sigma}{\bar{x}} \times 100\% = \frac{228}{9\,000} \times 100\% = 2.5\%$$

从标准差系数的比较可以看出，乙企业标准差系数比甲企业小，表明乙企业平均工资的代表性要比甲企业好。

相关链接

单项投资风险的衡量

风险是指在特定时期和特定的环境条件下某一事件结果的不确定性。财务管理意义上的风险是指企业在各项财务管理活动中，由于各种无法控制的因素作用，使得企业的实际收益与预期收益发生背离，从而蒙受经济损失或者获得收益的可能性。

1. 确定概率分布

在经济活动中，某一事件在系统的条件下可能发生也可能不发生，这类事件称为随机事件。概率就是用来表示随机事件发生可能性大小的数值。把随机事件各种可能的结果都列出来，同时列出每种可能对应的概率，便形成了该随机事件的概率分布。风险投资就是一个随机事件。

例如，甲公司的一个投资项目有 A、B 两个方案可供选择，其收益率的概率分布如表 6-14 所示。

表 6-14 甲公司投资项目方案

经济状况	概率 P	收益率/% R	
		A 方案	B 方案
繁荣	$P_1 = 0.2$	60	30
一般	$P_2 = 0.6$	20	20
较差	$P_3 = 0.2$	−20	10

概率分布只能大概了解投资风险的大小，若要进一步认识其风险，还要借助两个指标——期望收益率和收益率标准差。

2. 期望收益率

期望收益率是风险投资的各种可能收益率，是以其概率为权数计算的加权算术平均数。其计算公式为

$$\bar{R} = \sum R_i P_i$$

上例中,A、B 两个方案的期望收益率分别为

A 方案 = 60%×0.2+20%×0.6+(−20%)×0.2 = 20%
B 方案 = 30%×0.2+20%×0.6+10%×0.2 = 20%

3. 收益率标准差

这里用收益率标准差来反映风险投资的风险水平,也就是收益的不确定性程度高低。收益率标准差越大,风险越大;收益率标准差越小,风险越小。

$$\sigma_A = \sqrt{(60\%-20\%)^2 \times 0.2 + (20\%-20\%)^2 \times 0.6 + (-20\%-20\%)^2 \times 0.2} = 25.3\%$$

$$\sigma_B = \sqrt{(30\%-20\%)^2 \times 0.2 + (20\%-20\%)^2 \times 0.6 + (10\%-20\%)^2 \times 0.2} = 6.32\%$$

由于 $\sigma_A > \sigma_B$,由此可以确定 A 方案的风险比 B 方案大。

收益率标准差可以用来比较两个收益率相同的方案的风险程度,如果方案之间收益率不同,则需要用收益率的标准离差率,也就是收益率的标准差系数。

中国垄断与非垄断
行业收入差距拉大

同步练习与技能实训

【基本概念】

平均指标　　算术平均数　　调和平均数　　几何平均数　　中位数　　众数
全距　　　　平均差　　　　标准差　　　　标志变异系数　　标准差系数

【基本训练】

一、单项选择题

1. 若变量数列中各组的标志值不变,而每组次数均增加 10%,则加权算术平均数的值(　　)。

   A. 增加 10%　　B. 减少 10%　　C. 不变化　　D. 无法判断

2. 标志变异指标中最易受极值影响的是(　　)。

   A. 全距　　　　B. 标准差　　　C. 方差　　　D. 标准差系数

3. 变量数列中,当变量值较小而权数较大时,计算出来的算术平均数(　　)。

   A. 接近变量值大的一方　　　　B. 接近变量值小的一方
   C. 接近中间变量值　　　　　　D. 不受权数影响

4. 如果变量数列中有一变量值为 0,则无法计算(　　)。

   A. 调和平均数　B. 算术平均数　C. 中位数　　D. 众数

5. 有甲、乙两个总体,某一变量值的平均数相等,若标准差甲小于乙,则甲、乙两个平均数的代表性是(　　)。

   A. 甲低于乙　　B. 甲高于乙　　C. 甲等于乙　D. 不能确定

6. 当两个不同总体的平均水平不同时,比较它们平均数的代表性高低需用(　　)评价。

   A. 全距　　　　B. 方差　　　　C. 标准差　　D. 标准差系数

7. 反映所观察的变量本身在一定条件下所达到的总体单位总量和标志值总量的

是（　　）。

　　A. 统计绝对数　　B. 统计相对数　　C. 平均指标　　D. 标志变异指标

8. 平均指标抽象了（　　）。

　　A. 总体单位数的影响　　　　　B. 总体单位之间的差异

　　C. 标志变异指标　　　　　　　D. 总体指标之间的差异

二、多项选择题

1. 在（　　）条件下，加权算术平均数等于简单算术平均数。

　　A. 各组次数相等　　B. 各组变量值不等　　C. 变量数列为组距数列

　　D. 各组次数为1　　E. 各组次数占总次数比重相等

2. 以下属于位置平均数的有（　　）。

　　A. 算术平均数　　B. 几何平均数　　C. 调和平均数

　　D. 中位数　　　　E. 众数

3. 以下属于数值平均数的有（　　）。

　　A. 算术平均数　　B. 几何平均数　　C. 调和平均数

　　D. 中位数　　　　E. 众数

4. 利用标准差系数比较两个总体的离散程度，适用于（　　）。

　　A. 两个总体单位数不同　　　　B. 两个总体平均水平不同

　　C. 两个总体性质不同　　　　　D. 两个总体标志总量不同

　　E. 两个总体统计指标不同

5. 以下能反映总体离散程度的指标有（　　）。

　　A. 全距　　　　B. 平均　　　　C. 标准差

　　D. 方差　　　　E. 中位数

6. 以下指标中属于平均指标的有（　　）。

　　A. 职工平均工资　　B. 国民人均粮食产量　　C. 工人劳动生产率

　　D. 国民人均GDP　　E. 国民人均粮食消费量

三、判断题

1. 标志变异指标与平均数的代表性成正比。（　　）
2. 中位数和众数的数值大小不受极值影响。（　　）
3. 按人口平均计算的国民收入是一个平均数。（　　）
4. 简单算术平均数实际上是权数都相等时的加权算术平均数。（　　）
5. 标准差、平均差都是一种平均数。（　　）
6. 利用组中值计算的加权算术平均数是一个精确的数值。（　　）
7. 用同一组数据计算算术平均数、调和平均数、几何平均数，其结果相等。（　　）
8. 由加权算术平均数的计算公式可知，算术平均数的大小与各组变量值成正比。

（　　）

四、简答题

1. 平均指标的作用有哪些？
2. 简述算术平均数和调和平均数应用条件的差别。
3. 简述平均数的种类。

4. 标志变异指标的作用有哪些？

5. 什么是标志变异指标？测量值有哪几种？

五、计算题

1. 某企业工人工资情况如表 6-15 所示，计算该企业职工周平均工资。

表 6-15　某企业工人工资情况

按职工周工资分组/元	各组人数/人	组中值/元	各组工资额/元
1 500～1 600	10		
1 600～1 700	20		
1 700～1 800	20		
1 800～1 900	20		
1 900～2 000	20		
2 000 以上	10		
合　计		—	

2. 某企业产品的有关资料如表 6-16 所示，计算说明两年中哪一年的全部产品单位平均成本高。

表 6-16　某企业产品的有关资料

品　种	单位成本/(元/件)	2020 年总成本/元	2021 年总产量/件
甲	15	2 100	50
乙	20	3 000	75
丙	30	1 500	215

3. 某地区商业公司下属 20 个零售商店，某月按零售计划完成百分比资料分组如表 6-17 所示，计算该公司各商店的平均计划完成百分比。

表 6-17　某地区商业公司下属 20 个零售商店商品销售资料

按计划完成百分比分组/%	商店数/个	实际零售额/万元
90 以下	2	510
90～100	5	760
100～110	9	1 470
110～120	4	1 840

4. 两个农贸市场某种农产品交易情况如表 6-18 所示，试计算该农产品在两个市场的价格。

表 6-18　两个农贸市场某种农产品交易情况

等　级	价格/(元/千克)	甲市场成交额/万元	乙市场成交量/吨
一	4	2	3

续表

等级	价格/(元/千克)	甲市场成交额/万元	乙市场成交量/吨
二	3	6	2
三	2	12	1
合计	—	20	6

5. 某企业一车间 60 名工人月产量如表 6-19 所示，要求确定工人产量众数和中位数所在位置，并计算产量的众数和中位数。

6. 某企业生产一种产品需经过 4 个车间，这 4 个车间的废品率分别是 1.5%、1.2%、2% 和 1%。该企业生产这种产品的平均废品率是多少？

7. 某班学生学期末考试成绩如表 6-20 所示，试计算该班学生平均成绩的平均差。

表 6-19　某企业一车间 60 名工人月产量

产量/件	职工人数/人
100 以下	2
100～200	13
200～300	28
300～400	14
400 以上	3
合　计	60

表 6-20　某班学生学期末考试成绩

考试成绩	人数/人
60 以下	4
60～70	13
70～80	18
80～90	12
90～100	3
合　计	50

8. 有甲、乙两个生产小组，甲组每个工人的平均日产量为 36 件，标准差为 9.6 件。乙组工人日产量资料如表 6-21 所示。

要求：

（1）计算乙组每个工人的平均日产量和标准差。

（2）比较甲、乙两个生产小组哪个组的平均日产量更具有代表性。

9. 有甲、乙两个品种的粮食作物，经播种实验后得知甲品种的平均亩产量为 499 千克，标准差为 81.35 千克。乙品种的实验资料如表 6-22 所示。

表 6-21　乙组工人日产量资料

日产量分组/件	工人数/人
10～20	15
20～30	38
30～40	34
40～50	13

表 6-22　乙品种的实验资料

亩产量/(千克/亩)	播种面积/亩
500	0.8
475	0.9
550	1.0
450	1.1
525	1.2

要求：
(1) 计算乙品种的平均亩产量和平均亩产量的标准差。
(2) 分析两个品种的平均亩产量，以确定哪一种具有较大稳定性，更有推广价值。

【实训项目】
1. 实训资料
某省各地能源统计数据如表 6-23 所示。

表 6-23　某省各地能源统计数据

地　区	A市	B市	C市	D市	E市	F市	G市	H市	I市	J市	K市
单位工业增加值能耗/(吨标准煤/万元)	2.417	3.065	4.649	2.727	4.182	1.379	1.595	1.19	1.411	3.126	4.72

2. 实训要求（假设各市工业增加值水平一样）
(1) 确定各地单位工业增加值能耗的中位数。
(2) 计算全省平均的单位工业增加值能耗，分析能否用调和平均数和几何平均数计算，为什么？
(3) 计算各市单位工业增加值能耗的全距、平均差、标准差和标准差系数。
(4) 分析全省降低单位工业增加值能耗的重点应该放在哪里？

【案例分析】
为了解学生对学校工作的满意程度，校学生处对全校 50 名学生进行了一项抽样调查，表 6-24 是由 50 名学生对老师、伙食和住宿的满意程度的评分（分值越大表明满意程度越高，满分 100）。

表 6-24　学生满意程度评分表

老师	伙食	住宿	老师	伙食	住宿	老师	伙食	住宿
77	90	58	90	89	42	71	49	51
71	36	63	88	27	67	84	53	55
75	53	37	85	49	46	84	74	92
74	59	49	72	59	41	87	66	82
76	51	79	79	60	45	72	59	54
95	66	86	88	36	47	72	37	52
89	66	40	77	60	75	72	57	62
85	57	78	64	43	61	63	48	67
65	42	29	72	56	37	84	60	68
82	37	66	71	25	74	90	62	54
73	60	55	69	47	16	82	56	56
94	80	52	90	76	23	89	60	64
84	42	66	84	28	62	74	47	63

续表

老师	伙食	住宿	老师	伙食	住宿	老师	伙食	住宿
85	56	64	86	37	59	82	49	91
88	55	52	70	38	54	90	76	70
74	70	51	86	72	72	78	52	72
71	45	68	87	51	57			

讨论与分析：

1. 利用各种综合指标概括样本数据。

2. 判断哪一方面是学生最为满意的，哪一方面是学生最不满意的，说明原因，并对如何改进进行讨论。

3. 计算标志变异指标，判断学生对学校工作的哪一方面的满意程度的差异程度最大。

项目七

动态数列

知识目标

(1) 了解动态数列的概念、分类和编制原则；
(2) 掌握水平指标和速度指标的应用条件和计算方法；
(3) 掌握长期趋势测定的原理和方法；
(4) 掌握季节变动测定的原理和方法。

技能目标

(1) 会运用各种动态指标对现象进行统计分析；
(2) 会进行长期趋势和季节变动分析预测。

 案例导入

从 2016 年到 2021 年全球 GDP 十强的量变见证中国崛起

在 2021 年全球 GDP 十强的国家中，美国排名全球第一；我国位居全球第二；日本、德国、英国分别排名全球第三、第四、第五。总体而言，全球 GDP 十强国家目前变化并不大，从 2016 年到 2021 年各国 GDP 的平均增长速度来看，中国第一，印度第二，加拿大第三。十强各国 GDP 总量、占世界的比重、实际增速、平均增速如表 7-1 所示。

表 7-1　2016—2021 年全球 GDP 十强　　　　　　金额单位：万亿元

排名	国家	2016 年	2017 年	2018 年	2019 年	2020 年	2021 年	占世界的比重/%	实际增速/%	平均增速/%
1	美国	18.71	19.39	20.49	21.43	20.93	23.03	24.4	5.6	4.2
2	中国	11.23	12.24	13.61	14.34	14.72	17.73	18.0	8.1	9.6

续表

排名	国家	2016年	2017年	2018年	2019年	2020年	2021年	占世界的比重/%	实际增速/%	平均增速/%
3	日本	4.94	4.87	4.97	5.08	5.02	4.93	5.4	1.6	0
4	德国	3.57	3.68	4.00	3.85	3.81	4.22	4.5	2.9	3.4
5	英国	2.63	2.62	2.83	2.83	2.71	3.19	3.3	7.5	3.9
6	印度	2.26	2.60	2.73	2.88	2.62	3.08	3.1	8.1	6.4
7	法国	2.45	2.58	2.78	2.72	2.60	2.94	3.1	7.0	3.7
8	意大利	1.85	1.96	2.07	2.00	1.89	2.11	2.3	6.6	2.7
9	加拿大	1.53	1.65	1.71	1.74	1.64	1.99	2.1	4.6	5.4
10	韩国	1.41	1.53	1.62	1.65	1.63	1.80	1.9	4.0	5.0

作为全球第一大经济体，美国2021年的GDP总量超过了23万亿美元，相比2020年增加了2.1万亿美元，增速高达5.6%，占世界GDP的比重为24.4%，总体占比趋势是逐年下滑。美国GDP高速上涨主要是因为2021年美国的商品和服务价格持续上涨，导致居民消费价格指数(CPI)和工业生产者出厂价格指数(PPI)连续多月保持在高位，其中2021年12月，通货膨胀率高达7%，并且，大规模的印钞放水也让全球的大宗商品价格上涨。

我国2021年GDP总量达到了114万亿元，约合17.73万亿美元，相比2020年增加了3.01万亿美元，增速高达8.1%。占世界GDP的为比重18%，比重提升了1%。我国的GDP组成比较全面，主要依靠强大的制造业与高新技术产业，还有建筑业、外贸业，其次是装备贸易等领域组成。其中，在高新技术产业上同比增长18.2%，在主要行业排在第一位，包括工业机器人、新能源汽车、集成电路等领域的增长都非常高。

欧盟是由27个成员国组成的经济体，有统一的议会、理事会、委员会等，也有统一的货币。欧盟2021年GDP总量为14.45万亿欧元，相比2020年增长了近1.9万亿美元左右，增长了5.3%，按照当时的汇率是17.1万亿美元。2021年我国的GDP总量在历史上首次超过欧盟。

中国是近100年来GDP总量最接近美国的国家，我国GDP占美国GDP比重已经上升到77%。未来我国经济进一步缩小与美国的差距、扩大与欧盟的距离或许是一种大趋势。早在2002年，美国GDP就已经达到10.94万亿美元，占全球经济的31.3%，将近三分之一。而同期我国GDP总量为1.47万亿美元，位居全球第六，占全球经济的比重为4.2%。2021年，我国GDP比上年增长8.1%，占全球经济的比重提升至18%，而美国GDP的增速为5.6%，占全球比重下降为24.4%。

近20年，我国GDP占全球经济的比重从约4%提升至18%，提升了14个百分点。展望未来，随着我国新能源汽车、光伏产业、5G通信、大数据云计算等实体经济的快速发展，以及GDP增长的动能正在大幅从房地产、互联网和金融等产业向拉动科技发展及制造业进步的新技术和新产业转移，根据预测，2022年我国GDP或将冲击占全球经济20%的新目标。也有人预测，中国有望在十年后跃升为世界第一大经济体。

动态数列最能体现事物的变动过程和规律，在统计分析中经常使用且极其重要。本项目将介绍动态数列是怎样编制的,动态分析指标是怎样计算的,我们应该怎样利用动态数列分析问题、认识事物发展变化规律、预测经济现象的发展趋势。通过本项目的学习,你将得到所需要的答案。

任务一　动态数列的概念和编制原则

一、动态数列的概念与意义

静态分析主要是根据与现象同一时期的资料,从静态上对总体的数量特征进行分析的基本方法。但社会经济现象总是随着时间的推移而不断发展变化的,因此除了要对经济现象进行静态分析外,还要进行相应的动态分析。动态分析的依据是动态数列。

所谓动态数列,就是将某一个统计指标在不同时间上的数值表现按时间先后顺序排列而形成的数列,也称时间数列,如表 7-2 所示。

表 7-2　"十三五"期间我国国民经济发展水平主要统计指标

年　份	2016 年	2017 年	2018 年	2019 年	2020 年
人口数(年末)/万人	138 271	139 008	139 538	140 005	141 178
人均 GDP/元	53 935	59 660	65 650	70 725	72 447
GDP 的增长速度/%	6.8	6.9	6.7	6.0	2.3
全社会固定资产投资额/亿元	606 466	641 238	645 675	560 874	527 270

资料来源:国家统计局网站。

从表 7-2 可以看出,动态数列一般由两个基本要素构成,即被研究现象所属的时间以及反映该现象的统计指标数值。

在统计实践中,对动态数列进行分析和研究具有很重要的意义。首先,通过动态数列的编制和分析,可以反映现象发展变化的方向、程度和趋势,为制订政策和计划提供依据;其次,通过对动态数列资料的研究,探索其变化的规律性,可以对某些社会经济现象进行预测;最后,利用动态数列可以在不同地区或国家之间进行对比分析。由此可见,编制和分析动态数列具有重要的作用,已成为对社会经济现象进行统计分析的一种重要方法。

二、动态数列的种类

动态数列按其排列指标的表现形式不同,可分为三类:绝对数动态数列、相对数动态数列和平均数动态数列。绝对数动态数列是基本数列,后两类则是以前者为基础计算得出的派生数列。

(一)绝对数动态数列

绝对数动态数列是由一系列同类总量指标数值按时间顺序排列而形成的动态数列,可以反映某社会经济现象在各个时期达到的绝对水平及其发展变化情况。和总量指标的分类相对应,绝对数动态数列可分为时期数列和时点数列。

1. 时期数列

时期数列是由一系列时期指标数值按时间顺序排列而形成的动态数列。表 7-2 中横行第五行就是2016—2020年我国全社会固定资产投资额动态数列。时期数列有如下特点：①数列中的每一项指标数值都是通过连续登记取得的；②数列中的每个指标数值的大小与其包含时间的长短有直接关系，包含时期越长，指标数值越大；③数列中各项指标的数值可以直接相加，相加后能反映更长一段时期的总量指标。

2. 时点数列

时点数列是由一系列时点指标数值按时间顺序排列而形成的动态数列。表7-2中横行第二行就是2016—2020年我国年末人口数的动态数列。时点数列有如下特点：①数列中的每一项指标数值都是在某一时刻一次性登记取得的；②数列中每个指标数值的大小与时点间隔的长短没有直接关系，数列中各项指标不能相加。

（二）相对数动态数列

相对数动态数列是由一系列同类相对指标数值按时间顺序排列而形成的动态数列，用来说明现象之间的数量对比关系或相互联系的发展变化过程。表7-2中横行第四行就是2016—2020年我国GDP增长速度的动态数列。由于相对指标一般表现为两个有关的绝对数之比，因而相对数动态数列也是来自两个绝对数动态数列的对比。

（三）平均数动态数列

平均数动态数列是由一系列同类平均指标数值按时间顺序排列的动态数列，用来表明某一社会经济现象的一般水平的变化过程或发展趋势。由于平均数有一般平均数（静态平均数）和序时平均数（动态平均数）之分，相应地，平均数动态数列也可以分为由一般平均数和序时平均数构成的两种平均数动态数列。

三、编制动态数列的原则

编制动态数列的目的是对数列中的各数值进行比较、计算和分析，以认识事物发展变化的规律性。这就要求列入动态数列的指标数值之间具有可比性。所以，保证指标数值之间的可比性就是编制动态数列的基本原则，具体来说应注意以下四点。

（一）时期长短应该相等

时期数列中各项指标数值与时期长短直接相关，因此，在同一个时期数列中各个指标数值所属时期长短要求相等，否则就不能比较。但这个原则不能绝对化，为了某种特殊的研究目的，也可以将时期不等的指标数值编制成时期数列。

对于时点数列来说，其指标数值的大小与时点间隔的长短没有直接关系，所以各个指标数值之间的间隔应否相等要视实际情况和需要而定。但为了更明显地反映现象的变化过程及其规律性，各个指标数值之间的时间间隔仍应力求前后一致。

（二）总体范围应该一致

编制动态数列时，通常涉及总体范围的问题，即被研究的社会经济现象所包括的地区范围、隶属关系的范围、分组范围等是否前后一致。如果总体范围有了变动，则前后各期的指标数值不能直接对比，必须将资料加以适当调整。

（三）经济内容应该统一

因为指标数值是反映一定质的经济内容，不能只就数量而数量，而不注意数列中各个指标内容的同质性。有时,动态数列的指标名称相同,但经济内容不尽相同,如果仍然机械地进行对比分析,可能导致错误的结论。特别是在研究不同的社会制度或者研究重大变革时期的经济发展变化情况时,更应注意指标数值反映的经济内容是否一致。

(四)各项指标数值的计算方法、计算价格和计量单位应该一致

在指标名称及其经济内容一致的前提下,采用什么方法计算,按照何种价格或单位计量,各个指标数值都要保持前后一致。

任务二　动态数列的水平指标

为了阐明社会经济现象发展的规模和速度,认识事物发展的规律性,必须对动态数列进行分析,计算一系列表明现象发展变化状况的动态分析指标。动态分析指标可以归纳为两类,分别是发展水平指标和发展速度指标。本任务先介绍发展水平指标。发展水平指标主要包括发展水平、平均发展水平、增长量和平均增长量。

一、发展水平

发展水平是经济现象在各不同时间上实际达到的规模或水平,也是动态数列中的每个指标数值。它是计算其他动态分析指标的基础。

动态数列中的第一项指标数值叫作最初水平,最后一项指标数值叫作最末水平,其他项的指标数值叫作中间水平。进行动态对比时,作为对比基础时期的发展水平叫作基期水平,而要与基期水平进行对比的那个时期的发展水平称为报告期水平或计算期水平。在动态数列中,通常用符号 a 表示数列中的发展水平,各期的水平分别为

$$a_0,a_1,a_2,\cdots,a_{n-1},a_n$$

式中,a_0 代表最初水平;a_n 代表最末水平;其余代表中间水平。

基期和报告期或最初水平和最末水平都不是固定不变的,将随着研究的目的、要求和研究时间的变更而做相应的改变。在文字表达上,发展水平习惯用"增加到"或"增加为"及"降低到"或"降低为"来表示。

二、平均发展水平

平均发展水平又称为序时平均数或动态平均数,是根据动态数列中不同时间上的发展水平计算的平均数,能从动态上说明社会经济现象在某一段时间内发展变化达到的一般水平。

动态平均数(也叫序时平均数)与静态平均数(也叫一般平均数)既有共性,也有区别。其共性是二者都是将现象的数量差异加以抽象平均来反映现象的一般水平。其区别主要表现在三个方面:第一,前者平均的是现象在不同时间上的数量差异,而后者平均的是现象在同一时间上的数量差异;第二,前者是从动态上反映现象在一段时间内发展的一般水平,后者则是从静态上反映现象在具体时间条件下的一般水平;第三,前者的计算依据是动态数列,后者的计算依据是变量数列。

动态数列的种类不同,计算其序时平均数的方法也有所不同。

（一）由绝对数动态数列计算序时平均数

1. 由时期数列计算序时平均数

时期数列中各个指标数值是可以直接相加的，所以可以采用简单算术平均法计算其序时平均数（$\bar{a}$），即数列中各个指标数值之和除以时期项数（n）。其计算公式为

$$\bar{a}=\frac{a_1+a_2+\cdots+a_n}{n}=\frac{\sum a}{n}$$

式中，$\bar{a}$ 为平均发展水平；$a_1,a_2,\cdots,a_n$ 为各期发展水平；n 为指标项数。

【例 7-1】 根据表 7-2，计算我国十三五期间年平均的全社会固定资产投资额。

$$\bar{a}=\frac{\sum a}{n}=\frac{606\ 466+641\ 238+645\ 675+560\ 874+527\ 270}{5}=596\ 304.6（亿元）$$

2. 由时点数列计算序时平均数

时点数列是根据时点资料编制的，相邻时点之间总会有一定的间隔，因此时点数列一般都是间断数列。但如果时点数列的资料是逐日记录且逐日排列的，则可视为连续时点数列。由于时点数列的连续性不同、间隔时间状况不同，其平均发展水平的计算方法也不尽相同。

（1）连续的间隔相等时点数列。这类时点数列能够掌握整个时间段内各时点上的数据，且数列中各时点指标值之间的时间间隔相等。此时，计算平均发展水平可采用简单算术平均法，即以各时点指标值总和 $\left(\sum a\right)$ 除以时点个数（n），求得序时平均数。其计算公式为

$$\bar{a}=\frac{a_1+a_2+\cdots+a_n}{n}=\frac{\sum a}{n}$$

式中，$\bar{a}$ 表示序时平均数；a 表示各时点数值；n 表示时点数的个数。

【例 7-2】 某项任务要雇用临时工完成，工期 5 天，每天雇用的临时工人数分别为：42、44、50、30、46，求平均每天的雇用人数。

$$\bar{a}=\frac{\sum a}{n}=\frac{42+44+50+30+46}{5}=42.4（人）$$

（2）连续的间隔不等时点数列。这类时点数列能够掌握整个时间段内各时点上的数据，但数列中各时点指标值之间的时间间隔不等。此时，计算序时平均数可采用加权算术平均法，即以每次变动持续的时间间隔长度为权数，对各时点指标值进行加权平均，求得序时平均数。其计算公式为

$$\bar{a}=\frac{a_1f_1+a_2f_2+\cdots+a_nf_n}{\sum f}=\frac{\sum af}{\sum f}$$

式中，f 为各项指标的时间间隔；其余符号与前面相同。

【例 7-3】 某公司 4 月初有职工 150 人，4 月 10 日招聘 12 人，4 月 21 日有 5 人办理退休手续，求 4 月的职工平均人数。

可以将以上资料整理成动态数列，如表 7-3 所示。

表 7-3　某公司 4 月份职工人数资料

时间	1—9 日	10—20 日	21—30 日
职工人数/人	150	162	157

$$\bar{a}=\frac{\sum af}{\sum f}=\frac{150\times 9+162\times 11+157\times 10}{9+11+10}=156.73(人)$$

（3）间断的间隔相等时点数列。根据间断的间隔相等时点数列计算序时平均数，一般是假定所研究现象在两个相邻时点之间的变动是均匀的，这样可以采用简单平均的方法，把相邻两个时点指标数值相加后除以 2，求得两时点之间的序时平均数。然后，要根据这些相邻时点之间的序时平均数求得整个数列的序时平均数。其计算公式为

$$\bar{a}=\frac{\frac{a_1+a_2}{2}+\frac{a_2+a_3}{2}+\cdots+\frac{a_{n-1}+a_n}{2}}{n-1}=\frac{\frac{a_1}{2}+a_2+\cdots+a_{n-1}+\frac{a_n}{2}}{n-1}$$

这种计算方法称为"首末折半法"。

【例 7-4】 某公司 2020 年上半年各月月初库存 A 产品的数量如表 7-4 所示。

表 7-4　某公司库存 A 产品的资料

月份	1月	2月	3月	4月	5月	6月	7月
月初库存量/吨	200	186	325	210	360	150	240

要求：计算上半年 A 产品的平均库存量。

$$\bar{a}=\frac{\frac{a_1}{2}+a_2+\cdots+a_{n-1}+\frac{a_n}{2}}{n-1}=\frac{\frac{200}{2}+186+325+210+360+150+\frac{240}{2}}{7-1}=241.83(吨)$$

（4）间断的间隔不等时点数列。它是根据间隔不等的各期期初或期末的时点资料编制的时点数列。由于各时点之间的间隔不等，可用各个间隔的长度（f）作为权数，对各相应时点的平均值进行加权平均，求得序时平均数。其计算公式为

$$\bar{a}=\frac{\frac{a_1+a_2}{2}f_1+\frac{a_2+a_3}{2}f_2+\cdots+\frac{a_{n-1}+a_n}{2}f_{n-1}}{f_1+f_2+\cdots+f_{n-1}}$$

【例 7-5】 某公司统计 2020 年部分月份的月初流动资产余额如表 7-5 所示。

表 7-5　某公司 2016 流动资产余额资料

月份	1月	3月	7月	8月	11月	下年初
月初流动资产/万元	560	480	460	600	360	500

要求：计算该公司 2020 年流动资产平均余额。

$$\bar{a}=\frac{\frac{560+480}{2}\times 2+\frac{480+460}{2}\times 4+\frac{460+600}{2}\times 1+\frac{600+360}{2}\times 3+\frac{360+500}{2}\times 2}{2+4+1+3+2}$$

$$=479.17(万元)$$

(二)由相对数动态数列计算序时平均数

相对数动态数列一般是由具有相互联系的绝对数动态数列对比构成的。在计算相对数动态数列的序时平均数时,首先要分别确定相对数计算公式的分子和分母的数列,其次要分别计算分子数列和分母数列的序时平均数,最后将这两个序时平均数对比,即得相对数动态数列的序时平均数。其计算公式为

$$\bar{c} = \frac{\bar{a}}{\bar{b}}$$

式中,$\bar{c}$ 为相对数动态数列的序时平均数;$\bar{a}$ 为分子动态数列的序时平均数;$\bar{b}$ 为分母动态数列的序时平均数。

由于相对数动态数列可由两个时期数列、两个时点数列或由一个时期数列和一个时点数列中的指标对比形成,而时期数列与时点数列的序时平均数的计算方法又不同,所以在计算相对数动态数列的序时平均数时要区分以下三种情况。

(1) 分子、分母都是由时期数列对比形成的相对数动态数列,其序时平均数的计算公式为

$$\bar{c} = \frac{\bar{a}}{\bar{b}} = \frac{\sum a / n}{\sum b / n} = \frac{\sum a}{\sum b}$$

【例 7-6】某公司 2020 年一季度各月产量计划完成情况如表 7-6 所示。

表 7-6 某公司一季度各月产量计划完成情况

月 份	1月	2月	3月
实际产量(a)/吨	4 455	4 646	4 841
计划产量(b)/吨	4 500	4 600	4 700
产量计划完成程度(c)/%	99	101	103

要求:计算一季度各月平均的计划完成程度。

$$\bar{c} = \frac{\sum a}{\sum b} = \frac{4\ 455 + 4\ 646 + 4\ 841}{4\ 500 + 4\ 600 + 4\ 700} = 101.03\%$$

通过上面的计算可知,计算一季度各月平均的计划完成程度实际上就是计算一季度的计划完成程度。在本例中,如果实际产量资料(a)未知,则可将 $a = bc$ 代入上式。

$$\bar{c} = \frac{\sum a}{\sum b} = \frac{\sum bc}{\sum b} = \frac{4\ 500 \times 0.99 + 4\ 600 \times 1.01 + 4\ 700 \times 1.03}{4\ 500 + 4\ 600 + 4\ 700} = 101.03\%$$

(2) 分子、分母都是由时点数列对比形成的相对数动态数列,其序时平均数的计算公式因数列的情况不同而有所不同。在实际工作中,最常见的是计算间隔相等的间断时点数列对比而成的相对数动态数列,其序时平均数的计算公式为

$$\bar{c} = \frac{\bar{a}}{\bar{b}} = \frac{\dfrac{\dfrac{a_1}{2} + a_2 + \cdots + a_{n-1} + \dfrac{a_n}{2}}{n-1}}{\dfrac{\dfrac{b_1}{2} + b_2 + \cdots + b_{n-1} + \dfrac{b_n}{2}}{n-1}} = \frac{\dfrac{a_1}{2} + a_2 + \cdots + a_{n-1} + \dfrac{a_n}{2}}{\dfrac{b_1}{2} + b_2 + \cdots + b_{n-1} + \dfrac{b_n}{2}}$$

【例 7-7】 某公司 2020 年一季度各月初职工人数资料如表 7-7 所示。

表 7-7 某公司 2020 年一季度各月初职工人数资料

月份	1月	2月	3月	4月
月初职工人数(b)	448	456	469	474
月初男职工人数(a)	342	355	358	364
男职工的比重(c)/%	76.34	77.85	76.33	76.79

要求：计算一季度平均的男职工比重。

本例中，分子数列和分母数列都是间断的间隔相等的时点数列，所以一季度平均男职工比重为

$$\bar{c}=\frac{\bar{a}}{\bar{b}}=\frac{\dfrac{a_1}{2}+a_2+\cdots+a_{n-1}+\dfrac{a_n}{2}}{\dfrac{b_1}{2}+b_2+\cdots+b_{n-1}+\dfrac{b_n}{2}}=\frac{\dfrac{342}{2}+355+358+\dfrac{364}{2}}{\dfrac{448}{2}+456+469+\dfrac{474}{2}}=76.91\%$$

(3) 分子由一个时期数列与分母由一个时点数列对比形成的相对数动态数列，其序时平均数的计算公式为

$$\bar{c}=\frac{\bar{a}}{\bar{b}}=\frac{\dfrac{\sum a}{n}}{\dfrac{\dfrac{b_1}{2}+b_2+\cdots+b_{n-1}+\dfrac{b_n}{2}}{n-1}}$$

【例 7-8】 某商场 2020 年一季度商品销售情况如表 7-8 所示。

表 7-8 商场 2020 年一季度商品销售情况

月份	1月	2月	3月	4月
商品销售额(a)/万元	55 600	58 000	49 700	—
月初商品库存额(b)/万元	30 400	28 400	33 000	35 000
商品流转次数(c)/次	1.89	1.89	1.46	

要求：计算一季度平均每月的商品流转次数和一季度的商品流转次数。

商品流转次数的计算公式为

$$商品流转次数=\frac{商品销售额}{商品平均库存额}$$

$$一季度平均每月的流转次数=\bar{c}=\frac{\bar{a}}{\bar{b}}=\frac{\dfrac{\sum a}{n}}{\dfrac{\dfrac{b_1}{2}+b_2+\cdots+b_{n-1}+\dfrac{b_n}{2}}{n-1}}$$

$$=\frac{\dfrac{55\,600+58\,000+49\,700}{3}}{\dfrac{\dfrac{30\,400}{2}+28\,400+33\,000+\dfrac{35\,000}{2}}{4-1}}$$

$$=1.74(次)$$

$$一季度的商品流转次数 = \frac{55\,600 + 58\,000 + 49\,700}{\dfrac{\dfrac{30\,400}{2} + 28\,400 + 33\,000 + \dfrac{35\,000}{2}}{3}} = 5.22(次)$$

(三) 由平均数动态数列计算序时平均数

平均数动态数列可以由静态平均数或动态平均数组成,由于这两种平均数各有特点,因而组成的平均数动态数列在计算其序时平均数时,也要根据不同情况选用不同方法。

(1) 由静态平均数组成的动态数列计算序时平均数。由于静态平均数是由两个总量指标对比形成的,因此,由静态平均数组成的平均数动态数列计算序时平均数的方法与相对数动态数列计算序时平均数的方法基本相同,即分别计算分子数列和分母数列的序时平均数 ($\bar{a}$ 和 $\bar{b}$),然后将这两个序时平均数进行对比,就可求得这个平均数动态数列的序时平均数 $\bar{c}$。

【例 7-9】 某村 2017—2021 年水稻种植面积、产量和平均亩产量如表 7-9 所示,试计算该村 2017—2021 年水稻的平均每年亩产量。

表 7-9 某村 2017—2020 年水稻种植面积和平均亩产量

年 份	2017 年	2018 年	2019 年	2020 年	2021 年
总产量(a)/千克	467 500	450 000	504 000	509 600	495 000
种植面积(b)/亩	1 100	1 000	1 050	980	900
平均亩产量(c)/(千克/亩)	425	450	480	520	550

2017—2021 年平均每年总产量:

$$\bar{a} = \frac{\sum a}{n} = \frac{467\,500 + 450\,000 + 504\,000 + 509\,600 + 495\,000}{5} = 485\,220(千克)$$

2017—2021 年平均每年种植面积:

$$\bar{b} = \frac{\sum b}{n} = \frac{1\,100 + 1\,000 + 1\,050 + 980 + 900}{5} = 1\,006(亩)$$

2017—2021 年平均每年亩产量:

$$\bar{c} = \frac{\bar{a}}{\bar{b}} = \frac{485\,220}{1\,006} = 482.33(千克)$$

(2) 由动态平均数组成的动态数列计算序时平均数。如果数列中各个计算时期长度或间隔相等,可按简单算术平均数公式进行计算。其计算公式为

$$\bar{a} = \frac{a_1 + a_2 + \cdots + a_n}{n} = \frac{\sum a}{n}$$

【例 7-10】 某商店 1—3 月各月的平均库存额分别是 100 万元、120 万元、140 万元,试计算第一季度的平均商品库存额。

第一季度的平均商品库存额为

$$\bar{a} = \frac{\sum a}{n} = \frac{100 + 120 + 140}{3} = 120(万元)$$

(3) 如果数列中各个计算时期的长度或间隔不等,可用时间长度为权数,用加权算术平均数公式进行计算。其计算公式为

$$\bar{a}=\frac{a_1f_1+a_2f_2+\cdots+a_nf_n}{\sum f}=\frac{\sum af}{\sum f}$$

【例 7-11】 某企业上半年平均库存额如表 7-10 所示,计算该企业上半年月平均库存额。

表 7-10 某企业上半年平均库存额

月　份	1月	2—3月	4—6月
平均库存额/万元	510	550	580

该企业上半年月平均库存额:

$$\bar{a}=\frac{\sum af}{\sum f}=\frac{510\times 1+550\times 2+580\times 3}{1+2+3}=558.33（万元）$$

三、增长量和平均增长量

(一) 增长量

增长量是表示现象在一定时期内增减变动的绝对数量,它等于报告期水平与基期水平之差,可以说明现象的报告期比基期增加或减少的绝对数量。其计算公式为

$$增长量=报告期水平-基期水平$$

增长量可以是正值,表示现象水平的增长;也可以是负值,表示现象水平的下降。增长量指标由于选择基期的不同,又可以分为以下两种。

1. 逐期增长量

逐期增长量就是报告期水平与前一期水平的差额,说明现象逐期增减的数量。其计算公式为

$$a_1-a_0,a_2-a_1,\cdots,a_n-a_{n-1}$$

2. 累计增长量

累计增长量就是报告期水平与过去某一固定时期水平(通常为最初水平 a_0)的差额,说明一定时期内的总增减量。其计算公式为

$$a_1-a_0,a_2-a_0,\cdots,a_n-a_0$$

逐期增长量与累计增长量存在着如下的数量关系。

(1) 各逐期增长量之和等于相对应的累计增长量,即

$$(a_1-a_0)+(a_2-a_1)+\cdots+(a_n-a_{n-1})=a_n-a_0$$

(2) 报告期的累计增长量减去前一期的累计增长量,等于报告期的逐期增长量,即

$$(a_n-a_0)-(a_{n-1}-a_0)=a_n-a_{n-1}$$

在实际工作中,还经常要计算年距增长量指标,它是报告年某期水平与上年同期水平之差。年距增长量可以反映报告期水平较上年同期水平变动的绝对量,能够消除季节变动的

影响。其计算公式为

$$年距增长量 = 报告期发展水平 - 上年同期发展水平$$

【例 7-12】 某商场 2021 年第一季度商品销售额为 4 500 万元,2020 年第一季度商品销售额为 4 300 万元,则 2021 年第一季度的商品销售额的年距增长量为

$$年距增长量 = 4\ 500 - 4\ 300 = 200(万元)$$

【例 7-13】 表 7-11 显示了计算企业法人单位数的逐期增长量与累计增长量的计算过程。

表 7-11　企业法人单位数增长量计算表

年　份		2017 年	2018 年	2019 年	2020 年	2021 年
年末企业法人单位数/个		7 331 200	8 286 654	8 208 273	10 617 154	12 593 254
年增长量/个	逐期	—	955 454	−78 381	2 408 881	1 976 100
	累计	—	955 454	877 073	3 285 954	5 262 054

(二) 平均增长量

平均增长量是用来说明某种现象在一定时期内平均每期增减变动的绝对量。它是各期的逐期增长量的平均值,也是一种序时平均数,用于说明现象在一个较长时期内每期增减变化的一般水平。其计算公式为

$$平均增长量 = \frac{各逐期增长量之和}{逐期增长量的项数} = \frac{累计增长量}{数列项数 - 1}$$

【例 7-14】 以表 7-11 为例,计算年平均增长量。

$$平均增长量 = \frac{955\ 454 - 78\ 381 + 2\ 408\ 881 + 1\ 976\ 100}{5 - 1} = \frac{5\ 262\ 054}{5 - 1} = 1\ 315\ 513.5(个)$$

任务三　动态数列的速度指标

速度指标可以用来比较分析某种社会经济现象在不同发展阶段、不同地区、不同部门和国家之间发展变化的相对程度,也可以作为编制和检查国民经济计划的参考,是广泛应用的一种动态分析指标。动态数列的动态指标主要有发展速度、增长速度、平均发展速度和平均增长速度。

一、发展速度

发展速度是社会经济现象报告期发展水平与基期水平的对比,是用来反映现象发展变化相对程度的动态相对数。发展速度表明报告期水平已发展到基期水平的若干倍或百分之几,其计算公式为

$$发展速度 = \frac{报告期水平}{基期水平} \times 100\%$$

由于所采用基期的不同,发展速度分为环比发展速度和定基发展速度。

(一) 环比发展速度

环比发展速度是报告期水平与前一期水平之比,它表明这种现象逐期的发展速度。动

态数列各期环比发展速度的计算公式为

$$\frac{a_1}{a_0}, \frac{a_2}{a_1}, \frac{a_3}{a_2}, \cdots, \frac{a_n}{a_{n-1}}$$

(二) 定基发展速度

定基发展速度是报告期水平与某一固定时期的水平之比,它表明该现象在一个较长时期内总的发展速度,所以也称为"总速度"。动态数列各期定基发展速度的计算公式为

$$\frac{a_1}{a_0}, \frac{a_2}{a_0}, \frac{a_3}{a_0}, \cdots, \frac{a_n}{a_0}$$

【例 7-15】 某公司近年来工业增加值资料如表 7-12 所示,计算各期的环比发展速度和定基发展速度。计算过程见表 7-12。

表 7-12 某公司工业增加值发展速度计算表

年 份		2016 年	2017 年	2018 年	2019 年	2020 年	2021 年
工业增加值/万元		400	420	500	630	600	850
发展速度	环比/%	—	105	119.05	126	95.24	141.67
	定基/%	100	105	125	157.5	150	212.5
增长速度	环比/%	—	5	19.05	26	−4.76	41.67
	定基/%		5	25	57.5	50	112.5
增长1%的绝对量		—	4	4.2	5	6.3	6

定基发展速度与环比发展速度虽然说明问题时的侧重点有所不同,但它们之间存在着以下换算关系。

(1) 定基发展速度等于相应时期内各个环比发展速度的连乘积,其公式为

$$\frac{a_1}{a_0} \times \frac{a_2}{a_1} \times \cdots \times \frac{a_n}{a_{n-1}} = \frac{a_n}{a_0}$$

【例 7-16】 根据表 7-12 计算的 2021 年的定基发展速度为 212.5%,即

$$105\% \times 119.05\% \times 126\% \times 95.24\% \times 141.67\% = 212.5\%$$

(2) 报告期的定基发展速度除以报告期前一期的定基发展速度等于报告期的环比发展速度。其计算公式为

$$\frac{a_n}{a_0} \div \frac{a_{n-1}}{a_0} = \frac{a_n}{a_{n-1}}$$

【例 7-17】 根据表 7-12 计算的 2021 年的环比发展速度为 141.67%,即

$$\frac{212.5}{150} \times 100\% = 141.67\%$$

(三) 年距发展速度

年距发展速度是报告期发展水平和去年同期水平的对比指标。在统计工作中,为了消除季节变动的影响,常常通过计算年距发展速度指标来观察报告期某一时期发展水平与上年同期发展水平的对比情况。年距发展速度的计算公式为

$$年距发展速度 = \frac{报告年某期(月或季)发展水平}{前一年同期(月或季)发展水平} \times 100\%$$

二、增长速度

增长速度是经济现象的增长量与其基期水平的对比,是用以反映经济现象的增减变动相对程度的动态相对数。增长速度表明报告期水平比基期水平增长了百分之多少,其计算公式为

$$增长速度 = \frac{增长量}{基期水平} = \frac{报告期水平 - 基期水平}{基期水平} = 发展速度 - 1$$

由此可见,增长速度是由发展速度减1(或100%)得出的,它们之间有着密切的关系,但所说明的内容是不同的:发展速度是说明报告期水平增加到基期水平的多少倍或百分之几,包括了基期水平;增长速度则是说明报告期水平比基期水平增加或降低了多少倍或百分之几,不包括基期水平,是指"净增加或减少"的倍数或百分比。发展速度没有正负之分,增长速度则有正负之分。增长速度如为正值,表示现象的增长程度,即增长率;如为负值,表示现象的降低程度,即降低率。

由于计算时采用的基期不同,增长速度也分为环比增长速度和定基增长速度两种。

(一)环比增长速度

环比增长速度是逐期增长量与前一期发展水平之比,或是环比发展速度减1,表明现象逐期增长的相对程度。其计算公式为

$$环比增长速度 = \frac{逐期增长量}{前期水平} = \frac{报告期水平 - 前期水平}{前期水平} = 环比发展速度 - 1$$

(二)定基增长速度

定基增长速度是累计增长量与固定基期水平之比,或是定基发展速度减1,表明现象在较长时期内增长的相对程度。其计算公式为

$$定基增长速度 = \frac{累计增长量}{固定基期水平} = \frac{报告水平 - 固定基期水平}{固定基期水平} = 定基发展速度 - 1$$

环比增长速度与定基增长速度这两个指标之间没有直接的换算关系。如果进行换算,先要将环比增长速度加1,转化为环比发展速度后连乘,得到定基发展速度,然后减去1,才能求得定基增长速度。同理,相邻两个定基增长速度也要先加1转化为定基发展速度后相除,得到环比发展速度,然后减去1,从而得到环比增长速度,具体计算过程如表7-12所示。

(三)年距增长速度

在实际统计工作中,为了消除季节变动的影响,可计算年距增长速度,用以说明现象的年距增长量与去年同期水平相比所达到的相对增长的方向和程度。其计算公式为

$$年距增长速度 = \frac{年距增长量}{去年同期的水平} \times 100\% = 年距发展速度 - 100\%$$

(四)增长1%的绝对量

为了将速度指标、水平指标结合起来,深入分析环比增长速度与逐期增长量之间的关

系,进一步反映增长速度的实际效果,需要计算环比增长速度每增加一个百分点所代表的绝对量,通常称为"增长1%的绝对量"。其计算公式为

$$\text{增长1\%的绝对量} = \frac{\text{逐期增长量}}{\text{环比增长速度} \times 100} = \frac{\text{逐期增长量}}{\frac{\text{逐期增长量}}{\text{前期水平}} \times 100} = \frac{\text{前期水平}}{100}$$

由于相对数的抽象化作用,速度指标把所对比的现象发展水平掩盖了,高速度可能掩盖着低水平,低速度背后可能隐藏着高水平,增长1%的绝对量把速度指标和水平指标结合起来,进一步反映增长速度的实际效果。增长1%的绝对量的具体示例如表7-12所示。

三、平均发展速度和平均增长速度

(一) 平均发展速度

平均发展速度是动态数列中各期环比发展速度的序时平均数,用来说明某一现象在一定时期内平均每期发展变化的相对程度。计算平均发展速度有两种方法,分别是几何平均法(或水平法)和方程法(或累计法)。两种方法的数理依据不同,计算方法和应用条件也不相同。

1. 几何平均法

由于现象发展的总速度(记作 R)不等于各环比发展速度之和,而等于各期环比发展速度的连乘积,所以求环比发展速度的平均值即平均发展速度时,不能用算术平均法计算,而应当用几何平均法计算。其计算公式为

$$\bar{x} = \sqrt[n]{x_1 \times x_2 \times x_3 \times \cdots \times x_n} = \sqrt[n]{\prod x}$$

式中,$\bar{x}$ 表示平均发展速度;x_i 表示各时期的环比发展速度;n 表示环比发展速度的个数;$\prod$ 为连乘符号。

因为动态数列中定基发展速度等于各环比发展速度的连乘积,所以平均发展速度还可按如下公式计算。

$$\bar{x} = \sqrt[n]{\frac{a_1}{a_0} \times \frac{a_2}{a_1} \times \frac{a_3}{a_2} \times \cdots \times \frac{a_n}{a_{n-1}}} = \sqrt[n]{\frac{a_n}{a_0}}$$

一定时期的定基发展速度也是总的发展速度,如果用 R 表示总发展速度,则平均发展速度还可按如下公式计算。

$$\bar{x} = \sqrt[n]{R}$$

以上计算平均发展速度的三个公式,虽然形式不同,但其实质与计算结果完全相同。在计算平均发展速度时选用哪个公式,要根据所掌握的资料而定。

【例7-18】 根据表7-12的资料计算某公司2016—2021年工业增加值的平均发展速度。

$$\bar{x} = \sqrt[5]{105\% \times 119.05\% \times 126\% \times 95.24\% \times 141.67\%} = \sqrt[5]{\frac{850}{400}} = \sqrt[5]{2.125} = 116.27\%$$

【例7-19】 某公司今年的净利润比去年增加15%,如果照此速度发展,公司的净利润翻两番需要多少年?

假设翻两番需要 n 年,那么有

$$1.15 = \sqrt[n]{4}$$

$$\lg 1.15 = \frac{1}{n} \lg 4$$

$$n = \frac{\lg 4}{\lg 1.15} = 9.92 (年)$$

用水平法计算平均发展速度具有以下两个特点。

(1) 这种方法侧重考察最末一期的发展水平。

(2) 这种方法不能准确反映中间水平的起伏状况。它只突出了最初水平和最末水平的影响,不能全面反映现象在整个发展阶段各期快慢的差别。

2. 方程法

方程法也称累计法,就是通过研究某一社会经济现象在一定阶段中各期实际水平之和与基期水平之比,列出相应的方程式,然后通过求解该方程式来计算平均发展速度。这一方法的数理论据是:以最初水平 a_0 为基础,假设以后每期都按照 $\bar{x}$ 的速度发展,那么计算的各期发展水平之和等于数列各期实际水平之和。

按照以上假设计算的各期水平分别为

$$a_0 \bar{x}^0, a_0 \bar{x}^1, a_0 \bar{x}^2, \cdots, a_0 \bar{x}^n$$

则有

$$a_0 \bar{x}^1 + a_0 \bar{x}^2 + \cdots + a_0 \bar{x}^n = \sum a (不包括最初水平)$$

$$\bar{x}^1 + \bar{x}^2 + \cdots + \bar{x}^n = \frac{\sum a}{a_0}$$

上式是关于 $\bar{x}$ 的标准方程,解该方程所得的 $\bar{x}$ 正根就是所要求的平均发展速度。但要求解这个方程式是比较复杂的,在实际统计工作中,都是根据事先编好的《平均增长速度查对表》查对,具体步骤如下。

(1) 计算各期发展水平之和,再除以基期发展水平。

(2) 判断是平均增长速度还是平均降低速度,即把第一步所得数除以 n,若结果大于1,为递增速度,应查增长速度表;若结果小于1,为递减速度,应查下降速度表。

(3) 根据第一步所得数和 n 的数值查表,查得平均增(减)速度。如果需要平均发展速度,则再按平均发展速度与平均增长速度的关系将结果转化为平均发展速度。

【例 7-20】 某市近5年各年的固定资产投资额分别为:100亿元、140亿元、120亿元、150亿元、183亿元,用方程法求投资额的平均发展速度。

$$\sum a = 140 + 120 + 150 + 183 = 593$$

$$\frac{\sum a}{a_0} = \frac{593}{100} = 593\%$$

$593\% \div 4 > 100\%$,表示为递增速度,应查增长速度表。

查表 7-13,当 $n=4$ 时,和 593% 最接近的数值为 593.17%,其对应的增长速度为 16.4%,所以平均发展速度为 116.4%。

表 7-13　平均增长速度查对表　　　　　　　　　　　　　单位:%

平均每年增长百分比	各年发展水平之和为基期的百分比				
	$n=1$	$n=2$	$n=3$	$n=4$	$n=5$
…	…	…	…	…	…
16.3	116.3	251.56	408.87	591.82	804.59
16.4	116.4	251.89	409.60	593.17	806.85
16.5	116.5	252.22	410.33	594.53	809.12
16.6	116.6	252.56	411.09	595.94	811.48
16.7	116.7	252.89	411.82	597.29	813.73
…	…	…	…	…	…

方程法侧重于考察整个时期中各期发展水平的总和,这种计算方法的实质就是按平均发展速度推算各期发展水平的总和。要求其等于实际资料的各期发展水平的总和。或者说,按平均发展速度推算的各期定基发展速度的总和,应等于各期实际的定基发展速度的总和。所以,这种方法也称为"累计法"。

通常,当关心的是现象在最末一期所达到的水平时,如工农业产量和产值、人口的增长等,适宜采用几何平均法计算其平均发展速度;当关心的是现象全期各年发展水平的总和时,如固定资产投资、造林面积、毕业生人数等,则适宜采用方程法计算其平均发展速度。总体来说,几何平均法比方程法通俗易懂,在统计实践中应用更为广泛。

(二)平均增长速度

平均增长速度是指各期环比增长速度的序时平均数,说明某一现象在一个较长时期内逐期平均增减的变化程度。平均增长速度不能根据环比增长速度直接计算,用几何法计算平均增长速度只能根据增长速度与发展速度之间的关系来推算。其计算公式为

$$平均增长速度 = 平均发展速度 - 1(或100\%)$$

【例 7-21】 根据表 7-12 的资料计算某公司 2016—2021 年工业增加值的平均增长速度。

$$平均发展速度\ \bar{x} = \sqrt[5]{105\% \times 119.05\% \times 126\% \times 95.24\% \times 141.67\%} = 116.27\%$$

$$平均增长速度 = 116.27\% - 100\% = 16.27\%$$

平均增长速度比平均发展速度更能明显地说明现象的发展变化程度。当平均发展速度大于 1 时,平均增长速度为正值,说明现象在一定时期内逐期平均增长的变化程度,称为平均递增速度;反之,指标为负值,说明现象在一定时期内逐期平均下降的变化程度,称为平均递减速度。

四、计算和应用平均速度指标应注意的问题

(1) 要结合具体的研究目的,选择适当的基期,并注意计算平均速度的发展水平在整个研究时期中的同质性。如果其中各期水平存在特殊的高低变化情况,就会降低平均发展速度指标说明问题的作用。资料的同质性应从整体上考察,而不一定严格要求研究对象在整

个研究时期的发展方向始终不变,即使个别数量的变化略有偏向,仍可计算平均速度指标。

(2) 应计算分段平均速度,补充总平均速度。特别是当计算平均速度的计算期很长,而中间某些时期的发展水平具有特殊阶段性时,只计算一个总的平均速度指标不能具体反映现象的发展过程和变化情况,因此,有必要分段计算各个阶段的平均速度指标来加以补充。

(3) 平均速度应该和发展水平、环比速度、定基速度等动态分析指标结合应用,相互补充,借以全面而深入地了解现象的发展变化过程,做出完整确切的结论。

(4) 在经济分析中,应将各种有关的经济现象的平均速度指标结合起来分析。

阅读资料

2021年第四季度和全年国内生产总值(GDP)初步核算结果

根据有关基础资料和国民经济核算方法,我国2021年第四季度和全年国内生产总值(以下简称 GDP)初步核算主要结果如表 7-14 所示。

表 7-14 2021 年四季度和全年 GDP 初步核算数据

项 目	现价总量/亿元		比上年同期增长/%	
	第四季度	全年	第四季度	全年
GDP	324 237	1 143 670	4.0	8.1
第一产业	31 472	83 086	6.4	7.1
第二产业	130 650	450 904	2.5	8.2
第三产业	162 115	609 680	4.6	8.2
农林牧渔业	32 822	86 775	6.4	7.1
工业	105 223	372 575	3.8	9.6
制造业	87 556	313 797	3.1	9.8
建筑业	26 013	80 138	-2.1	2.1
批发和零售业	31 280	110 493	5.9	11.3
交通运输、仓储和邮政业	12 375	47 061	4.0	12.1
住宿和餐饮业	5 428	17 853	4.7	14.5
金融业	22 573	91 206	5.5	4.8
房地产业	19 734	77 561	-2.9	5.2
信息传输、软件和信息技术服务业	11 049	43 956	11.5	17.2
租赁和商务服务业	10 570	35 350	5.6	6.2
其他行业	47 172	180 701	5.0	6.3

注:(1) 总量按现价计算,增速按不变价计算。
(2) 三次产业分类依据国家统计局 2018 年修订的《三次产业划分规定》。
(3) 行业分类采用《国民经济行业分类(GB/T 4754—2017)》。
(4) 本表 GDP 总量数据中,有的不等于各产业(行业)之和,是由于数值修约误差所致,未作机械调整。

2016—2021 年 GDP 同比增长速度和环比增长速度如表 7-15 和表 7-16 所示。

表 7-15　GDP 同比增长速度　　　　　　　　　　　　　　　　　单位：%

年　份	第一季度	第二季度	第三季度	第四季度
2016 年	6.9	6.8	6.8	6.9
2017 年	7.0	7.0	6.9	6.8
2018 年	6.9	6.9	6.7	6.5
2019 年	6.3	6.0	5.9	5.8
2020 年	−6.9	3.1	4.8	6.4
2021 年	18.3	7.9	4.9	4.0

注：同比增长速度为与上年同期对比的增长速度。

表 7-16　GDP 环比增长速度　　　　　　　　　　　　　　　　　单位：%

年　份	第一季度	第二季度	第三季度	第四季度
2016 年	1.4	1.9	1.7	1.6
2017 年	1.7	1.7	1.6	1.6
2018 年	1.8	1.6	1.4	1.5
2019 年	1.6	1.2	1.4	1.3
2020 年	−10.5	11.6	3.4	2.6
2021 年	0.3	1.3	0.7	1.6

注：环比增长速度为经季节调整后与上一季度对比的增长速度。
资料来源：国家统计局。

任务四　动态数列的趋势分析与预测

在运用统计学知识对社会经济现象进行动态分析时，不仅要编制动态数列、计算各种动态分析指标，而且要进一步揭示现象的长期趋势和季节变动的规律。

2021 上半年
河北省经济稳定
恢复稳中向好

一、长期趋势变动的测定

长期趋势就是社会经济现象在较长时期内发展变化的基本趋势。测定长期趋势的变动，必须对已掌握的较长时期内完整的动态数列资料的变化情况和特点进行分析，选择相应的统计分析方法，对动态数列进行加工、修习，消除现象在长期发展变化中所受到的偶然或短期因素的影响，从而揭示现象发展变化的基本趋势，为编制计划、指导生产、加强管理和预测决策提供依据。

测定长期趋势的方法主要有时距扩大法、移动平均法和直线趋势分析法。在实践中，常常把趋势分析与统计预测结合起来，以便掌握社会经济现象的发展规律。

（一）时距扩大法

时距扩大法就是将原来时距间隔较小的动态数列加工整理为间隔较大的动态数列，

以便消除因间隔较小而受偶然因素影响所引起的波动,显现出现象变动的总趋势的方法。

【例7-22】 某企业2021年各月的工业增加值资料如表7-17所示。

表7-17　某企业2021年各月工业增加值资料　　　　单位:万元

月　　份	1月	2月	3月	4月	5月	6月	7月	8月	9月	10月	11月	12月
增加值	40.5	35.0	42.1	40.6	46.0	48.4	46.3	48.8	49.2	51.7	50.2	54.4

要求:分析该企业的工业增加值趋势。

从表7-17可以看出,各月的产值由于受多种因素的影响,发展并不均匀,增长趋势不够明显。为此,将间隔扩大为季度,改编为如表7-18所示的数列,这样就能明显地反映其生产增长的总趋势。

表7-18　某企业2021年各季度工业增加值资料　　　　单位:万元

季　　度	第一季度	第二季度	第三季度	第四季度
增加值	117.6	135.0	144.3	156.3
平均月增加值	39.2	45.0	48.1	52.1

时距扩大法只适用于时期数列,其时间间隔的扩大程度要适当。间隔时期太短,不能剔除偶然因素的影响;间隔时期过长,又会掩盖现象在不同时期发展变化的差异。总的来说,间隔时期扩大到何等程度,要根据原来数列中的起伏程度及分析的具体任务而定,要以能显示客观现象的发展总趋势为准。

(二) 移动平均法

移动平均法就是从动态数列的第一项开始,按一定项数顺次计算动态平均数,分段平均,逐项移动,从而形成一系列由平均数构成的新动态数列,然后采用"移动平均的方法"把一段一段内的指标差异抽象化,消除偶然因素的影响,反映现象的基本变动趋势。这里所说的项数(n)是指计算移动平均数时所取指标数值的个数。一般情况下,移动平均的项数越多,所得出的新数列的项数就越少,修匀的作用越大;移动平均的项数越少,所得出的新的数列的项数越多,修匀的作用越小。当然,项数太多也不利于显现其规律。

运用移动平均法的关键是确定移动平均的项数,一般而言,如果数列中存在自然周期,就以该周期数作为移动平均的项数。例如,在按季度排列的资料中,以4项移动平均;在按月份排列的资料中,以12项移动平均;在没有自然周期的动态数列中,一般使用奇数项较为简便,这样计算新的动态平均数能与原动态数列的数值顺序相对应,计算比较方便。如果采用偶数项移动平均,则中点在中间两列数值之间,还需要再做一次两项移动平均的调整。

【例7-23】 某企业2021年1—12月某种产品的销售量如表7-19所示,用移动平均法分析该企业产品产量变动趋势。

表 7-19　某企业 2021 年 1—12 月某种产品的销售量

月　份	产品销售量/吨	5 项移动平均	移动后的逐期增长量
1 月	234	—	—
2 月	219	—	—
3 月	226	224.8	—
4 月	214	226.6	1.8
5 月	231	234.2	7.6
6 月	243	235.4	1.2
7 月	257	240.2	4.8
8 月	232	244.4	4.2
9 月	238	246.6	2.2
10 月	252	246.8	0.2
11 月	254	—	—
12 月	258	—	—

根据表 7-19 中的时期数列资料，选择移动项数为 5，即取 5 项指标数值移动平均，对原来的数列进行修匀。以 $(234+219+226+214+231)\div 5=224.8$（吨）作为中间月 3 月的修匀值，以 $(219+226+214+231+243)\div 5=226.6$（吨）作为中间月 4 月的修匀值，其余类推，分别算出相应的移动平均数，由这一系列的移动平均数（即这组新的动态数列）可以较明显地反映出该企业销售量呈逐月增长的趋势。

（三）直线趋势分析法

直线趋势分析法也称直线模型法或最小平方法，是根据动态数列所揭示的直线变动趋势，建立直线模型进行趋势分析与预测的方法。如果动态数列的各个指标数值在一定时期内呈现持续上升或下降趋势，且各项数值的逐期增减量相对稳定，那么可配以直线趋势方程来反映其变动趋势，并且进行预测。直线趋势方程为

$$y_c = a + bt$$

式中，y_c 为趋势线上的趋势值或预测值；t 为动态数列的时间单位（一般用序号表示）；a、b 为待定参数，分别表示直线的截距和斜率。利用直线趋势方程 $y_c=a+bt$ 进行预测首先要求出参数 a 和 b（计算 a 和 b 最常用的方法是最小平方法，推导过程省略）。

$$b = \frac{n\sum ty - \sum t \sum y}{n\sum t^2 - \left(\sum t\right)^2}$$

$$a = \frac{\sum y}{n} - b\frac{\sum t}{n}$$

将求得的两个参数代入其中，即可得到直线趋势方程。利用直线趋势方程，不仅可以认识和分析现象的发展变化动态，还可以进行预测。

【例 7-24】　某企业 2015—2021 年某种产品产量如表 7-20 所示，试求动态数列的直线

趋势方程,并预测2022年和2023年该产品产量。

表7-20　某企业2015—2021年某种产品产量　　　　　　　　　单位:万吨

年　份	产量 y	逐期增长量	年度顺序 t	ty	t^2	趋势值 y_c
2015年	21	—	1	21	1	20.142 9
2016年	23	2	2	46	4	23.142 9
2017年	26	3	3	78	9	26.142 9
2018年	28	2	4	112	16	29.142 9
2019年	32	4	5	160	25	32.142 9
2020年	35	3	6	210	36	35.142 9
2021年	39	4	7	273	49	38.142 9
合　计	204	—	28	900	140	204.000 3

这种产品产量的逐期增长量在各年份大致相等,因此可以用直线趋势法进行分析,根据直线模型先求得参数 a 和 b 的值。

$$\sum ty = 900$$
$$\sum t = 28$$
$$\sum y = 204$$
$$\sum t^2 = 140$$
$$n = 7$$
$$b = \frac{n\sum ty - \sum t \sum y}{n\sum t^2 - (\sum t)^2} = \frac{7 \times 900 - 28 \times 204}{7 \times 140 - 28^2} = 3$$
$$a = \frac{\sum y}{n} - b\frac{\sum t}{n} = \frac{204}{7} - 3 \times \frac{28}{7} = 17.142\ 9$$

因此,产品产量的直线趋势方程为

$$y_c = 17.142\ 9 + 3t$$

直线趋势方程反映了产品产量的发展方向和速度,3相当于斜率,代表产量年平均增长量,还可以将 t 的值依次代入方程计算出各期的趋势值(表7-20中的最后一列)。根据直线趋势方程可以预测判断将来的产量。

预测2022年产量:$t=8$,预测值为 $17.142\ 9 + 3 \times 8 = 41.142\ 9$(万吨);

预测2023年产量:$t=9$,预测值为 $17.142\ 9 + 3 \times 9 = 44.142\ 9$(万吨)。

为简化计算,可以设法使 $\sum t = 0$。当数列有奇数项时,以时间顺序号的中间项为原点0,其上下两方分别以 $-1, -2, -3, \cdots$ 和 $1, 2, 3, \cdots$ 表示,这样可以使 $\sum t = 0$;当数列有偶数项时,可以半期为一个单位,即中间两项时间序号用 -1 和 1 表示,其上下两方分别以

$-3,-5,\cdots$ 和 $3,5,\cdots$ 表示,仍然可使 $\sum t=0$,从而简化计算。

当 $\sum t=0$,参数 a、b 的公式可简化为

$$b=\frac{\sum ty}{\sum t^2}$$

$$a=\frac{\sum y}{n}$$

【例 7-25】 仍用例 7-22 的资料,若 t 取值如表 7-21 所示,试求动态数列的直线趋势方程,并预测 2022 年和 2023 年该产品产量。

表 7-21 最小平方法简捷法计算表　　　　　　　　　　　单位:万吨

年　份	产量 y	逐期增长量	年度顺序 t	ty	t^2	趋势值 y_c
2015 年	21	—	−3	−63	9	20.142 9
2016 年	23	2	−2	−46	4	23.142 9
2017 年	26	3	−1	−26	1	26.142 9
2018 年	28	2	0	0	0	29.142 9
2019 年	32	4	1	32	1	32.142 9
2020 年	35	3	2	70	4	35.142 9
2021 年	39	4	3	117	9	38.142 9
合　计	204	—	0	84	28	204.000 3

以 2018 年为原点 0,采用最小平方法的计算过程如下。

$$\sum ty=84$$

$$\sum t^2=28$$

$$\sum y=204$$

$$n=7$$

$$b=\frac{\sum ty}{\sum t^2}=\frac{84}{28}=3$$

$$a=\frac{\sum y}{n}=\frac{204}{7}=29.142\ 9$$

因此,产量的直线趋势方程为

$$y_c=29.142\ 9+3t$$

预测 2022 年产量:$t=4$,预测值为 $29.142\ 9+3\times 4=41.142\ 9$(万吨);

预测 2023 年产量:$t=5$,预测值为 $29.142\ 9+3\times 5=44.142\ 9$(万吨)。

由此可见,用简捷法计算的各年趋势值和用一般方法计算的各年趋势值完全相同。

二、季节变动分析与预测

季节变动是客观现象受自然因素和社会条件、人们的消费习惯等因素的影响,在一年或

更短的时间内形成的一种有规律的周期性变动。测定季节变动的方法很多,其中常用的有两类:一类是不考察长期趋势的影响,采用按月(或按季)平均法;另一类则是考虑长期趋势的影响,先采用一定方法剔除长期趋势的影响再测定季节变动,所以也称为移动平均趋势剔除法。

(一) 按月(季)平均法

按月(季)平均法也称平均比率法。当数列没有明显的趋势变动,只包含季节变动和不规则变动所产生的影响时,可直接对各月(季)的数值进行平均求季节指数,并以此预测。

首先,整理被研究现象若干年的月度资料或季度资料,编制成平行的动态数列,在此基础上,先要计算各年同期的平均数(如果是月度资料,计算各年同一月份的平均数;如果是季度资料,则计算各年同一季度的平均数)。其次,计算各年总的月(季)平均数。最后,将各年同月(季)的平均数与总的月(季)平均数对比,即得各月(季)的季节比率或季节指数,它是反映季节变动的相对指标。

总结以上过程,可以得出季节比率的计算公式。

$$季节比率 = \frac{各年同月(季)的平均水平}{各年总的月(季)平均水平} \times 100\%$$

无论采用何种测定方法,一般要用三年或者更多年份的统计资料,才能消除偶然因素的影响,反映季节变动的规律性。

【例 7-26】 某商场连续三年某夏季商品各月销售量如表 7-22 所示,试分析该商品的季节销售情况,若计划第四年全年的销售量为 410 台,试预测第四年各月的销售量。

表 7-22　某商场三年某夏季商品各月销售量　　　　　　　　　　单位:台

月　份		1月	2月	3月	4月	5月	6月	7月	8月	9月	10月	11月	12月
年份	第一年	5	4	10	22	40	108	94	85	62	20	6	5
	第二年	4	5	11	23	51	110	96	80	57	15	4	4
	第三年	3	4	9	18	35	100	92	81	58	16	3	3
合　计		12	13	30	63	126	318	282	246	177	51	13	12

(1) 根据表 7-22 中的数据绘制曲线图(见图 7-1),由此可以确定该商品销售量受季节变化的影响较大,受增长或下降趋势的变化影响较小,可以采用按月(季)平均法进行预测。

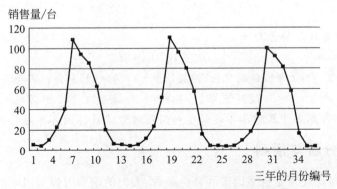

图 7-1　某商场连续三年某夏季商品各月销售量

(2) 计算三年同月销售量的平均数,如1月平均销售量=(5+4+3)÷3=4。余月类推,如表7-23第(4)列所示。

表 7-23　各月季节变动计算表　　　　　　　　　　　　　　　　　单位:台

月　份 甲	第一年 (1)	第二年 (2)	第三年 (3)	三年平均 销售量 (4)	季节比率/% (5)=(4)÷37.31	调整后 比率/% (6)	第四年 预测值 (7)
1月	5	4	3	4	10.72	10.72	3.66
2月	4	5	4	4.33	11.61	11.61	3.97
3月	10	11	9	10	26.8	26.8	9.15
4月	22	23	18	21	56.29	56.3	19.23
5月	40	51	35	42	112.57	112.59	38.47
6月	108	110	100	106	284.11	284.15	97.09
7月	94	96	92	94	251.94	251.97	86.09
8月	85	80	81	82	219.78	219.81	75.10
9月	62	57	58	59	158.13	158.15	54.04
10月	20	15	16	17	45.56	45.57	15.57
11月	6	4	3	4.33	11.61	11.61	3.97
12月	5	4	3	4	10.72	10.72	3.66
合　计	461	460	422	447.66	1 199.84	1 200	410
月平均数	38.42	38.33	35.17	37.31	99.99	100	34.17

(3) 计算三年全部月份销售量的总平均数。用各年12个月的平均数之和求其总平均数,即总平均数=(38.42+38.33+35.17)÷3=37.31,或用三年同月平均销售量的合计除以12,即447.66÷12=37.31。

(4) 计算三年各月季节比率。将各月平均数与总平均数进行对比,求得各月对应的季节比率。如1月季节比率=4÷37.31=10.72%,余月类推,如表7-23第(5)列所示。

上述各步骤的计算结果如表7-23所示,计算结果表明该商品具有很强的季节性:5、6、7、8、9五个月的季节比率都高于100%,表明这几个月是旺季,特别是6月,是旺季的高峰;小于100%的月份则为淡季。因此,根据该商品的销售情况,商场可组织好进货,合理安排库存,保证销售正常进行。

(5) 计算调整系数。季节比率是围绕100%上下波动的,按12个月计算出来的季节比率之和应为1 200%。季节比率计算出来以后,必须检查各月季节比率之和是否等于1 200%(若为各季度季节比率,其和应等于400%)。如果各比率之和不等于1 200%,这是由于计算时四舍五入而形成的误差,这时需要计算调整系数,具体可对尾数进行调整,使其等于1 200%。

$$调整系数 = \frac{理论季节比率之和}{实际季节比率之和}$$

调整系数＝1 200÷1 199.84＝1.000 13

（6）调整季节比率。调整后的月（季）季节比率＝调整前的月（季）季节比率×调整系数，如1月调整后的季节比率＝10.72×1.000 13＝10.721 4。余月类推，结果如表7-23第（6）列所示。

（7）利用季节比率预测2022年各月的销售量。其计算方式为

$$某年某月（季）预测值＝\frac{年度预测值}{12(4)}×某月（季）的季节比率$$

预测2022年1月的销售量为 $\frac{410}{12}×10.72\%＝3.66（台）$

其余类推，计算结果如表7-23所示。

在实际工作中，有时候没有下一年度全年的预测值，而要预测下一年各月（季）的预测值，因上一年与下一年关系密切，所以不考虑已知年份各月的总平均数，只采用上一年各月的平均数。其计算公式为

$$某年某月（季）的预测值＝上年的月（季）平均数×某月（季）季节比率$$

例如，预测2022年1月的销售量＝35.17×10.72%＝3.77（台）。

按月（季）平均法只适用于无趋势变动的季节变动的分析和测定，它以动态数列的平均数为基础，即以各年同月平均值和全部数据平均为基础，通过季节指数对现象的变动进行分析和测定。

（二）移动平均趋势剔除法

移动平均趋势剔除法是在现象具有明显长期趋势的情况下测定季节变动的一种基本方法。它是按移动平均法来剔除长期趋势的影响，再计算季节变动的方法。如果动态数列中的指标数值在有规律性季节变化的同时，还有明显的长期趋势，那么在测定季节变动时便可采用趋势剔除法。下面结合例题说明此方法的计算步骤及应用。

【例7-27】 某企业某商品2018—2021年的销售量如表7-24所示，试采用移动平均趋势剔除法计算其季节指数。

表7-24 某企业某商品2018—2021年的销售量　　　　　　　单位：万件

年 份	第一季度	第二季度	第三季度	第四季度	合 计
2018年	10	12	16	8	46
2019年	12	16	20	14	62
2020年	16	20	24	16	76
2021年	18	22	28	20	88

（1）绘制动态数列曲线图。根据表7-24绘制某企业某商品2018—2021年的销售量曲线图（见图7-2）。该商品的销售量变化既有明显的季节变动，又包含长期趋势的变动，而且季节变动的幅度随着趋势增加而加大，因此，在计算季节比率时应把长期趋势剔除后才能计算，故可采用移动平均趋势剔除法进行变动分析和测定。

（2）测定长期趋势。对动态数列进行四项移动平均（动态数列是以4个季度为周期的）消除其他因素的影响，呈现长期趋势。如表7-24第四列所示，由于采用4项移动，其平均值对正两季中间，无法直接对比，所以应再进行一次2项移动平均，就可得出对准各季的平均

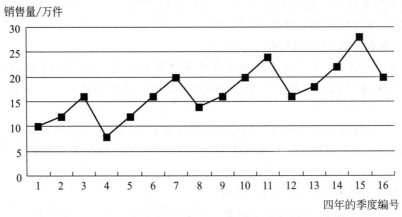

图 7-2 某企业某商品 2018—2021 年的销售量曲线图

值,如表 7-25 所示第五列的趋势值 y_c。

(3) 剔除长期趋势。用原数列中的实际值 y 除以移动平均数 y_c,计算出剔除趋势值(用百分数表示,也称移动比率):$16 \div 11.75 = 136.17\%$(表 7-25 中第四行),其余类推,如表 7-25 第六列所示。

表 7-25　趋势剔除法计算表　　　　　　　　　　单位:万件

年　份	季度	销售量 y	4 项移动平均	修正移动平均 y_c	剔除趋势值/% y/y_c
2018 年	1	10	—	—	—
	2	12	11.5	—	—
	3	16	12.00	11.75	136.17
	4	8	13.00	12.50	64.00
2019 年	1	12	14.00	13.50	88.89
	2	16	15.50	14.75	108.47
	3	20	16.50	16.00	125.00
	4	14	17.50	17.00	82.35
2020 年	1	16	18.50	18.00	88.89
	2	20	19.00	18.75	106.67
	3	24	19.50	19.25	124.68
	4	16	20.00	19.75	81.01
2021 年	1	18	21.00	20.50	87.80
	2	22	22.00	21.50	102.33
	3	28	—	—	—
	4	20	—	—	—

(4) 计算季节比率。将表 7-25 第六列资料重新排列,计算不同年的同季比率的平均数。例如,第一季度比率的平均数为 (88.89%+88.89%+87.8%)÷3=88.53%,即调整前的季节比率,如表 7-26 第二列所示。

(5) 计算调整系数。1 至 4 季度的季节比率之和应该是 400%(如果是按月度资料计算,则 12 个月的季节比率之和应等于 1 200%),否则就要加以修正。调整系数的计算公式为

$$调整系数 = 400\%(1\ 200\%) \div 调整前各季(月)季节比率之和$$

在本例题中,由于调整前季节比率之和为 398.76%,因此需要进行调整。

$$调整系数 = 400 \div 398.76 = 1.003\ 1$$

(6) 调整各季的季节比率,计算公式为

$$调整后的季节比率 = 调整前各季(月)季节比率 \times 调整系数$$

用调整的系数 1.003 1 分别去乘各季比率的平均数,即得表 7-26 中的调整后的季节比率。例如,第一季度调整后的季节比率为 88.53%×1.003 1=88.80%,其余季度以此类推。

表 7-26 各季的平均季节比率计算表　　　　　　　　　　　　单位:%

年　份	第一季度	第二季度	第三季度	第四季度	合计
2018 年	—	—	136.17	64.00	200.17
2019 年	88.89	108.47	125.00	82.35	404.71
2020 年	88.89	106.67	124.68	81.01	401.25
2021 年	87.80	102.33	—	—	190.13
同季度合计	265.58	317.47	385.85	227.36	1 196.26
调整前的季节比率	88.53	105.82	128.62	75.79	398.76
调整后的季节比率	88.80	106.15	129.02	76.03	400

(7) 运用季节比率进行预测,计算公式为

$$某年某月(季)预测值 = \frac{年度预测值}{12(4)} \times 某月(季)的季节比率$$

如果需要运用季节比率进行预测,其方法同例 7-25。

在实际工作中,季节变动分析已被广泛应用。凡在短期内,现象按周期性规律变动,都可称为季节变动。例如,一周内哪天公园的游客最多,商店的顾客哪天最多,哪个时段的客流最大;一天内哪个时间段交通最拥堵,等等,都可用这类方法测定。

 参考案例

珍珠泉啤酒销售预测

为了正确制订第六年的生产经营计划,组织好原材料和包装物的采购供应,做好生产设备检修、销售网点增设等一系列工作,特对第六年啤酒销售进行趋势预测。珍珠泉啤酒厂近五年分品种销售量如表 7-27 所示,珍珠泉销售量发展趋势如表 7-28 所示。

表 7-27　珍珠泉啤酒厂近五年分品种销售量　　　　　　　　单位:吨

年　份	瓶装啤酒	散装啤酒	散装扎啤	合计
1	84	92	12	188
2	180	150	16	346
3	293	205	20	518
4	409	236	40	685
5	517	584	55	856

表 7-28　珍珠泉啤酒厂销售量发展趋势　　　　　　　　单位:吨

年　份	1	2	3	4	5
啤酒销售量	188	346	518	685	856
逐期增长量	—	158	172	167	171

从表 7-28 可以看出啤酒销售量的逐期增长量大体相同,属于直线发展趋势,可配合直线趋势方程进行趋势预测,如表 7-29 所示。

表 7-29　珍珠泉啤酒厂销售量整理表

年　份	时间代码 t	啤酒销售量/吨 y	t^2	ty
1	-2	188	4	-376
2	-1	346	1	-346
3	0	518	0	0
4	1	685	1	685
5	2	856	4	1 712
合计	—	2 593	10	1 675

设直线趋势方程为 $y_c = a + bt$,则有

$$b = \frac{\sum ty}{\sum t^2} = \frac{1\ 675}{10} = 167.5$$

$$a = \frac{\sum y}{n} = \frac{2\ 593}{5} = 518.6$$

$$y_c = 518.6 + 167.5t$$

第六年销售量预测:$t=3$,预测值为

$$y_c = 518.6 + 167.5 \times 3 = 1\ 021.1(吨)$$

因此,珍珠泉啤酒厂第六年啤酒销售量的预测值为 1 021.1 吨。

2022 年中国汽车零部件行业市场规模预测分析

同步练习与技能实训

【基本概念】

动态数列　　　绝对数动态数列　　　相对数动态数列　　　平均数动态数列
时期数列　　　时点数列　　　　　发展水平　　　　　　平均发展水平
平均增长量　　发展速度　　　　　平均发展速度　　　　最小平方法
季节比率　　　定基发展速度　　　环比发展速度　　　　年距发展速度
增长速度　　　定基增长速度　　　环比增长速度　　　　平均增长速度

【基本训练】

一、单项选择题

1. 构成时间数列的两个基本要素是（　　）。
   A. 主词和宾词　　　　　　　　　B. 变量与频数
   C. 现象所属时间及指标　　　　　D. 现象所属时间和次数

2. 时期数列的每一项指标数值（　　）。
   A. 无须连续统计　　　　　　　　B. 不能相加
   C. 与时期长短无直接关系　　　　D. 可以相加

3. 计算序时平均数时，"首末折半法"适用于（　　）。
   A. 时期数列资料　　　　　　　　B. 相对数动态数列资料
   C. 间隔相等的间断时点数列资料　D. 间隔不等的时点数列资料

4. 说明现象在较长时期内发展总速度的是（　　）。
   A. 环比发展速度　　　　　　　　B. 平均发展速度
   C. 定基发展速度　　　　　　　　D. 定期发展速度

5. 已知某企业9、10、11、12月的平均职工人数分别为180、200、190、195人，则该企业第四季度平均职工人数的计算方法为（　　）。
   A. $(200+190+195) \div 3$
   B. $(180+200+190+195) \div 4$
   C. $\left(\dfrac{180}{2} + 200 + 190 + \dfrac{195}{2}\right) \div 3$
   D. $\dfrac{180+200}{2} + \dfrac{200+190}{2} + \dfrac{190+195}{2}$

6. 已知环比增长速度分别为6.12％、7.25％、5.80％、8.92％，则最后一期的定基增长速度为（　　）。
   A. $6.12\% \times 7.25\% \times 5.80\% \times 8.92\%$
   B. $6.12\% + 7.25\% + 5.80\% + 8.92\%$
   C. $(106.12\% \times 107.25\% \times 105.80\% \times 108.92\%) - 100\%$
   D. $(106.12\% + 107.25\% + 105.80\% + 108.92\%) - 100\%$

7. 增长1％的绝对量是（　　）。
   A. 本期水平除以100　　　　　　B. 累计增长量除以100

C. 逐期增长量除以 100   D. 上期水平除以 100

8. 假定某地区 2015 年的 GDP 比 1990 年增长了 19.25 倍,那么 1990—2015 年的平均增长速度为（　　）。

  A. $\sqrt[25]{19.25}-1$ B. $\sqrt[25]{20.25}-1$

  C. $\sqrt[26]{19.25}-1$ D. $\sqrt[26]{20.25}-1$

9. 某企业生产某种产品,其产量每年增加 5 万吨,则该产量的环比增长速度是（　　）。

  A. 年年下降   B. 年年增长   C. 保持不变   D. 无法确定

10. 某产品单位成本 2021 年比 2020 年下降 5%,2020 年比 2019 年下降 8%,则 2021 年比 2019 年下降（　　）。

  A. 5%×8%   B. 1−(95%×92%)

  C. (95%+92%)−1   D. 5%+8%

二、多项选择题

1. 下列数列中,属于时期数列的有（　　）。

  A. 我国近几年的耕地总面积   B. 我国历年新增人口数

  C. 近几年社会商品零售总额   D. 我国历年图书出版量

  E. 某地区国有企业历年资金利用率

2. 将不同时间的发展水平加以平均而得到的平均数称为（　　）。

  A. 平均发展水平   B. 序时平均数

  C. 一般平均数   D. 静态平均数

  E. 动态平均数

3. 下列动态数列中,各项指标数值不能相加的有（　　）。

  A. 绝对数动态数列   B. 相对数动态数列

  C. 平均数动态数列   D. 时期数列

  E. 时点数列

4. 测定长期趋势的主要方法有（　　）。

  A. 时距扩大法   B. 几何平均法   C. 移动平均法

  D. 最小平方法   E. 动态平均法

5. 定基增长速度可通过（　　）求得。

  A. 定基发展速度−1   B. 环比增长速度连乘积−1

  C. 环比发展速度连乘积−1   D. 累计增长量除以固定基期水平

  E. 逐期增长量除以前期水平

三、判断题

1. 动态平均数和静态平均数一样,都是平均指标。   （　　）
2. 某学校历年来的招生人数数列是一个时点数列。   （　　）
3. 平均增长速度可以由各期增长速度求序时平均而得。   （　　）
4. 时距扩大法和移动平均法的基本原理是一样的。   （　　）
5. 逐期增长量等于两个相邻的累计增长量之差。   （　　）
6. 对同一资料用水平法和方程式法计算的平均发展速度是相等的。   （　　）

四、简答题

1. 什么是动态数列？它有什么作用？
2. 动态数列分为几类？时期数列和时点数列有何区别？
3. 什么是序时平均数？与一般平均数有何相同和不同点？
4. 什么是增长量？有哪几种？它们之间有什么关系？
5. 什么是发展速度？有哪几种？它们之间有什么关系？
6. 影响动态数列变动的因素有哪些？

五、计算分析题

1. 某企业6月1日至10日每天职工人数为120人，6月11日至21日每天职工人数为160人，6月22日至30日每天职工人数为100人。

   要求：计算该企业6月平均职工人数。

2. 某公司上半年职工人数资料如表7-30所示，试计算该公司一季度、二季度和上半年的平均职工人数。

表7-30　某公司上半年职工人数资料

月　份	1月	2月	3月	4月	5月	6月	7月
月初职工人数/人	3 000	2 800	2 500	3 200	3 500	4 000	3 800

3. 某企业某年钢材库存量如表7-31所示，试计算该企业全年的平均钢材库存量。

表7-31　某企业某年钢材库存量

时　间	1月1日	3月1日	7月1日	10月1日	12月31日
钢材库存量/吨	220	240	180	160	200

4. 某企业职工和产值资料如表7-32所示。

表7-32　某企业职工和产值资料

月　份	3月	4月	5月	6月
月末工人/人	2 000	2 000	2 200	2 200
总产值/万元	2 000	2 200	2 400	2 600

要求：

(1) 计算二季度平均月劳动生产率。

(2) 计算二季度劳动生产率。

5. 根据表7-33中各年动态指标的相互关系，确定并填写表中的空缺数值。

表7-33　各年动态指标的相互关系

年　份	利润/万元	与上年比较			
		逐期增长量/万元	环比发展速度/%	环比增长速度/%	增长1%的绝对量/万元
2018年	120	—	—	—	—

续表

年 份	利润/万元	与上年比较			
		逐期增长量/万元	环比发展速度/%	环比增长速度/%	增长1%的绝对量/万元
2019年		8			
2020年			108		
2021年				6	

6. 某地区2005年人口数为10.1千万，2010年人口数为11.3千万，试问在这期间该地区人口平均增长率为多少？如果按该人口平均增长率的速度发展，则在2020年该地区人口数将达到多少？

7. 某地区历年粮食产量如表7-34所示。

表7-34 某地区历年粮食产量

年 份	2017年	2018年	2019年	2020年	2021年
粮食产量/万斤	134	435	415	672	1 028

要求：

(1) 列表计算逐期增长量、累积增长量、平均增长量。

(2) 计算环比发展速度和定基发展速度。

(3) 计算定基增长速度和环比增长速度。

(4) 计算平均发展速度和平均增长速度。

8. 某水泥厂2016年的水泥产量为100万吨，2017年与2016年相比增长率为8%，2018年与2017年相比增长率为15%，2020年与2018年相比增长率为19%。

要求：

(1) 各年的年平均增长率。

(2) 求2020年的水泥产量。

9. 某企业2016年至2021年某种产品产量资料如表7-35所示。

表7-35 某企业2016年至2021年某种产品产量

年 份	2016年	2017年	2018年	2019年	2020年	2021年
产量/千台	68	71	75	79	84	88

要求：

(1) 用最小平方方法求出直线趋势方程。

(2) 预测2022年该产品的产量。

10. 某商场连续四年某夏季商品各月销售量如表7-36所示，试分析该商品的季节销售情况，并预测第五年各月商品销售量。

表 7-36　某商场四年某夏季商品各月销售量　　　　　　　　　　　　单位：千克

年　份	月份											
	1月	2月	3月	4月	5月	6月	7月	8月	9月	10月	11月	12月
第一年	10	19	20	24	32	42	41	88	30	22	16	8
第二年	9	15	24	24	36	45	48	82	28	19	17	13
第三年	12	12	20	18	36	46	57	88	26	22	17	16
第四年	9	10	36	14	32	43	30	86	28	21	18	15
合　计	40	56	100	80	136	176	176	344	112	84	68	52

提示：某年某月（季）的预测值＝上年的月（季）平均数×某月（季）季节比率。

11. 某企业某商品 2017—2021 年分季商品销售量资料如表 7-37 所示。

表 7-37　某企业某商品 2017—2021 年的商品销售量　　　　　　　　单位：万件

年　份	第一季度	第二季度	第三季度	第四季度	合计
2017 年	10	30	48	16	104
2018 年	12	34	50	18	114
2019 年	13	35	52	19	119
2020 年	14	38	55	20	127
2021 年	15	40	58	22	135

要求：

（1）采用移动平均法测定长期趋势。

（2）采用趋势剔除法计算季节比率。

【实训任务】

历年来我国进出口业务额明细如表 7-38 所示。

表 7-38　2014—2021 我国进出口业务额　　　　　　　　　　　　　　单位：亿元

年　份	进出口总额	出口总额	进口总额
2014 年	179 921.47	100 394.94	79 526.53
2015 年	150 648.06	82 029.69	68 618.37
2016 年	201 722.15	107 022.84	94 699.30
2017 年	236 401.95	123 240.56	113 161.39
2018 年	244 160.20	129 359.30	114 801.00
2019 年	258 168.90	137 131.40	121 037.50
2020 年	264 241.77	143 883.75	120 358.03
2021 年	245 502.93	141 166.83	104 336.10

资料来源：国家统计局网站。

要求：

(1) 计算各类现象发展的速度指标(发展速度、增长速度、平均发展速度、平均增长速度)与发展的水平指标(增长量、序时平均数)。

(2) 结合该实训资料用最小平方法测定进口额、出口额和进出口总额的发展趋势。

(3) 请同学们进行分组讨论，分别对我国进口额、出口额和进出口总额发展情况进行综合评价。

项目八

统计指数

知识目标

(1) 了解指数的概念、性质、种类和作用；
(2) 熟悉编制综合指数、平均指数的方法；
(3) 掌握指数因素分析法。

技能目标

(1) 会正确选择同度量因素,编制综合指数；
(2) 会根据条件正确选择权数编制平均指数；
(3) 会计算指数体系并进行总量指标因素分析。

案例导入

2021年2月居民消费价格同比下降0.2%

2021年2月,全国居民消费价格同比下降0.2%。其中,城市下降0.2%,农村下降0.1%；食品价格下降0.2%,非食品价格下降0.2%；消费品价格下降0.3%,服务价格下降0.1%。1—2月,全国居民消费价格平均比去年同期下降0.3%。

2月,全国居民消费价格环比上涨0.6%。其中,城市上涨0.6%,农村上涨0.4%；食品价格上涨1.6%,非食品价格上涨0.4%；消费品价格上涨0.7%,服务价格上涨0.4%。

2月,食品烟酒类价格同比上涨0.3%,影响CPI(居民消费价格指数)上涨约0.09个百分点。其他七大类价格两涨五降。其中,教育文化娱乐、医疗保健价格分别上涨0.6%和0.3%；交通通信、其他用品及服务价格分别下降1.9%和0.8%,衣着、居住、生活用品及服务价格分别下降0.5%、0.3%和0.2%。

2月,食品烟酒类价格环比上涨1.2%,影响CPI上涨约0.36个百分点。其他七大类价格环比四涨一平两降。其中,交通通信、教育文化娱乐价格分别上涨1.1%和0.8%,居住、生活用品及服务价格均上涨 0.1%；医疗保健价格持平；衣着、其他用品及服务价格分别下降 0.5% 和 0.3%，详情如表 8-1 所示。

表 8-1 2021 年 2 月居民消费价格主要数据

项　目	环比涨跌幅/%	同比涨跌幅/%	1—2 月同比涨跌/%
居民消费价格	0.6	−0.2	−0.3
其中：城市	0.6	−0.2	−0.3
农村	0.4	−0.1	−0.1
其中：食品	1.6	−0.2	0.7
非食品	0.4	−0.2	−0.5
其中：消费品	0.7	−0.3	−0.2
服务	0.4	−0.1	−0.4
其中：不包括食品和能源	0.2	0	−0.1
按类别分			
一、食品烟酒	1.2	0.3	0.9
粮食	0.3	1.4	1.5
食用油	0.5	6.2	6.1
鲜菜	1.8	3.3	6.9
畜肉类	−1	−7.3	−4
其中：猪肉	−3.1	−14.9	−9.6
牛肉	2	3.5	3.8
羊肉	2.2	7.5	7.1
水产品	8.7	5.9	3.1
蛋类	−3.8	3	2.1
奶类	−0.2	1.2	1.4
鲜果	6.1	3.1	2.2
卷烟	0.1	0.8	0.8
酒类	−0.3	1.1	1.5
二、衣着	−0.5	−0.5	−0.3
服装	−0.5	−0.4	−0.3
鞋类	−0.2	−0.8	−0.7
三、居住	0.1	−0.3	−0.3
租赁房房租	0.2	−0.3	−0.5

续表

项　　目	环比涨跌幅/%	同比涨跌幅/%	1—2月同比涨跌/%
水电燃料	0.1	−0.1	−0.2
四、生活用品及服务	0.1	−0.2	−0.1
家用器具	0.2	−0.5	−0.7
家庭服务	1.7	3.9	2.4
五、交通通信	1.1	−1.9	−3.3
交通工具	0.1	−2	−2
交通工具用燃料	3.3	−5.2	−9.4
交通工具使用和维修	1.5	2.7	1.2
通信工具	0.2	5	4.6
通信服务	0	−0.3	−0.3
邮递服务	0.7	0.4	−0.3
六、教育文化娱乐	0.8	0.6	0.3
教育服务	0.1	1.6	1.6
旅游	5	−4.3	−6.5
七、医疗保健	0	0.3	0.4
中药	0.1	1.6	1.6
西药	0	−1.8	−1.8
医疗服务	0.1	0.8	0.8
八、其他用品及服务	−0.3	−0.8	−0.9

资料来源：国家统计局。

日常生活中，我们经常会听到或看到各种具体统计指数，如居民消费价格指数、商品零售价格指数、工业品出厂价格指数等。什么是指数？它可以反映什么问题？它是如何计算出来的？它有什么用途？本项目将介绍指数的编制原理和计算方法，帮助学生理解指数的内涵，学会观察、分析和研究众多的社会经济现象。

任务一　统计指数的意义和种类

一、统计指数概念

统计指数是一种特殊的相对数，它产生于18世纪的欧洲，最先应用于物价的变动。两百多年来，随着社会经济的发展，统计指数的理论、概念、运用也在不断地扩大和发展。统计指数的概念有广义和狭义之分。广义的指数是指任何用来反映社会经济现象数量对比而形成的相对数。例如，计划完成相对数、结构相对数、动态相对数等都可以称为指数。狭义的指数则是一种特殊的相对数,是专门用于反映不能直接相加或不能直接对比的复杂的经济现象总体综合变动的动态相对数,如居民消费价格指数、生产指数和股价指数等。一般来说,统计指数具有综合性、相对性和平均性的特点。综合性用来反映和研究多种因素构成的事物的总体变动;相对性用来反映事物的变动是相对变动;平均性用来表明变动是多种事物的平均变动。本项目所介绍的统计指数主要指狭义指数。

二、统计指数的作用

(一)反映现象总体的变动方向和程度

指数一般是用百分比表示的相对指标。它反映现象变动的方向和程度,其比值大于或小于100%,表示上升或下降的方向;比100%大多少或少多少,则说明升降变动的相对程度。例如,某地今年第一季度生活消费品零售价格指数是上年同期的102%,说明该地生活消费品综合价格上涨了2%。统计指数计算公式中的分子和分母是总量指标,它们的差反映绝对变动程度。

(二)分析复杂现象总体中各因素的影响程度

任何现象都不是孤立存在的,而是直接或者间接地与其他事物联系着。现象的变动总是受到许多因素的影响,这些因素是以积的形式对现象进行影响的。例如,商品销售额受到商品销售量和单位商品价格的影响,三者之间的关系如下。

$$商品销售额 = 商品销售量 \times 单位商品价格$$

$$商品销售额指数 = 商品销售量指数 \times 单位商品价格指数$$

因此,指数可用于对现象的变动进行因素分析,即利用指数分析商品销售额的变动中受商品销售量变动和商品销售价格变动的影响,包括从相对数和绝对数两个方面的分析。

(三)研究现象的长期发展变化趋势

指数数列可以反映和研究现象的长期发展变化趋势。将全部现象不同时间的指标值对比所形成的指数按时间先后排列成指数数列,借助指数数列就可对全部现象的发展变化趋势进行分析,以预测未来。指数还可用于对比分析有联系而性质不同的时间数列变动关系,解决它们之间不能对比的困难。

三、统计指数的种类

(一)个体指数、总指数和组(类)指数

指数按说明对象的范围不同,统计指数可分为个体指数、总指数和组(类)指数。

1. 个体指数

个体指数是说明个别社会经济现象数量变动的相对数,通常记作 k。个体指数可以分为反映单一事物数量指标(如销售量)变化情况的数量指标个体指数 k_q 和反映单一事物质量指标(如价格)变化情况的质量指标个体指数 k_p。两种指数的计算公式分别为

数量指标个体指数 $k_q = \dfrac{q_1}{q_0} \times 100\%$($q_1$ 表示报告期的数量指标,q_0 表示基期的数量指标)

质量指标个体指数 $k_p = \dfrac{p_1}{p_0} \times 100\%$($p_1$ 表示报告期的质量指标,p_0 表示基期的质量指标)

2. 总指数

总指数是综合说明所有社会经济现象总体数量变动的相对数,用 $\overline{K}$ 来表示。总指数也可分为反映多种事物数量指标(如销售量)变化情况的数量指标总指数 $\overline{K}_q$ 与反映多种事物质量指标(如价格)变化情况的质量指标总指数 $\overline{K}_p$。总指数具有两个性质:一是综合性,即总指数反映了全部现象综合变动的结果;二是平均性,即总指数反映的是全部现象相对变动的一般水平。此外,总指数有两种编制方法,分别为综合指数与平均指数。

3. 组(类)指数

组(类)指数是介于个体指数与总指数之间的指数,它实际上是一定总体范围的总指数,如反映生活消费品价格变动的指数。

(二)动态指数和静态指数

按对比场合的不同,统计指数可分为动态指数和静态指数,也称为时间性指数和区域性指数。

1. 动态指数

动态指数(时间性指数)用于反映现象数量方面在时间上的变动程度,有定基指数和环比指数之分。在指数数列中,若所有各期指数均是使用同一基期计算的,则称为定基指数;若所有各期指数均是以上一个时期为基期计算的,则称为环比指数。现实中,动态指数是应用最为广泛的。

2. 静态指数

静态指数(区域性指数)用于反映同类现象的数量在相同时间内不同空间(地区和单位等)的差异程度。静态指数包括空间指数(地域指数)和计划完成情况指数两种。空间指数是将同一时间的不同空间(如不同单位、地区、国家等)的同类现象水平进行综合比较,反映现象在空间上的差异程度。计划完成情况指数则是通过将某种现象的实际水平与计划目标对比,来反映计划的执行情况或完成与未完成的程度。

(三)数量指标指数和质量指标指数

按说明对象的特征不同,统计指数可分为数量指标指数和质量指标指数。

1. 数量指标指数

数量指标指数是反映现象总的规模和水平变动情况的相对数,如反映商品销售量变动的指数、反映工业产品产量变动的指数和反映职工人数变动的指数等。

2. 质量指标指数

质量指标指数是反映社会经济现象相对水平或平均水平变动的指数,如反映价格变动的指数、反映单位产品成本变动的指数和反映劳动生产率变动的指数等。

(四)综合指数和平均指数

按指数的编制方法不同,统计指数可分为综合指数和平均指数。

综合指数是由两个总量指标对比而形成的指数;平均指数是以个体指数为基础,采用加权平均方法计算而成的指数。这两种指数各具独立意义,同时也互有联系。综合指数又可分为数量指标指数和质量指标指数；平均指数又可分为加权算术平均指数和加权调和平均指数。

相关链接

经济学中的几个重要指数

1. 基尼系数

基尼系数是意大利经济学家基尼于1922年提出的定量测定收入分配差异程度的指标，它的经济含义是在全部居民收入中用于不平均分配的百分比。基尼系数最小等于0，表示收入分配绝对平均；最大等于1，表示收入分配绝对不平均；实际的基尼系数介于0和1之间。如果个人所得税能使收入均等化，那么基尼系数会变小。联合国有关组织规定：基尼系数低于0.2表示收入高度平均；0.2~0.3表示比较平均；0.3~0.4表示相对合理；0.4~0.5表示收入差距较大；0.6以上表示收入差距悬殊。

2. 居民消费价格指数(CPI)

居民消费价格指数是通过统计反映与居民生活有关的产品及劳务的价格得出的物价变动指标，通常作为观察通货膨胀水平的重要指标。如果居民消费价格指数升幅过大，表明通胀已经成为经济不稳定因素，央行会有紧缩货币政策和财政政策的风险，从而造成经济前景不明朗。因此，该指数过高的升幅往往不被市场欢迎。例如，在过去12个月，居民消费价格指数上升2.3%，那表示生活成本比12个月前平均上升2.3%。当生活成本提高，金钱的价值便随之下降。也就是说，一年前收到的一张100元纸币，今天只可以买到价值97.75元的货品及服务。一般来说，当CPI的增幅大于3%时，我们称为通货膨胀；而当CPI大于5%的增幅时，我们称为严重的通货膨胀。

3. 恩格尔系数

1857年，德国统计学家恩格尔阐明了一个定律：随着家庭和个人收入增加，收入中用于食品方面的支出比例将逐渐减小。这一定律被称为恩格尔定律，反映这一定律的系数被称为恩格尔系数。其公式表示为

$$\text{恩格尔系数} = \frac{\text{食品支出总额}}{\text{家庭或个人消费支出总额}} \times 100\%$$

恩格尔定律主要表述的是食品支出占总消费支出的比例随收入变化而变化的一定趋势。揭示了居民收入和食品支出之间的关系，用食品支出占消费总支出的比例来说明经济发展和收入增加对生活消费的影响程度。一般来说，一个国家或家庭生活越贫困，恩格尔系数就越大；反之，生活越富裕，恩格尔系数就越小。

国际上常用恩格尔系数来衡量一个国家和地区人民生活水平的状况。根据联合国粮农组织提出的标准，恩格尔系数在59%以上为贫困，50%~59%为温饱，40%~50%为小康，30%~40%为富裕，低于30%为最富裕。在观察历史情况的变化时要注意，恩格尔系数反映的是一种长期的趋势，而不是逐年下降的绝对倾向。它是在熨平短期的波动中求得长期的趋势。

统计数据是如何产生的——居民消费者价格指数(CPI)

任务二 综合指数法

总指数的编制方法主要有综合指数法和平均指数法。综合指数是由两个综合的总量指标对比形成的总指数。这里的综合总量指标可以分解成两个或两个以上因素指标的乘积。综合指数就是将该综合的总量指标分解成各因素指标的乘积后将其中一个或一个以上的因素指标固定下来,观察另外一个因素指标的变动方向和程度,它是编制总指数的基本形式。

例如,销售额这一总量指标可以分解成销售量和价格两个因数指标的乘积。若要反映多种商品销售量的总体变化情况,需要固定"价格"这一影响因素,将不可直接相加的销售量转化为可以直接相加的销售额,然后分别计算按报告期销售量和基期价格计算的销售额与基期的销售额,再将二者求和对比,求出销售量的总体变化情况,这就是综合指数的编制过程。以 p 表示商品销售价格,q 表示商品销售量,"1"表示报告期,"0"表示基期,则具体计算方法为

$$商品销售量总指数的综合指数 = \frac{\sum q_1 p_0}{\sum q_0 p_0} \times 100\%$$

在综合指数的编制中,被固定的因素指标称为同度量因素,要反映的因素指标称为指数化因素。由此可见,同度量因素是使不能直接相加的现象转化为能够直接相加现象的媒介因素;指数化因素是指数所要研究的对象。前例中,基期销售价格 p_0 为同度量因素,销售量 q 为指数化因素。

同度量因素在编制综合指数中具有两个重要作用:一是媒介作用,它能使不能直接相加的现象转化成可以直接相加的现象,利用可以相加现象的对比来反映不可直接相加现象的数量总变动;二是权数作用,同度量因素数值较大的,指数化因素指标的变动在总指数中起的作用就较大,反之就较小,所以同度量因素又称权数。

一、数量指标综合指数的编制

数量指标指数包含产品产量指数、商品销售量指数、职工人数指数等。下面以产品产量指数为例来说明数量指标综合指数的编制。

【例 8-1】 某企业三种产品的产量和单位成本资料如表 8-2 所示。

表 8-2 某企业三种产品的产量和单位成本资料

产品名称 甲	计量单位 乙	产量		单位成本/元	
		基期 q_0	报告期 q_1	基期 p_0	报告期 p_1
甲	件	100	110	8	9
乙	千克	120	114	4	5
丙	米	150	180	10	9

要求：
(1) 计算各种产品的产量个体指数。
(2) 计算三种产品产量的综合指数。

要计算各种产品的产量个体指数，只需用各种产品的报告期产量除以基期产量即可。以 k_q 表示产量个体指数，根据公式 $k_q = \dfrac{q_1}{q_0} \times 100\%$ 可知：

$$k_{q甲} = \frac{110}{100} \times 100\% = 110\%$$

$$k_{q乙} = \frac{114}{120} \times 100\% = 95\%$$

$$k_{q丙} = \frac{180}{150} \times 100\% = 120\%$$

计算结果表明各种产品的产量报告期与基期相比的变化情况不同，甲产品产量增加 10%，乙产品产量减少 5%，丙产品产量增加 20%。

研究产品产量的变动，不仅是研究各种产品产量的变动，而且更重要的是研究所有产品产量的综合变动，为企业管理提供必要的信息，这就需要计算产品产量总指数。用综合指数法编制产品产量总指数，必须解决以下两个问题。

(1) 同度量因素的确定。产品产量不能直接相加，但产品的总成本可以直接相加，而且我们知道产品总成本包括产品产量和单位成本两个因素，这样，把不能直接相加的产品产量乘上单位成本，便可过渡到能够直接相加的产品总成本。产品单位成本就是使不能直接相加的产量转化成可以相加的总成本的同度量因素。产品产量是数量指标，产品单位成本是质量指标，由此可得出一个结论：当指数化因素是数量指标时，应以质量指标为同度量因素。

(2) 同度量因素时期的选择。统计指数研究的最终目的是综合反映不能直接相加现象的数量总变动，因此必须把同度量因素固定在某一时期上，使其不变。如例 8-1 中研究产品产量的综合变动，必须把产品单位成本这个同度量因素固定在某个时期，使产品单位成本不变，这样两个总成本的对比才能反映产品产量的总变动。即

$$\overline{K}_q = \frac{\sum q_1 p}{\sum q_0 p} \times 100\%$$

式中，$\overline{K}_q$ 为产量总指数，其他符号同前。

产品单位成本有基期和报告期两个，用哪个时期的产品单位成本作同度量因素呢？按指数的编制理论，产品单位成本这个同度量因素应固定在基期上，其主要理由是编制产品产量总指数不仅要研究产品产量的综合变动，而且要研究由于产品产量的变动所带来的实际经济效果。以基期产品单位成本为同度量因素编制的产量总指数就能反映产品产量的纯变动所带来的经济效果，而以报告期的产品单位成本为同度量因素编制的产量总指数就没有这种实际意义。

【例 8-2】 下面通过表 8-2 的资料加以说明，具体如表 8-3 所示。

表 8-3 某企业三种产品销售量指数和单位销售额指数计算表

产品名称 甲	计量单位 乙	销售量		单位成本/元		总成本/元			
		基期 q_0	报告期 q_1	基期 p_0	报告期 p_1	基期实际 $q_0 p_0$	报告期实际 $q_1 p_1$	假定 $q_1 p_0$	假定 $q_0 p_1$
甲	件	100	110	8	9	800	990	880	900
乙	千克	120	114	4	5	480	570	456	600
丙	米	150	180	10	9	1 500	1 620	1 800	1 350
合计	—	—	—	—	—	2 780	3 180	3 136	2 850

以基期的产品单位成本为同度量因素,则产品产量综合指数为

$$\overline{K}_q = \frac{\sum q_1 p_0}{\sum q_0 p_0} \times 100\% = \frac{3\ 136}{2\ 780} \times 100\% = 112.81\%$$

计算结果表明,三种产品的销售量报告期比基期平均增加了 12.81%。公式中分子 $(\sum q_1 p_0)$ 是报告期产品产量按基期产品单位成本计算的假定产品总成本,分母 $(\sum q_0 p_0)$ 是基期的产品实际总成本;分子与分母之差为 $\sum q_1 p_0 - \sum q_0 p_0 = 3\ 136 - 2\ 780 = 356$(元),说明按基期产品单位成本计算,由于报告期产品产量的增长而增加总成本 356 元。

反之,若以报告期的产品单位成本为同度量因素,则产品产量综合指数为

$$\overline{K}_q = \frac{\sum q_1 p_1}{\sum q_0 p_1} \times 100\% = \frac{3\ 180}{2\ 850} \times 100\% = 111.58\%$$

计算结果表明,三种产品的销售量报告期比基期平均增加了 11.58%,公式中分子 $(\sum q_1 p_1)$ 是报告期的产品实际总成本,分母 $(\sum q_0 p_1)$ 是基期产品产量按报告期产品单位成本计算的假定产品总成本;分子与分母之差为 $\sum q_1 p_1 - \sum q_0 p_1 = 3\ 180 - 2\ 850 = 330$(元),说明假定产品在基期不生产,而等到报告期生产所增加的总成本是 330 元,但实际上基期产品已经生产完成,所以,以报告期产品单位成本为同度量因素计算的产品产量总指数没有实际意义。

综上所述,可得出以下两点结论。

(1) 产品产量总指数的综合指数公式为

$$\overline{K}_q = \frac{\sum q_1 p_0}{\sum q_0 p_0} \times 100\% \text{(相对数形式)}$$

产品产量变动对总成本的影响为

$$\sum q_1 p_0 - \sum q_0 p_0 \text{(绝对数形式)}$$

(2) 编制数量指标综合指数时,要以基期的质量指标为同度量因素。

二、质量指标综合指数的编制

质量指标指数有产品销售价格指数、产品单位成本指数和职工人数指数等。下面以产品单位成本指数为例来说明质量指标综合指数的编制。

【例 8-3】 仍以表 8-2 的资料为例,各种产品的单位成本指数和三种产品的单位成本总指数的计算过程分别如下。

如要计算各种产品的单位成本个体指数,则用各种产品的报告期单位成本除以基期单位成本即可。以 k_p 表示单位成本个体指数,则

$$k_p = \frac{p_1}{p_0} \times 100\%$$

根据公式有

$$k_{p甲} = \frac{9}{8} \times 100\% = 112.5\%$$

$$k_{p乙} = \frac{5}{4} \times 100\% = 125\%$$

$$k_{p丙} = \frac{9}{10} \times 100\% = 90\%$$

计算结果表明,各种产品单位成本变动程度不同,甲产品单位成本上升 12.5%,乙产品单位成本上升 25%,丙产品单位成本下降 10%。

研究产品单位成本的变动,不仅是研究各种产品单位成本的变动,更重要的是研究所有产品单位成本的综合变动。密切关注企业产品成本的变化情况,不遗余力地降低产品成本是每个企业的经营目标之一。若要全面监控成本、分析成本、进而降低成本,必须计算产品单位成本总指数。用综合指数法编制产品单位成本总指数同样也要解决两个问题。

(1) 同度量因素的确定。三种产品的单位成本虽然表面上都是以货币来表现的,但三种产品的使用价值不同、计算单位不同,把不同产品的单位成本加在一起既不能反映所有产品单位成本的总体情况,也没有任何意义。因此,为了综合反映三种产品单位成本的总体变动,必须寻找同度量因素,把不能直接相加的产品单位成本转化成可以直接相加的产品总成本。根据产品总成本等于产品产量乘以产品单位成本的内在关系,把产品单位成本乘以产品产量转化成能够直接相加的产品总成本。因此,产品产量便是计算产品单位成本总指数的同度量因素。同理,也可得出这样一个结论:当指数化因素是质量指标时,要以数量指标为同度量因素。

(2) 同度量因素时期的选择。为了反映产品单位成本的综合变动,不仅要确定同度量因素,而且要将同度量因素固定在某个时期。目前,编制产品单位成本指数是以报告期的产品产量为同度量因素的。以报告期产品产量作为编制产品单位成本总指数的同度量因素,一方面具有现实经济意义,反映由于产品单位成本的变动所带来的实际经济效果;另一方面能保持指数体系的完整性。

【例 8-4】 仍以表 8-2 的资料为例,以报告期的产品产量作为同度量因素,则产品单位成本综合指数为

$$\overline{K}_p = \frac{\sum q_1 p_1}{\sum q_1 p_0} \times 100\% = \frac{3\,180}{3\,136} \times 100\% = 101.4\%$$

式中，$\overline{K}_p$ 为单位成本总指数，其他符号同前。

计算结果表明，三种产品的单位成本报告期比基期平均上升了 1.4%，说明成本控制工作还有改进空间。公式中的分子 $\left(\sum q_1 p_1\right)$ 是报告期的产品实际总成本，分母 $\left(\sum q_1 p_0\right)$ 是基期产品单位成本按报告期产品产量计算的假定产品总成本，分子与分母之差，即 $\sum q_1 p_1 - \sum q_1 p_0 = 3\,180 - 3\,136 = 44$（元），说明报告期生产的三种产品，由于单位成本的上升而增加的产品总成本是 44 元。

反之，若以基期的产品产量为同度量因素，则产品单位成本综合指数为

$$\overline{K}_p = \frac{\sum q_0 p_1}{\sum q_0 p_0} \times 100\% = \frac{2\,850}{2\,780} \times 100\% = 102.52\%$$

计算的结果表明，三种产品单位成本报告期比基期平均上升了 2.52%，公式中的分子 $\left(\sum q_0 p_1\right)$ 是报告期的产品单位成本按基期产品产量计算的假定产品总成本，分母 $\left(\sum q_0 p_0\right)$ 是基期的产品实际总成本，分子与分母之差为

$$\sum q_0 p_1 - \sum q_0 p_0 = 2\,850 - 2\,780 = 70\,（元）$$

这说明的是假定由于报告期产品单位成本的上升而使基期生产的产品所增加的产品总成本，而基期生产的产品已是过去的事情，所以，以基期产品产量为同度量因素编制的产品单位成本总指数没有实际意义。

综上所述，同样可以得出以下两点结论。

(1) 产品单位成本总指数的综合指数公式为

$$\overline{K}_p = \frac{\sum q_1 p_1}{\sum q_1 p_0} \times 100\% \,（相对数形式）$$

产品单位成本变动对总成本的影响为

$$\sum q_1 p_1 - \sum q_1 p_0 \,（绝对数形式）$$

(2) 编制质量指标综合指数时，要以报告期的数量指标为同度量因素。

上述是编制综合指数确定同度量因素的一般原则，在不同的研究目的和情况下，可用不同的同度量因素。在实际工作中，为研究各个时期产品产量的变动情况，便于不同时期产品产量指数的比较，常用不变价格作为同度量因素编制产品产量总指数。此时，产品产量总指数的综合指数公式为

$$\overline{K}_q = \frac{\sum q_1 p_n}{\sum q_0 p_n} \times 100\%$$

式中，p_n 为不变价格，其他符号同前。

三、编制综合指数要注意的问题

(一) 借助于同度量因素进行综合对比

在分析复杂社会经济现象综合变动时，不同度量单位的现象不能直接相加，但有时又需要把它们作为一个总体来研究，必须把它们加总起来，这是运用综合指数法首先要解决的问

题。在编制指数时,要将不同产品或商品的产量或销售量乘以它们相应的单位成本或价格,借助成本或价格这一媒介因素,使不能直接相加的产量或销售量转化为能相加的产品成本或商品销售额。这样一来,就可以把两个时期的产品总成本和商品销售总额进行综合对比了。

(二) 同度量因素的时期要固定

运用综合指数法编制总指数时,人们只关心某一个因素的变动程度。例如,工业产品产量总指数只反映各种工业产品产量的总变动;零售价格总指数只反映多种商品零售价格的总变动。这就要求在编制指数时,要把新加入的媒介因素作为同度量因素加以固定,以此来测定人们所关心的因素的变动。

(三) 用综合指数法编制总指数所使用的是全面材料,没有代表性误差

例如,用综合指数法编制产品产量指数,要求使用报告期和基期的全部产品产量资料,即利用全面统计资料。全面统计资料只存在登记误差,不存在代表性误差。

相关链接

你的收入真的增长了吗

"今天的1块钱不等于明天的1块钱。"这句话告诉我们,如果同样的商品和服务变贵了,1块钱的价值就变低了。以收入为例,根据国家统计局公布的数据,2020年城乡居民人均可支配收入为32 189元,大约是2000年6 280元的5倍,但不要忘记在这20年中钱的购买力在下降,考虑一种极端情况:如果2020年的价格水平也恰好是2000年的5倍,相当于你的收入一点儿也没变。实际上,扣除价格因素后,2020年的收入仅为2000年的4.5倍,收入增长的部分被物价上涨吞噬掉了。因此,对于含有价格因素的经济指标,如GDP、居民收支等(均以货币单位"元"计量)实际指数就变得异常重要,只有它才能拂去通货膨胀的假面,告诉我们真实的增长。

在这个例子中,以2000年为基期,2020年名义收入指数为500,而实际指数为450,那么实际指数是怎么计算出来的呢?下面的公式告诉我们,把名义指数除以同一基期的价格指数,就可以得到实际指数了,这个剔除价格因素的过程叫作缩减。

$$实际指数 = \frac{名义指数}{价格指数} \times 100$$

国家统计局发布的价格指数有很多种,如CPI(居民消费价格指数)、PPI(工业品出厂价格指数)、商品零售价格指数、原材料燃料动力购进价格指数、固定资产价格指数、农产品生产价格指数等。在对名义指数进行缩减的时候,我们需要根据指标的内涵,选择恰当的价格指数。一般情况下,收入、工资都可以用CPI来进行缩减。

通常统计年鉴中列示的如GDP指数、收入指数并不会在标题中出现"名义"或者"实际"字样。一般情况下,除非指明是实际指数,否则为名义指数。

资料来源:冯蕾.无处不在的统计[M].中国统计出版社,2011.

拉氏指数与
帕氏指数

任务三　平均指数法

一、平均指数的意义

平均指数也称平均数指数,是总指数的另一种重要形式。在统计工作中,由于统计资料的限制,有时不能直接利用综合指数公式进行计算,这时需要用综合指数公式推导出平均指数公式。平均指数是从个体指数出发,以个体指数为变量值,通过对个体指数的加权平均而编制的总指数。平均指数和综合指数都是总指数的一种形式,两者既有联系又有区别。

两者的联系是:在平均指数作为综合指数变形使用的条件下,两种指数的计算公式可以相互推导。

两者的区别是:综合指数是从社会经济现象的总量出发,引入同度量因素,计算出总体的总量,然后对比,即先综合、后对比;平均指数是从个体指数出发,先对比、后综合。综合指数需要使用全面调查资料,而平均指数既可以使用全面调查资料,也可以使用非全面调查资料。

根据掌握的资料不同,平均指数分为加权算术平均指数和加权调和平均指数。在这两种形式中,根据所用的权数不同,可将平均数指数进一步分为综合指数变形的平均指数和固定权数的平均指数。

利用平均指数编制总指数有三个要点:一是先计算个体指数;二是确定一个合理的权数;三是选择合适的加权平均形式。

二、平均指数的编制

(一)加权算术平均指数

加权算术平均指数是对个体指数采用加权算术平均的方法编制的总指数。如果掌握的是个体数量指数和基期的总值资料,就可以把数量指标综合指数变形为加权算术平均指数的形式。

下面以销售量指数为例,将数量指标综合指数公式变形为加权算术平均指数的形式。

设销售量个体指数 $k_q = \dfrac{q_1}{q_0}$,则有 $q_1 = k_q q_0$,则有

$$\overline{K}_q = \dfrac{\sum q_1 p_0}{\sum q_0 p_0} \times 100\% = \dfrac{\sum k_q q_0 p_0}{\sum q_0 p_0} \times 100\%$$

上述公式与项目六所述的加权算术平均数的一般形式相似,个体指数 k_q 是变量值,$q_0 p_0$ 表示基期的销售额,是权数,所以用该公式计算总指数的形式为加权算术平均法。

由此可见,当权数是基期商品实际销售额 $q_0 p_0$ 时,销售量总指数的加权算术平均指数是其综合指数的变形,称为综合指数变形的加权算术平均指数。

下面以销售量总指数为例来说明作为综合指数变形的加权算术平均指数的应用。

【例8-5】 某商店三种商品的销售资料如表8-4所示。

表 8-4 某商店三种商品销售量指数计算表

商品名称 甲	计量单位 乙	销售量 基期 q_0	销售量 报告期 q_1	销售量个体指数 $k_q=\dfrac{q_1}{q_0}$	基期销售额/元 $q_0 p_0$	个体指数×基期销售额/元 $k_q q_0 p_0$
甲	件	100	110	1.10	800	880
乙	千克	120	114	0.95	480	456
丙	米	150	180	1.20	1 500	1 800
合计	—	—	—	—	2 780	3 136

要求：根据表 8-4 的资料计算三种商品销售量总指数。

第一，计算三种商品销售量个体指数，具体公式为 $k_q=\dfrac{q_1}{q_0}$，计算结果如表 8-4 所示。

第二，确定权数，即以各种商品基期的实际销售额（$q_0 p_0$）作权数。

第三，选择加权平均的形式，即采用加权算术平均的形式。

三种商品销售量总指数的加权算术平均指数为

$$\overline{K}_q = \frac{\sum k_q q_0 p_0}{\sum q_0 p_0} \times 100\% = \frac{3\ 136}{2\ 780} \times 100\% = 112.81\%$$

$$\sum k_q q_0 p_0 - \sum q_0 p_0 = 3\ 136 - 2\ 780 = 356\ （元）$$

计算结果表明，三种商品销售量报告期比基期平均增长 12.81%，由于销售量报告期比基期的增加而增加销售额 356 元。这与综合指数的计算结果是完全相同的。

（二）加权调和平均指数

加权调和平均指数是对个体指数用加权调和平均的方法编制的总指数。如果掌握的是个体质量指数和报告期的总值资料，就可以把质量指标综合指数变为加权调和平均指数的形式。

下面以价格指数为例，将质量指标的综合指数公式转化为加权调和平均数指数形式。

设价格个体指数 $k_p=\dfrac{p_1}{p_0}$，则 $p_0=\dfrac{1}{k_p}p_1$，于是有

$$\overline{K}_p = \frac{\sum p_1 q_1}{\sum p_0 q_1} \times 100\% = \frac{\sum p_1 q_1}{\sum \dfrac{1}{k_p} p_1 q_1} \times 100\%$$

上述公式与加权调和平均数的形式相似，个体指数 k_p 是变量值，$p_1 q_1$ 是报告期的销售额，是权数，所以用该公式计算总指数的形式为加权调和平均法。

由此可见，当权数为报告期商品实际销售额 $p_1 q_1$ 时，价格总指数的加权调和平均指数是其综合指数的变形，称为综合指数变形的加权调和平均指数。

下面以价格指数为例来说明作为综合指数变形的加权调和平均指数的应用。

【例 8-6】 某商店三种商品的销售资料如表 8-5 所示。

表 8-5　某商店三种商品销售价格指数计算表

商品名称 甲	计量单位 乙	销售价格/元		价格个体指数 $k_p = \dfrac{p_1}{p_0}$	报告期销售额/元 $q_1 p_1$	个体指数除以报告期销售额/元 $\dfrac{1}{k_p} q_1 p_1$
		基期 p_0	报告期 p_1			
甲	件	8	9	1.125	990	880
乙	千克	4	5	1.250	570	456
丙	米	10	9	0.900	1 620	1 800
合计	—	—	—	—	3 180	3 136

要求：根据表 8-5 的资料计算三种商品销售价格总指数。

第一，计算三种商品销售价格个体指数，具体公式为 $k_p = \dfrac{p_1}{p_0}$，计算结果如表 8-5 所示。

第二，确定权数，即以各种商品报告期的实际销售额（$q_1 p_1$）作权数。

第三，选择加权平均的形式，即采用加权调和平均的形式。

三种商品销售价格总指数的加权调和平均指数为

$$\overline{K}_p = \dfrac{\sum q_1 p_1}{\sum \dfrac{1}{k_p} q_1 p_1} \times 100\% = \dfrac{3\ 180}{3\ 136} \times 100\% = 101.4\%$$

$$\sum q_1 p_1 - \sum \dfrac{1}{k_p} q_1 p_1 = 3\ 180 - 3\ 136 = 44(\text{元})$$

计算结果表明，三种商品销售价格报告期比基期平均增长 1.4%，由于报告期价格的上涨使报告期销售的商品增加销售额 44 元。这与综合指数的计算结果是完全相同的。

（三）固定权数平均指数

固定权数平均指数是以指数化因素的个体指数为基础，使用固定权数对个体指数或类指数进行加权平均计算的一种总指数。所谓固定权数，是指计算中的权数用比重的形式固定下来，在一段时间内不作变动并固定使用的权数。

前面所介绍的综合指数及作为综合指数变形的加权平均指数，需要有全面的统计资料，但在实际工作业务中往往很难满足需要，因此，在统计工作中，很多情况下需要根据非全面资料，运用固定权数平均指数计算总指数。其计算公式为

$$\overline{K} = \dfrac{\sum KW}{\sum W}$$

式中，K 是指个体指数；W 是指固定权数，通常是各类商品及服务支出额所占比重，$\sum W = 100$。

我国每年的居民消费价格指数、商品零售价格指数的编制，采用的就是这种固定权数平均指数形式。现以我国居民消费价格指数为例，说明固定权数平均指数的应用。

【例 8-7】 已知 2021 年某市居民消费价格指数和对应的权数资料如表 8-6 所示。

表 8-6　居民消费价格指数计算表　　　　　　　　　　　单位:%

商品及服务项目	类指数 K	固定权数 W	KW
一、食品	108.2	32	3 462.4
二、烟酒及用品	103.2	3	309.6
三、衣着	102.5	8	820
四、家庭设备用品及维修服务	98.5	6	591
五、医疗保健和个人用品	101.6	10	1 016
六、交通和通信	95.7	10	957
七、娱乐教育文化用品及服务	99.9	14	1 398.6
八、居住	100.6	17	1 710.2
合计	—	100	10 264.8

该地区的居民消费价格指数 $\overline{K} = \dfrac{\sum KW}{\sum W} = \dfrac{10\ 264.8\%}{100} = 102.65\%$

相关链接

幸 福 指 数

什么是幸福指数呢？幸福感是一种心理体验,它既是对生活的客观条件和所处状态的一种事实判断,又是对于生活的主观意义和满足程度的一种价值判断。它是在生活满意度基础上产生的一种积极心理体验。而"幸福感指数"就是衡量这种感受具体程度的主观指标数值。幸福感指数的概念起源于三十多年前,最早是由不丹国王提出并付诸实践的。三十多年来,在人均 GDP 仅为 700 多美元的不丹,国民生活总体却很幸福。不丹模式引起了世界的关注。

近年来,美国、英国、荷兰、日本等发达国家都开始了对幸福指数的研究,并创设了不同模式的幸福指数。如果说 GDP、GNP 是衡量国富、民富的标准,那么,百姓幸福指数就可以成为一个衡量百姓幸福感的标准。百姓幸福指数与 GDP 一样重要,一方面,它可以监控经济社会运行态势;另一方面,它可以了解民众的生活满意度。可以说,作为最重要的非经济因素,它是社会运行状况和民众生活状态的"晴雨表",也是社会发展和民心向背的"风向标"。人们也普遍认为:幸福指数是体现老百姓幸福感的"无须调查统计的"反映,是挂在人民群众脸上的"指数"。幸福指数可通过三类指标来反映。A 类指标:涉及认知范畴的生活满意程度,包括生存状况满意度(如就业、收入、社会保障等)、生活质量满意度(如居住状况、医疗状况、教育状况等)。B 类指标:涉及情感范畴的心态和情绪愉悦程度,包括精神紧张程度、心态等。C 类指标:指人际以及个体与社会的和谐。

美国经济学家萨缪尔森提出了一个幸福方程式:效用÷欲望＝幸福指数。判断一个人幸福与否,可以从答案中得到,以得数 1 为分界岭,小于 1 就是不幸福,等于或者大于 1 就是幸福。如果我们的欲望指数高,而在目前生

常用的综合指数
和加权平均
指数公式表

活方式中得到的效用低,那得出来的幸福指数就小于1,说明我们的生活状态不好,让我们感觉不幸福。而不幸福的严重程度是根据数字来衡量的,数字越小代表越不幸福,如果效用比欲望高,得出的比值就比1大,那说明我们是幸福的。同理,幸福的指数也是根据比值来判断的,数字越大就越幸福。

资料来源:艾菲. 直击本质[M]. 成都:天地出版社,2020.

任务四　指数体系与因素分析

一、指数体系的概念和作用

(一)指数体系的概念

现象的发展变化总是受着一定因素的影响,现象与影响因素之间存在着各种各样的联系,其中之一就是被影响现象的数量等于各个影响因素数量的连乘积,如商品销售额等于商品销售量与商品销售价格之积。现象之间的这种关系决定了反映这些现象变动的指数之间也存在着这样的关系,用公式表示为

$$商品销售额指数 = 商品销售量指数 \times 商品销售价格指数$$

上述等式用符号表示为

$$\frac{\sum q_1 p_1}{\sum q_0 p_0} = \frac{\sum q_1 p_0}{\sum q_0 p_0} \times \frac{\sum q_1 p_1}{\sum q_1 p_0}$$

简记为

$$\overline{K}_{qp} = \overline{K}_q \times \overline{K}_p$$

我们把在经济上有联系、数量上保持一定对等关系的若干指数所构成的整体叫作指数体系。在上例中,我们将被影响现象的指数(如销售额指数)称为总变动指数;将影响因素的指数(如商品销售量指数和价格指数)称为因素指数。

指数体系的数量关系分为相对数和绝对数两种形式,分别形成相对数体系和绝对数体系。

1. 相对数体系

相对数体系用公式表示为

$$\frac{\sum q_1 p_1}{\sum q_0 p_0} = \frac{\sum q_1 p_0}{\sum q_0 p_0} \times \frac{\sum q_1 p_1}{\sum q_1 p_0}$$

2. 绝对数体系

绝对数体系用公式表示为

$$\sum q_1 p_1 - \sum q_0 p_0 = \left(\sum q_1 p_0 - \sum q_0 p_0\right) + \left(\sum q_1 p_1 - \sum q_1 p_0\right)$$

由此可见,指数体系的数量关系是:总变动指数等于各因素指数的连乘积;总变动指数分子与分母的差等于各因素指数分子与分母差的和。

与综合指数具有变形关系的加权算术平均指数和加权调和平均指数也具有这种数量关系,具体公式为

$$\frac{\sum q_1 p_1}{\sum q_0 p_0} = \frac{\sum k_q q_0 p_0}{\sum q_0 p_0} \times \frac{\sum q_1 p_1}{\sum \frac{1}{k_p} q_1 p_1}$$

$$\sum q_1 p_1 - \sum q_0 p_0 = \left(\sum k_q q_0 p_0 - \sum q_0 p_0\right) + \left(\sum q_1 p_1 - \sum \frac{1}{k_p} q_1 p_1\right)$$

上述两个等式成立的关键是

$$\sum k_q q_0 p_0 = \sum \frac{1}{k_p} q_1 p_1 = \sum q_1 p_0$$

(二)指数体系的作用

指数体系在经济分析中具有重要作用,主要表现在以下两个方面。

1. 进行因素分析

利用指数体系可以分析现象的总变动及其受各个因素变动影响的方向和程度。

2. 进行指数间的推算

利用指数体系可以由已知指数推算未知指数。

【例 8-8】 假如已知商品销售额指数为 114.39%,商品销售量指数为 112.81%,计算商品销售价格指数。

$$\overline{K}_p = \overline{K}_{qp} \div \overline{K}_q = 114.39\% \div 112.81\% = 101.4\%$$

二、指数体系双因素变动分析及应用

指数因素分析法是应用指数体系分别从相对数和绝对数两个方面研究现象的总变动及其受各个因素变动影响的方向和程度的一种统计分析方法。分析的对象必须可以分解为两个或多个因素的乘积,可以是总量指标或平均指标。通常情况下,指数因素分析法用于分析包含两因素的总量指标的变动情况较多。本部分重点介绍总量指标双因素分析的应用方法。

【例 8-9】 某商店三种商品的销售情况如表 8-7 所示。

表 8-7 某商店三种商品的销售情况

商品名称	计量单位	价格/元		销售量/件		销售额/元		
		基期 p_0	报告期 p_1	基期 q_0	报告期 q_1	$q_0 p_0$	$q_1 p_0$	$q_1 p_1$
甲	件	20	22	40	50	800	1 000	1 100
乙	千克	10	8	50	50	500	500	400
丙	米	2	2.5	20	18	40	36	45
合 计	—	—	—	—	—	1 340	1 536	1 545

根据表 8-7 中的资料,从绝对数和相对数两个方面分析该商店三种商品总销售额的变动及受销售量和价格两个因素变动影响的方向和程度。

1. 总销售额的变动

$$\overline{K}_{qp} = \frac{\sum q_1 p_1}{\sum q_0 p_0} = \frac{1\,545}{1\,340} = 115.30\%$$

$$\sum q_1 p_1 - \sum q_0 p_0 = 1\,545 - 1\,340 = 205（元）$$

2. 各因素变动的影响

（1）销售量变动的影响。

$$\overline{K}_q = \frac{\sum q_1 p_0}{\sum q_0 p_0} = \frac{1\,536}{1\,340} = 114.63\%$$

$$\sum q_1 p_0 - \sum q_0 p_0 = 1\,536 - 1\,340 = 196（元）$$

（2）价格变动的影响。

$$\overline{K}_p = \frac{\sum q_1 p_1}{\sum q_1 p_0} = \frac{1\,545}{1\,536} = 100.59\%$$

$$\sum q_1 p_1 - \sum q_1 p_0 = 1\,545 - 1\,536 = 9（元）$$

3. 综合影响

$$\overline{K}_{qp} = \overline{K}_q \times \overline{K}_p$$
$$115.30\% = 114.63\% \times 100.59\%$$
$$\sum q_1 p_1 - \sum q_0 p_0 = \left(\sum q_1 p_0 - \sum q_0 p_0\right) + \left(\sum q_1 p_1 - \sum q_1 p_0\right)$$
$$205 = 196 + 9$$

4. 分析说明

由于三种商品销售量报告期比基期总共提高了 14.63%，使得报告期的销售额比基期增加了 196 元；由于三种产品价格报告期比基期总共上涨了 0.59%，使得报告期的销售额比基期增加了 9 元；二者共同作用，使得该商店三种商品总销售额报告期比基期提高了 15.3%，增加了 205 元。

参考案例

复杂总体的多因素分析

工业企业三种产品总产值的变动，既受产量变动影响，又受出厂价格影响。而产量因素又可以分解为职工平均人数和全员劳动生产率的乘积，这样，企业总产值可以表示为"职工平均人数×全员劳动生产率×出厂价格"的形式。对企业总产值的因素分析也称为复杂总体的多因素分析。下面来看看这种因素分析是如何展开的。

进行复杂总体多因素分析时，要按以下两个原则进行。

首先，把影响复杂总体变动的各个因素按照数量指标在前、质量指标在后的顺序进行排列。

其次，当分析某一因素对复杂总体变动的影响时，未被分析的后面诸因素要固定在基期水平,而已被分析过的前面诸因素则要固定在报告期水平。

下面以表8-8为例,说明复杂总体的多因素分析方法的应用过程。

表8-8 某单位基期、报告期产量及价格情况表

商品名称 甲	计量单位 乙	产品产量				出厂价格/元	
		职工平均人数/人		全员劳动生产率			
		基期 T_0	报告期 T_1	基期 L_0	报告期 L_1	基期 P_0	报告期 P_1
A	吨	1 200	1 000	5	5	110	100
B	台	1 000	1 000	10	12	50	60
C	件	800	1 000	50	41	20	20

从表8-8可以看出,该企业总产值受到职工平均人数(T)、全员劳动生产率(L)和出厂价格(P)三个因素共同影响。指数体系为

$$\frac{\sum T_1 L_1 P_1}{\sum T_0 L_0 P_0} = \frac{\sum T_1 L_0 P_0}{\sum T_0 L_0 P_0} \times \frac{\sum T_1 L_1 P_0}{\sum T_1 L_0 P_0} \times \frac{\sum T_1 L_1 P_1}{\sum T_1 L_1 P_0}$$

绝对数关系为

$$\sum T_1 L_1 P_1 - \sum T_0 L_0 P_0 = \left(\sum T_1 L_0 P_0 - \sum T_0 L_0 P_0\right) + \left(\sum T_1 L_1 P_0 - \sum T_1 L_0 P_0\right) + \left(\sum T_1 L_1 P_1 - \sum T_1 L_1 P_0\right)$$

根据表8-8整理计算的总产值资料如表8-9所示。

表8-9 某企业基期、报告期产值计算表

产品名称	工业总产值/万元			
	基期 $T_0 L_0 P_0$	报告期 $T_1 L_1 P_1$	按报告期平均人数计算的基期总产值 $T_1 L_0 P_0$	按基期价格计算的报告期总产值 $T_1 L_1 P_0$
A	66	50	55	55
B	50	72	50	60
C	80	82	100	82
合计	196	204	205	197

该企业工业总产值的动态指数为

$$\frac{\sum T_1 L_1 P_1}{\sum T_0 L_0 P_0} = \frac{204}{196} = 104.08\%$$

报告期工业总产值比基期增加额为

$$\sum T_1 L_1 P_1 - \sum T_0 L_0 P_0 = 204 - 196 = 8(万元)$$

其中,职工平均人数变动影响为

$$\frac{\sum T_1 L_0 P_0}{\sum T_0 L_0 P_0} = \frac{205}{196} = 104.59\%$$

影响绝对额为

$$\sum T_1 L_0 P_0 - \sum T_0 L_0 P_0 = 205 - 196 = 9(万元)$$

全员劳动生产率变动影响为

$$\frac{\sum T_1 L_1 P_0}{\sum T_1 L_0 P_0} = \frac{197}{205} = 96.10\%$$

影响绝对额为

$$\sum T_1 L_1 P_0 - \sum T_1 L_0 P_0 = 197 - 205 = -8(万元)$$

出厂价格变动影响为

$$\frac{\sum T_1 L_1 P_1}{\sum T_1 L_1 P_0} = \frac{204}{197} = 103.55\%$$

影响绝对额为

$$\sum T_1 L_1 P_1 - \sum T_1 L_1 P_0 = 204 - 197 = 7(万元)$$

用相对数表示为

$$104.08\% = 104.59\% \times 96.10\% \times 103.55\%$$

用绝对数表示

$$8 = 9 - 8 + 7$$

综上所述,该企业工业总产值由基期 196 万元增加到报告期的 204 万元,增加了 8 万元,增长率为 4.08%,这一结果是由于职工平均人数、全员劳动生产率和产品出厂价格三个因素共同引起的。其中,平均人数增长 4.59%,使总产值增加 9 万元;全员劳动生产率下降 3.9%,使总产值减少 8 万元;出厂价格增长 3.55%,使总产值增加 7 万元。

指数体系公式表

三因素分析可以弥补两因素分析的不足,更清晰、更明确地展示各因素对总指标的影响程度和方向,将问题揭示清楚,便于企业加强管理、提高经济效益。

同步练习与技能实训

【基本概念】

指数　　数量指标指数　　质量指标指数　　总指数　　个体指数　　综合指数
平均指数　　同度量因素　　指数体系

【基本训练】

一、单项选择题

1. 按照说明对象的特征不同,指数可分为(　　)。
   A. 个体指数和总指数　　　　　　B. 综合指数和平均指数
   C. 数量指标指数和质量指标指数　D. 动态指数和静态指数
2. 编制总指数的两种形式是(　　)。
   A. 数量指标指数和质量指标指数
   B. 综合指数和平均指数

C. 算术平均数指数和调和平均数指数

D. 个体指数和总指数

3. 根据指数研究的范围不同,可以把它分为(　　)。

　　A. 个体指数和总指数　　　　　B. 数量指标指数和质量指标指数

　　C. 综合指数和平均指数　　　　D. 动态指数和静态指数

4. 设 p 表示商品的价格,q 表示商品的销售量,$\dfrac{\sum p_1 q_1}{\sum p_0 q_1}$ 说明了(　　)。

　　A. 在基期销售量条件下价格综合变动的程度

　　B. 在报告期销售量条件下价格综合变动的程度

　　C. 在基期价格水平下销售量综合变动的程度

　　D. 在报告期价格水平下销售量综合变动的程度

5. 按照个体价格指数和报告期销售额计算的价格指数是(　　)。

　　A. 综合指数　　　　　　　　　B. 平均指标指数

　　C. 加权算术平均指数　　　　　D. 加权调和平均指数

6. 某商店在价格不变的条件下,报告期销售量比基期增加 10%,那么报告期商品销售额比基期增加(　　)。

　　A. 1%　　　B. 5%　　　C. 10%　　　D. 3%

7. 在物价上涨后,同样多的人民币少购买商品 3%,则物价指数为(　　)。

　　A. 97%　　　B. 103.09%　　　C. 3%　　　D. 109.13%

8. 某种产品报告期与基期比较产量增长 26%,单位成本下降 32%,则生产费用支出总额为基期的(　　)。

　　A. 166.32%　　　B. 85.68%　　　C. 185%　　　D. 54%

9. 若销售量增加,销售额持平,则物价指数(　　)。

　　A. 降低　　　B. 增长　　　C. 不变　　　D. 趋势无法确定

10. 某商店本年与上年比较,商品销售额没有变化,而各种商品价格上涨了 7%,则商品销售量增(或减)的百分比为(　　)。

　　A. −6.54%　　　B. −3%　　　C. +6.00%　　　D. +14.29%

二、多项选择题

1. 下列属于质量指标指数的有(　　)。

　　A. 价格总指数　　　B. 单位成本指数　　　C. 销售量总指数

　　D. 销售总额指数　　E. 平均指标指数

2. 指数按选择基期的不同可分为(　　)。

　　A. 静态指数　　　B. 动态指数　　　C. 定基指数

　　D. 综合指数　　　E. 环比指数

3. 如果用综合指数的形式编制工业产品产量总指数,下列哪项可以作为同度量因素?(　　)

　　A. 报告期价格　　　B. 基期价格　　　C. 报告期单位成本

　　D. 基期单位成本　　E. 工人劳动生产率

4. 某产品的生产总成本 2020 年为 20 万元,比 2019 年多支出 0.4 万元,单位成本 2020 年比 2019 年降低 2%,则(　　)。

　　A. 生产总成本指数为 102%　　　　　　B. 单位成本指数为 2%

　　C. 产品产量指数为 104%　　　　　　　D. 单位成本指数为 98%

　　E. 由于单位成本降低而节约的生产总成本为 0.408 万元

5. 某工业局所属企业报告期生产费用总额为 50 万元,比基期多 8 万元,单位成本报告期比基期上升 7%,则(　　)。

　　A. 生产费用总额指数为 119.05%

　　B. 单位成本总指数为 107%

　　C. 产品产量总指数为 111.26%

　　D. 由于产量变动而增加的生产费用额为 4.73 万元

　　E. 由于单位成本变动而增加的生产费用额为 3.27 万元

6. 三种商品的综合价格指数为 105%,其绝对影响为 68 万元,这表明(　　)。

　　A. 三种商品的价格平均上涨 5%

　　B. 由于价格上涨使销售额增长 5%

　　C. 由于价格上涨使居民在维持一定生活水准的情况下多支出 68 万元

　　D. 由于价格上涨使商店在一定销售量条件下多收入 68 万元

　　E. 报告期价格与基期价格的绝对差额为 68 万元

7. 在计算综合指数时,同度量因素时期的选择(　　)。

　　A. 应根据指数的经济内容来决定

　　B. 在计算数量指标综合指数时,应将同度量因素固定在基期

　　C. 在计算质量指标综合指数时,应将同度量因素固定在报告期

　　D. 在实际应用中,可将不变价格作为同度量因素

　　E. 应根据基期或报告期资料是否全面来决定

8. 下列属于数量指标指数的有(　　)。

　　A. 产品销售量指数　　B. 产品成本指数　　C. 工业总产出指数

　　D. 零售物价指数　　　E. 职工人数指数

9. 编制总指数的方法有(　　)。

　　A. 综合指数法　　　　B. 平均指数法　　　C. 数量指标指数法

　　D. 质量指标指数法　　E. 因素指数法

10. 编制综合指数首先必须明确的概念有(　　)。

　　A. 指数化因素　　　　B. 同度量因素　　　C. 数量化指标

　　D. 权数　　　　　　　E. 指标间的数量关系

11. 作为综合指数变形使用的平均指数,可以作为加权平均指数的权数的是(　　)。

　　A. $p_0 q_0$　　　　B. $p_1 q_1$　　　　C. $p_0 q_1$　　　　D. $p_1 q_0$

12. 下列属于质量指标指数的有(　　)。

　　A. 产品销售量指数　　B. 产品成本指数　　C. 工业总产出指数

　　D. 零售物价指数　　　E. 劳动生产率指数

13. 假定商品零售物价指数为 115.4%,则说明(　　)。

A. 甲商品零售价格上涨了15.4%
B. 甲商品零售价格上涨可能超过15.4%
C. 甲商品零售价格上涨可能低于15.4%
D. 总体上看,零售物价上涨了15.4%
E. 总体上看,零售物价上涨了115.4%

三、判断题

1. 个体指数是综合指数的一种形式。（　）
2. 平均指数是综合指数的一种形式。（　）
3. 同度量因素时期选择的一般原则是：数量指标综合指数的同度量因素时期固定在报告期,质量指标综合指数的同度量因素时期固定在基期。（　）
4. 如果基期或报告期的资料不全,就不能计算总指数。（　）
5. 指数一般是用百分比表示的相对数。（　）
6. 同度量因素的作用是把不能直接相加的指标过渡到能够相加和比较的指标。（　）
7. 指数体系可以测定各因素的变动对总变动的影响,进行因素分析。（　）

四、简答题

1. 什么是统计指数？它有哪些作用？
2. 如何理解同度量因素？
3. 综合指数确定同度量因素的一般原则是什么？
4. 什么是平均指数？如何确定平均指数的形式和权数？
5. 综合指数与平均指数有何区别与联系？
6. 怎样利用固定权数的加权算术平均指数编制商品零售价格总指数？
7. 什么是指数体系？它有哪些作用？
8. 什么是指数因素分析法？它有哪些步骤？

五、计算题

1. 已知商品销售额报告期比基期增加10%,销售价格下降10%,问：商品销售量有何变化？
2. 某工厂2021年较2020年单位产品成本下降2%,产量增长20%,问：该厂产品总成本将有何变化？
3. 某企业报告期比基期职工人数增加5%,全员劳动生产率(千元/人)提高3%,计算工业总产值提高幅度。
4. 某地区城乡居民2021年与2020年相比,以同样多的人民币少购商品4%,求物价指数。
5. 某厂三种不同产品的生产费用报告期为20万元,比基期多8 000元,单位产品成本比基期降低2%,试计算：
(1) 生产费用指数。
(2) 产品产量指数。
(3) 由于单位产品成本下降而节约的生产费用额。
6. 某市2020年社会商品零售额为8 000万元,2021年增加5%,零售物价上涨8%,试推算该市零售总额变动中零售量和零售价格两个因素变动的影响。

7. 某厂三种产品的单位成本及产量资料如表 8-10 所示。

表 8-10　某厂三种产品资料

产品名称	计量单位	单位产品成本/元		产　　量	
		基期	报告期	基期	报告期
甲	台	180	175	2 100	1 900
乙	件	95	90	2 400	4 100
丙	套	115	100	1 800	1 900

要求：

(1) 计算三种产品产量总指数及产量变动影响的总成本。

(2) 计算三种产品单位成本总指数及单位成本变动影响的总成本。

(3) 从相对数和绝对数两个方面计算、分析三种产品产量变动和单位成本变动对总成本变动的影响。

8. 某商店三种商品销售资料如表 8-11 所示。

表 8-11　某商店三种商品销售资料

商品名称	计量单位	价格/元		销　售　量	
		基期	报告期	基期	报告期
甲	件	20	22	40	50
乙	斤	10	8	50	50
丙	尺	2	2.5	20	18

要求：

(1) 计算三种商品销售量总指数及销售量变动影响的销售额。

(2) 计算三种商品价格总指数及价格变动影响的销售额。

(3) 计算、分析销售额的变动及其原因。

9. 某厂有关资料如表 8-12 所示。

表 8-12　某厂三种产品产量及生产费用资料

产品名称	计量单位	生产费用/万元		2021年较2020年产量增加/%
		2020年	2021年	
甲	件	20	26	25
乙	套	45	48	20
丙	只	35	46	30
合计	—	100	120	—

要求：

(1) 计算该厂三种产品产量总指数及由于产量增长而增加的生产费用。

(2) 计算三种产品单位成本总指数及单位成本变动影响的生产费用。

10. 某商店三种商品销售资料如表 8-13 所示。

表 8-13　某商店三种商品销售资料

商品名称	计量单位	实际销售额/万元		2021年较2020年价格降低率/%
		2020 年	2021 年	
甲	双	80	115	10
乙	件	20	38	5
丙	米	150	187	8
合　计	—	250	340	—

要求：

(1) 计算三种商品销售价格总指数及由于价格下降而减少的销售额。

(2) 计算三种商品销售量总指数及销售量变动影响的销售额。

11. 某商场三种商品销售资料如表 8-14 所示。

表 8-14　某商场三种商品销售资料

商品名称	计量单位	实际销售额/万元		2021年较2020年销售价格变动率/%
		2020 年	2021 年	
甲	千克	400	410	+10
乙	只	600	650	+2
丙	米	150	180	−5
合计	—	1 150	1 240	—

要求：

(1) 计算三种商品销售价格总指数及价格变动影响的销售额。

(2) 计算三种商品销售量总指数及商品销售量变动影响的销售额。

(3) 计算、分析三种商品销售总额的变动及受销售价格与销售量两个因素变动影响的方向和程度。

项目九

抽 样 推 断

知识目标

(1) 理解抽样推断的基本概念、特点和作用；
(2) 了解抽样推断的方法和组织形式；
(3) 了解影响抽样误差及确定必要抽样数目的主要因素；
(4) 掌握抽样平均误差、抽样极限误差和抽样估计的方法。

技能目标

(1) 会计算抽样平均误差和抽样极限误差；
(2) 会点估计、区间估计方法和必要抽样数目的计算；
(3) 会利用抽样推断方法对总体指标进行推断。

 案例导入

抽样推断在大学生消费水平调查中的应用

某高校教师为了了解本院大学生的平均消费水平,在全院 12 000 名学生中随机抽取了 180 名学生,调查这 180 名学生的每月消费支出情况,进而推算全院 12 000 名学生的平均每月生活费用支出(概率保证程度为 95.45%),调查的数据整理如表 9-1 所示。

表 9-1 大学生消费情况调查整理表

每月生活费用支出/元	学生合计/人	比重/%
1 000 元以下	14	7.8
1 000～1 200	50	27.8
1 200～1 400	75	41.6

续表

每月生活费用支出/元	学生合计/人	比重/%
1 400~1 600	32	17.8
1 600 元以上	9	5
合　计	180	100

根据以上资料,我们可以计算出这 180 名学生的平均每月消费支出情况,在此基础上推断全院 12 000 名学生的平均每月生活费用支出的置信区间。本项目将介绍如何进行抽样调查、抽样平均误差的计算、极限误差和总体指标的估计、样本单位数的确定等理论知识和操作技能。

任务一　抽样推断概述

一、抽样推断的概念、特点与作用

(一)抽样推断的概念

抽样推断也称抽样调查。是一种非全面调查。它是按照随机原则,从研究对象的全部单位中抽取一部分单位(样本)进行调查,并用调查所得的数据资料推算总体数量特征的一种统计分析方法。抽样推断的目的不是了解样本本身的数量特征,而是根据样本的数量特征去研究总体的数量特征和规律。

在现实社会经济生活中,许多总体的数量特征往往是未知或无法预知的,但抽样推断为我们提供了一个利用样本的有限信息来了解和掌握总体中未知数量特征的科学方法。

(二)抽样推断的特点

1. 按随机原则从总体中抽取调查单位

随机原则又称等同可能性原则,是指在抽取样本单位时,总体中的每个单位都有同等的被抽中的机会。遵循这一原则,可以使样本单位的选取完全排除个人的主观意识,能保证样本对总体具有更大的代表性,使抽样推断更加精确。

2. 用抽取的部分单位的指标数值推断总体的指标数值

抽样调查通过抽取的部分单位进行调查、整理与分析,计算出所需要的数据,并据以推断整体(总体)相应的数值。这也是抽样调查区别于其他非全面调查及全面调查的重要特点。

3. 抽样误差可以事先计算并加以控制

抽样调查是根据对部分单位调查所取得的资料来推算总体的指标数值,推断结果不可避免地会产生一定的误差。但抽样调查的误差范围可以事先估计,并能把它控制在允许的范围内,从而保证抽样调查的结果达到一定的可靠程度。

(三)抽样推断的作用

1. 解决了对某些现象无法进行全面调查或难以进行全面调查的问题

有些现象无法进行全面调查,如产品质量破坏性检验;有些现象虽可进行全面调查,但在实际工作中很难进行操作,如民意测验、产品满意度调查、城乡居民家庭生活情况调查等,因此常采用抽样调查的方式。采用抽样推断方式既能够达到调查目的,又能节省人力、物力、财力和时间,提高调查的时效性和经济效果。

2. 可以利用抽样推断结果补充或修正全面调查数据

全面调查(如人口普查、经济普查等)因其调查范围广、汇总层次多、调查人员多,很容易产生登记性或计算性误差。这些误差会使统计资料的准确性受到影响。而抽样推断的范围小、参与者数量少且经过严格的培训,较少发生登记误差。在某些情况下,抽样推断的数据比全面调查的数据更准确,抽样调查的资料可对全面调查的结果进行补充、检验和修正。

3. 抽样推断方法可以用于工业生产过程的质量控制

抽样调查不但可用于生产结果质量的检验和估计,还可用于大量生产和批量生产过程中的质量监控。例如对流水线上的产品质量进行监控,就需要每隔一段时间抽取一定数量的产品,检验其是否处于正常状态,及时发现生产过程中存在的问题,以便采取措施,避免成批次出现不合格产品,做到事中控制。

4. 可以对于某些总体的假设进行检验

例如,要想知道新工艺、新技术的改革能否收到明显的效果,需要对未知或完全不知道的总体作出一些假设,然后利用抽样推断法,根据试验的材料对所作假设进行检验,作出判断。

二、抽样推断的几个基本概念

(一) 全及总体和样本总体

全及总体就是调查对象,简称总体,是由调查对象的全部单位组成的整体。全及总体的单位数通常用 N 表示。

样本总体是按照随机原则从全部调查单位中抽取的一部分单位所组成的集合体,简称样本,通常用 n 表示。例如,从全校 15 000 名学生中抽取 200 名学生进行大学生消费情况的调查,这 15 000 名学生构成总体或全及总体,而 200 名学生则构成了一个样本总体或样本。

样本按照样本单位数的多少可分为大样本和小样本。一般认为,$n \geqslant 30$ 为大样本,$n < 30$ 为小样本。统计中抽取的样本多数应为大样本。

(二) 全及指标和样本指标

1. 全及指标

全及指标又称总体指标或总体参数,是根据总体各单位的标志值或标志属性计算的统计指标。常用的全及指标有总体平均数、总体成数、总体标准差和总体方差。

(1) 总体平均数。它是根据总体各单位标志值计算的平均数,是说明总体各单位标志值的一般水平的指标。其计算公式为

$$\overline{X} = \frac{\sum X}{N}$$

(2) 总体成数。它是指总体中具有某一属性的单位数(或不具有某一属性的单位数)占

总体的比重。其计算公式为

$$P = \frac{N_1}{N}$$

或

$$Q = \frac{N_0}{N}$$

(3) 总体标准差和总体方差。它是说明总体内各单位标志值的变异程度的指标。其计算公式为

$$\sigma_{\bar{x}} = \sqrt{\frac{\sum (X - \bar{X})^2}{N}}$$

$$\sigma_{\bar{x}}^2 = \frac{\sum (X - \bar{X})^2}{N}$$

在属性总体条件下，总体成数的标准差和方差计算公式为

$$\sigma_p = \sqrt{P(1-P)}$$

$$\sigma_p^2 = P(1-P)$$

在抽样调查中，总体指标的意义是明确的，但总体指标的具体数值事先是未知的，需要用抽样来估计。

2. 样本指标

根据样本单位标志值或标志属性计算的综合指标称为样本指标，也称抽样指标或统计量。样本指标是用来推断总体指标的(或者叫用来估计总体参数的量)，和总体指标相对应，常用的样本指标有样本平均数、样本成数、样本标准差和样本方差。

(1) 样本平均数。它是说明样本各单位数量标志的一般水平的指标。其计算公式为

$$\bar{x} = \frac{\sum x}{n}$$

(2) 样本成数。它是指样本中具有某一种属性的单位数(或不具有某一种属性的单位数)占样本单位数的比重。其计算公式为

$$p = \frac{n_1}{n}$$

或

$$q = \frac{n_0}{n}$$

(3) 样本标准差和样本方差。它是说明样本内各单位标志值的变异程度的指标。其计算公式为

$$s_{\bar{x}} = \sqrt{\frac{\sum (x - \bar{x})^2}{n}}$$

$$s_{\bar{x}}^2 = \frac{\sum (x - \bar{x})^2}{n}$$

在属性样本条件下，样本成数的标准差和方差计算公式为

和
$$s_p = \sqrt{p(1-p)}$$

$$s_p^2 = p(1-p)$$

(三)重复抽样和不重复抽样

1. 重复抽样

重复抽样也称重置抽样,是从所研究的现象总体中按照随机原则抽取一个样本登记以后,把这个样本再放回总体中,然后从所研究的总体中抽取样本。这种情况下,总体单位数不变,在进行第二次和第三次样本抽取时,已经被抽中的样本仍然有同等的机会再被抽中。

2. 不重复抽样

不重复抽样也称不重置抽样,是从所研究的现象总体中按随机原则抽取一个样本登记以后,不再把这个样本放回总体。这种情况下,所研究现象的总体单位数将逐步减少,每一个样本单位只有一次被抽取的可能。

由于重复抽样和不重复抽样在抽样方法上不同,抽取的样本数也不同,在相同样本容量的条件下,重复抽样的样本个数总是大于不重复抽样的样本个数。

(四)抽样框和样本数

1. 抽样框

抽样框又称抽样结构,是指对可以选择作为样本的总体单位列出名册或排序编号,以确定总体的抽样范围和结构。设计出了抽样框后,便可采用抽签的方式或按照随机数表来抽选必要的单位。若没有抽样框,则不能计算样本单位的概率,从而也就无法进行概率选样。

2. 样本数

样本数又称样本的可能数目,是指从总体 N 个单位中随机抽选 n 个单位构成样本。通常有多种抽选方法,每一种抽选方法实际上都是从总体 N 个单位中抽选择 n 个单位的一种组合,一种组合便构成一个可能的样本,n 个总体单位的组合总数称为样本的可能数目。

相关链接

抽样调查在新产品调查中的应用

为了解普通居民对某种新产品的接受程度,需要在一个城市中抽选 1 000 户居民开展市场调查,在每户居民中,选择 1 名家庭成员作为受访者。

一、总体抽样设计

根据调查要求,抽样为两个阶段进行,第一阶段是从全市的居委会名单中抽选出 50 个样本居委会,第二阶段是从每个被选中的居委会中抽选出 20 户居民。

二、对居委会的抽选

将居委会编上序号后,用计算机产生随机数的方法,可以简单地抽选出所需要的 50 个居委会。

三、在居委会中的抽样

在选定了居委会之后,对居民户的抽选将使用居委会地图来进行操作。首先,抽样员需要了解居委会的实际位置、实际覆盖范围,并计算每一幢楼中实际的居住户数。其次,抽样员根据样本量的要求,采用等距或者其他方法抽选出其中的若干户,作为最终访问的样本。

四、确定受访者

访问员根据抽样员选定的样本户,进行入户访问。如果调查内容涉及的是受访户的家庭情况,则对受访者的选择可以根据成员在家庭生活中的地位确定,例如,可以选择使用计算机最多的人、收入最高的人、实际负责购买决策的人等。

如果调查内容涉及的是个人行为,则家庭中每一个成年人都可以作为被调查者,此时就需要进行第二轮抽样,因为如果任凭访问员人为确定受访者,最终受访者就可能会偏向某一类人,例如家庭中比较好接触的老人、妇女等。

上述案例是一个典型的两阶段入户调查的现场抽样设计,从设计的全过程可以看到,随机原则分别在选择居委会、选择居民户和入户后选择受访者等环节中得到体现。在任何一个环节中,如果随机原则受到破坏,都有可能对调查结果造成无法估计的偏差。调查中的抽样设计是一个复杂的技术环节,非专业的研究人员对此问题需要给予特殊关注。

任务二　抽样推断的组织形式

抽样推断的组织形式有简单随机抽样、类型抽样、等距抽样、整群抽样和多阶段抽样等。

一、简单随机抽样

简单随机抽样也称纯随机抽样,它是对总体单位不做任何分类排队,直接从总体中随机抽取一部分单位来组成样本的抽样组织方式。简单随机抽样适用于在总体各单位变异比较小,且单位数目较少的情况,简单随机抽样的方法有抽签法和随机数表法。随着计算机的普及,利用计算机抽样被广泛使用。

(一)抽签法

抽签法是指对总体的每一个调查单位分别编码,然后将编码写在标签上,将标签均匀混合后,以抽签的方式从中抽取所需要的样本单位。这种方法简便易行,但对于较大的总体,编号做签工作量很大,因此这种方法的应用有一定的局限性。该方法也可分为重复抽样(重复抽签)和不重复抽样(不重复抽签)。

(二)随机数表法

随机数表又称乱数表,是将0~9的10个自然数按编码位数的要求(如两位一组、三位一组、四位一组、五位一组等),利用特制的摇码器(或计算机)自动逐个摇出(或计算机生成)一定数目的号码,将其编成表。这个表内任何数码的出现,都有同等的可能性。利用这个表抽取样本时,可以大大简化抽样的烦琐程序。表9-2就是一个随机数表。

表 9-2　随机数表(部分)

303	247	430	730	186	136	096	247	368	061	257	060	259	168
097	174	224	167	062	242	281	114	257	220	086	232	163	178
164	376	202	327	066	256	150	126	171	207	044	309	195	055
112	156	185	099	126	396	196	368	027	231	247	227	067	219
255	059	156	235	064	238	254	082	046	122	196	154	129	278
169	220	277	294	390	049	549	143	054	182	007	082	330	021
084	042	137	353	310	570	245	155	065	188	064	056	125	234

应用随机数表法的具体步骤如下。

(1) 先取得一份调查总体所有单位的名单(即抽样框)。

(2) 将总体中的所有单位一一按顺序编号。

(3) 根据总体规模是几位数来确定从随机数表中选几位数码。

(4) 以总体的规模为标准,对随机数表中的数码逐一进行衡量并决定取舍。

(5) 根据样本规模的要求选择出足够的数码个数。

(6) 依据从随机数表中选出的数码,在抽样框中找出它所对应的单位。

【例 9-1】　某企业要调查消费者对某产品的需求量,要从 300 户居民家庭中抽选 30 户居民,用随机数表法抽选样本。抽取的具体步骤如下。

(1) 将 300 户居民家庭编号,每一户家庭一个编号,即 001~300(每户居民编号为 3 位数)。

(2) 在表 9-2 中,随机确定抽样的起点和抽样的顺序。假定从第二行第三列第一个数开始抽取,由左向右抽取符合要求的号码为样本号码,如表 9-3 所示。

表 9-3　随机数表的应用

随机数表中的数	符合要求的号码	不选用的原因	随机数表中的数	符合要求的号码	不选用的原因	随机数表中的数	符合要求的号码	不选用的原因
224	224		164	164		195	195	
167	167		376		大于300	055	055	
062	062		202	202		112	112	
242	242		327		大于300	156	156	
281	281		066	066		185	185	
114	114		256	256		099	099	
257	257		150	150		126	126	
220	220		126	126		396		大于300
086	086		171	171		196	196	
232	232		207	207		368		大于300
163	163		044	044		027	027	
178	178		309		大于300			

以上抽取的号码就是所对应每户家庭的编号。

随机数表的特点是表中的数码和排列都是随机形成的,没有任何规律性。

简单随机抽样方法的适用条件是总体单位数目不大、总体单位之间差异程度较小。简单随机抽样一般不单独使用,其优点是最符合抽样的随机原则,简便易行;缺点是适用范围较小。

二、类型抽样

类型抽样也叫分层抽样,就是将总体所有单位按其某一主要标志分成若干类型或组,然后在各个类型或组中,采用随机抽样的方法确定所要抽取的单位。类型的划分必须有清楚的界限,必须要知道各类型中的数目和比例,分类的数目不宜太多,否则将失去类型的特征,不便于在每类中抽样。由于划类分层增大了各类型中单位间的共同性,因此类型抽样容易抽出具有代表性的调查样本。

类型抽样按样本单位在各组的分配情况可分为等比例抽样和不等比例抽样。

(一)等比例抽样

等比例抽样即等比例分配抽样单位数,就是按照各个类型中的单位数占总体单位总数的比例,等比例分配各个类型的抽样单位数。

等比例分配抽样各类型(组)抽取的单位数为

$$n_i = n \times \frac{N_i}{N}$$

式中,n_i 为各类型(组)应抽选的样本单位数;n 为样本单位总数;N_i 为各类型的调查单位数;N 为总体单位总数。

【例 9-2】 某地区共有居民 40 000 户,按家庭收入高低进行分类,其中高收入的有 6 000 户,中等收入的有 24 000 户,低收入的有 10 000 户,要抽取 400 户进行购买力调查,求各种类型居民应抽取的样本单位数。

高收入家庭的样本数为

$$400 \times \frac{6\ 000}{40\ 000} = 60\ (户)$$

中等收入家庭样本数为

$$400 \times \frac{24\ 000}{40\ 000} = 240\ (户)$$

低收入家庭的样本数为

$$400 \times \frac{10\ 000}{40\ 000} = 100\ (户)$$

(二)不等比例抽样

不等比例抽样即不等比例分配抽样单位数,是指分配到各类型(组)的抽样单位数不按照各类型的单位数占总体单位总数的比例来分配。不等比例抽样可以平均分配,也可以按照其他比例分配。

这种分配方法适用于各类总体的个体数相差悬殊或均方差相差较大的情形。

在不等比例分配抽样中,各类型(组)抽取的样本单位数的计算公式为

$$n_i = n \times \frac{N_i \sigma_i}{\sum N_i \sigma_i}$$

式中，n_i 为各类型(组)应抽选的样本单位数；n 为样本单位总数；N_i 为各类型的调查单位数；σ_i 为各类型调查单位平均数(成数)的样本标准差。

【例 9-3】 在例 9-2 中，如果各类样本的标准差分别为：高收入 300 元，中收入 200 元，低收入 100 元。要求：根据各类样本标准差、调查单位数计算各类型(组)抽取的样本单位数。计算过程如表 9-4 所示。

表 9-4 各类型(组)抽取的样本单位数计算表

不同家庭收入	各类调查单位数/户 N_i	各类样本标准差/元 σ_i	乘积 $N_i \sigma_i$
高	6 000	300	1 800 000
中	24 000	200	4 800 000
低	10 000	100	1 000 000
合 计	40 000	—	7 600 000

各类型应抽选的样本单位数如下。

$$高收入样本单位数目 = 400 \times \frac{1\ 800\ 000}{7\ 600\ 000} = 95(户)$$

$$中收入样本单位数目 = 400 \times \frac{4\ 800\ 000}{7\ 600\ 000} = 252(户)$$

$$低收入样本单位数目 = 400 \times \frac{1\ 000\ 000}{7\ 600\ 000} = 53(户)$$

类型抽样的特点是将科学分组法与抽样法结合在一起，分组减小了各抽样层变异性的影响，抽样保证了所抽取的样本具有足够的代表性。当总体数目较大、内部是由差异明显的几部分组成时，往往选择分层抽样的方法。

三、等距抽样

等距抽样是指先按某一标志将总体各单位顺序排列，再根据样本容量的要求确定抽选间隔，最后随机确定起点，每隔一定的间隔抽取一个单位的一种抽样方式，也称为系统抽样、机械抽样或 SYS 抽样。在等距抽样中，先将总体从 $1\sim N$ 相继编号，并计算抽样距离($K = N \div n$)。式中 N 为总体单位总数，n 为样本数。然后在 $1\sim K$ 中抽一个随机数 k_1，作为样本的第一个单位，接着取 $k_1 + K$，$k_1 + 2K$ … 直至抽够 n 个单位为止。

等距抽样各单位按顺序排列的标志，有下列两种排序方法。

(一) 按有关标志排序

有关标志是指总体单位排序的标志与研究目的有直接关系的标志。例如，研究学生学习成绩时按学生学习成绩高低对学生进行排序，研究职工收入水平时按职工的工龄对职工进行排序等。这种按有关标志排队的等距抽样又称有序系统抽样，它能使标志值高低不同的单位，均有可能选入样本，从而提高样本的代表性，减小抽样误差。一般认为，有序系统抽样相较于等比例分层抽样能使样本更均匀地分布在总体中，抽样误差也更小。

（二）按无关标志排序

无关标志是指总体单位排序的标志与研究目的无直接关系的标志。例如，研究学生的学习成绩时按学号排序，调查职工的收入水平时按姓氏笔画排列的职工名单进行抽样；工业生产质量检验时按产品生产的时间顺序进行等距抽样等。一般认为，按无关标志排序的等距抽样是一种抽签法，又称无序系统抽样。

在等距抽样中，不论是按无关标志还是按有关标志排序，都要尽量避免抽样间隔与现象本身的周期性节奏相重合，否则会引起系统误差。例如，农产量抽样调查时样本点的抽样间隔不宜和田间的长度相等，工业产品质量抽查时产品抽样时间间隔不宜和上下班时间一致，以免发生系统性的偏差，影响样本的代表性。

四、整群抽样

整群抽样也称集团抽样，是将总体各单位划分成若干群，然后按纯随机抽样或机械抽样方式从中抽取部分群，对选中群的所有单位进行全面调查的抽样组织方式。整群抽样不管用何种方式，都只能采用不重复抽样方法。

整群抽样中的群大多是自然形成的，如按行政区域、地理区域、时间排序等。例如，对工业产品进行质量调查，可每隔 6 小时抽取 1 小时生产的产品进行检验。其特点是便于组织、实施方便、节省经费；缺点是当不同群之间的差异较大时，由此而引起的抽样误差往往大于简单随机抽样。在抽样调查中，当没有总体单位的原始记录可以利用时，常常采用整群抽样的方法。在实际工作中，采用整群抽样的方法通常都要增加一些样本单位，以减少抽样误差，提高估计的准确性。

五、多阶段抽样

多阶段抽样是指将抽样调查的过程分阶段进行，每个阶段使用的抽样方法往往不相同，即将各种抽样方法结合使用。其实施过程为：先从总体中抽取范围较大的单元，称为一级抽样单元；再从每个抽得的一级单元中抽取范围更小的二级单元；以此类推，最后抽取其中范围更小的单元作为调查单位。多阶段抽样的具体操作过程如下。

第一阶段，将总体分为若干个一级抽样单位，从中抽选若干个一级抽样单位入样。

第二阶段，将入样的每个一级单位分成若干个二级抽样单位，从入样的每个一级单位中各抽选若干个二级抽样单位入样……以此类推，直到获得最终样本。

需要指出的是，采用多阶段抽样时，各阶段既可以采用不同的抽样方法，也可以采用同一种抽样方法，要视具体情况和要求而定。

 参考案例

住户收支与生活状况调查方案（节选）
国家统计局制定 2020 年 11 月

一、调查目的

为全面、准确、及时了解全国和各地区城乡居民收入、消费及其他生活状况，客观监测居民收入分配格局和不同收入层次居民的生活质量，更好地满足研究制定城乡统筹政策和民生政策的需要,为国民经济核算和居民消费价格指数权重制定提供基础数据,依照《中华人民共和国统计法》规定,开展住户收支与生活状况调查(以下简称住户调查)。

二、调查对象

住户调查对象为中华人民共和国境内的住户,既包括城镇住户,也包括农村住户;既包括以家庭形式居住的住户,也包括以集体形式居住的住户。无论户口性质和户口登记地,中国公民均以住户为单位,在常住地参加本调查。

三、调查内容

住户调查内容主要包括居民现金和实物收支情况、住户成员及劳动力从业情况、居民家庭食品和能源消费情况、住房和耐用消费品拥有情况、家庭经营和生产投资情况、社区基本情况以及其他民生状况等。

四、样本抽选

样本抽选包括抽样方法设计、县级调查网点代表性评估、调查小区抽选以及摸底调查、调查住宅抽选、调查户落实等现场抽样工作。样本量按满足以下代表性需求的标准确定:在95%的置信度下,分省居民及分省分城乡居民人均可支配收入、消费支出以及主要收入项和消费项的抽样误差控制在3%以内(个别人口较少的省在5%以内)。由此汇总生成的全国居民及全国城乡居民人均可支配收入和消费支出抽样误差控制在1%以内,主要收入项和消费项的抽样误差控制在3%以内。国家统计局使用统一的抽样框,以省为总体,在对县级调查网点代表性进行评估的基础上,采用分层、多阶段随机抽样方法抽选调查住宅,确定调查户。

五、数据采集

住户调查采用日记账和问卷调查相结合的方式采集基础数据。其中,居民现金收入与支出、实物收入与支出等内容主要使用记账方式采集。住户成员及劳动力从业情况、住房和耐用消费品拥有情况、家庭经营和生产投资情况、社区基本情况及其他民生状况等资料使用问卷调查方式采集。

调查基础数据包括样本信息、调查户记账数据和问卷调查数据。由市县调查统计机构负责对记账数据进行编码,采用国家统计局指定的数据处理程序录入调查基础数据。有条件的地方可采用调查户电子记账和调查员手持电子终端采集数据。市、县调查统计机构对录入的数据进行初步审核。

六、数据处理

数据处理包括数据审核、加权、汇总和评估。全国、省、市、县各级汇总结果根据分户基础数据、采用加权汇总方式生成。各级汇总权数由国家统计局统一制定。

七、数据发布

分省住户调查结果数据按年度和季度发布,季度主要发布居民收支数据,其余数据按年度发布。季度资料于季后通过新闻发布会、国家统计局网站公布;年度资料除上述途径外,还在次年通过统计公报、《中国统计年鉴》和《中国住户调查年鉴》公布。

八、数据质量控制

住户调查实行全过程质量控制。国家统计局规范方案设计,科学抽选样本,认真组织培训,严格流程管理,加强监督检查。各级调查统计部门要加强调查基础工作,加强对调查过程的各个环节监督检查,及时、独立上报数据。

九、其他

本方案实行全国统一的统计分类标准和编码,各级调查统计部门必须严格执行。

本方案自 2020 年 12 月 1 日开始执行。

本方案由国家统计局负责解释。

资料来源:国家统计局。

抽样调查方法
一览图

任务三　抽 样 误 差

一、抽样误差的概念与影响因素

(一)抽样误差的概念

简单来说,抽样误差是指抽样调查中样本指标与全及总体指标之间的绝对离差。随机抽样的偶然因素会导致样本各单位的结构不足以代表总体各单位的结构,从而引起抽样指标和全及指标的绝对离差。抽样平均数与总体平均数的绝对离差 $|\bar{x}-\bar{X}|$、抽样成数与总体成数的绝对离差 $|p-P|$ 便是抽样误差。例如,某班级 50 名学生中,有 30 名男生和 20 名女生,现在随机抽取 5 名学生,由于是随机抽取,所以未必都能抽到 3 名男生和 2 名女生,使得利用样本计算的性别比例指标不能代表班级学生的性别比例指标,而样本指标和总体指标之间存在的绝对离差就是抽样误差。

(二)影响抽样误差的因素

影响抽样误差大小的因素主要有以下四个。

1. 总体各单位标志值的差异程度

不同的总体,其内部差异程度是不一样的,总体差异程度越大,抽样误差也越大;反之则越小。

2. 样本单位数

在相同条件下,样本的单位数越多,抽样误差越小;样本单位数越小,抽样误差越大。所以抽样时要保证必要的抽样单位数目。

3. 抽样方法

抽样方法包括重复抽样和不重复抽样。一般来说,不重复抽样的误差要小于重复抽样的抽样误差。

4. 抽样调查的组织形式

采用不同的抽样组织形式,也会产生不同的抽样误差。例如,整群抽样的误差就较大,而类型抽样的误差就小于简单随机抽样和整群抽样;按有关标志排序的系统抽样比等比例分层抽样误差也要小。

二、抽样平均误差的概念与计算

(一)抽样平均误差的概念

抽样平均误差是反映抽样误差一般水平的指标,是所有可能抽中的样本指标(平均数或成数)与全及总体相应指标的平均离差程度。当我们对某一现象进行抽样调查时,可以抽出很多的样本,而每个样本都可以计算相应的抽样平均数和抽样成数,这样,它们和总体平均数或总体成数的误差也就有很多种。此时,抽样平均误差反映了抽样误差的一般水平。

通常用抽样平均数的标准差或抽样成数的标准差来作为衡量其抽样误差一般水平的尺度。按照标准差的一般意义,抽样平均数(或成数)的标准差是根据抽样平均数(或成数)与其总体平均数(或成数)的离差平方和计算的,通常用下列公式来表示。

$$\bar{\mu}_{\bar{x}} = \sqrt{\frac{\sum (\bar{x} - \bar{X})^2}{M}}$$

或

$$\bar{\mu}_p = \sqrt{\frac{\sum (p - P)^2}{M}}$$

式中,$\bar{\mu}_{\bar{x}}$ 为抽样平均数的平均误差;$\bar{\mu}_p$ 为抽样成数的平均误差;M 为全部可能的样本数。

这些公式表明了抽样平均误差与抽样平均数和抽样成数的关系,但是由于总体平均数和总体成数并不知道,而且也无法计算全部样本的抽样指标值,所以按上述公式计算抽样平均误差实际上是不可能的。在实际工作中,可以通过其他方法加以推算解决。下面分别介绍抽样平均数和抽样成数的抽样平均误差的计算问题。

(二) 抽样平均误差的计算

1. 抽样平均数的平均误差

抽样平均数的平均误差分为重复抽样和不重复抽样二种情况。

重复抽样条件下的计算公式为

$$\mu_{\bar{x}} = \frac{\sigma}{\sqrt{n}} \quad \text{或} \quad \mu_{\bar{x}} = \sqrt{\frac{\sigma^2}{n}}$$

不重复抽样条下的计算公式为

$$\mu_{\bar{x}} = \sqrt{\frac{\sigma^2}{n} \left(\frac{N-n}{N-1} \right)}$$

式中,$\mu_{\bar{x}}$ 为平均数的抽样平均误差;σ 为全及总体的标准差;σ^2 为全及总体的方差;N 为全及总体的单位数;n 为样本单位数。

当 N 较大时,不重复抽样条件下平均误差的计算公式为

$$\mu_{\bar{x}} = \sqrt{\frac{\sigma^2}{n} \left(1 - \frac{n}{N} \right)}$$

从这一公式可以看出,抽样平均误差和总体标准差成正比。

2. 抽样成数的平均误差

抽样成数的平均误差也分为重复抽样和不重复抽样两种情况。

重复抽样条件下的计算公式为

$$\mu_p = \frac{\sigma}{\sqrt{n}} = \sqrt{\frac{p(1-p)}{n}}$$

不重复抽样条件下的计算公式为

$$\mu_p = \sqrt{\frac{p(1-p)}{n}\left(\frac{N-n}{N-1}\right)}$$

式中,p 表示成数;μ_p 表示成数的抽样平均误差。

当 N 较大时,其计算公式为

$$\mu_p = \sqrt{\frac{p(1-p)}{n}\left(1-\frac{n}{N}\right)}$$

利用上述公式计算抽样平均误差时要注意以下两点。

(1) 上式中的标准差 σ 和成数 p 是全及总体的标准差和成数,但实际上,全及总体的标准差和成数通常是不知道的,一般情况下,用样本的标准差和成数来代替,得到近似值。

(2) 因为 $\left(1-\dfrac{n}{N}\right)$ 小于1,所以不重复抽样条件下的抽样平均误差小于重复抽样条件下的抽样平均误差;当 N 较大时,不重复抽样条件下的抽样平均误差与重复抽样条件下的抽样平均误差相差很小。因而在实际工作中,通常采用不重复抽样方法进行抽样。为简化流程,对采用不重复抽样的情况往往也通过采用重复抽样的误差公式计算抽样平均误差。

【例 9-4】 从某厂生产的 10 000 个日光灯管中随机抽取 100 个进行检查,假如该厂日光灯平均使用寿命的标准差为 100 小时,试计算该厂日光灯管平均使用寿命的抽样平均误差。

重复抽样条件下的平均误差为

$$\mu_{\bar{x}} = \frac{\sigma}{\sqrt{n}} = \frac{100}{\sqrt{100}} = 10(小时)$$

不重复抽样条件下的平均误差为

$$\mu_{\bar{x}} = \sqrt{\frac{\sigma^2}{n}\left(1-\frac{n}{N}\right)} = \sqrt{\frac{100^2}{100}\left(1-\frac{100}{10\ 000}\right)} = \sqrt{99} \approx 9.95(小时)$$

【例 9-5】 某工厂从 10 000 件产品中随机抽取 1 000 件进行调查,测得有 85 件不合格,试求产品合格率的抽样平均误差。

根据条件可知,产品合格率为

$$p = \frac{915}{1\ 000} = 91.5\%$$

重复抽样条件下的平均误差为

$$\mu_p = \sqrt{\frac{p(1-p)}{n}} = \sqrt{\frac{0.915 \times (1-0.915)}{1\ 000}} \approx 0.88\%$$

不重复抽样条件下的平均误差为

$$\mu_p = \sqrt{\frac{p(1-P)}{n}\left(1-\frac{n}{N}\right)} = \sqrt{\frac{0.915 \times (1-0.915)}{1\ 000} \times \left(1-\frac{1\ 000}{10\ 000}\right)} \approx 0.84\%$$

通过计算可以看出,采用重复抽样公式和不重复抽样的结果相差很少。

抽样平均误差是测定抽样误差的基本指标,反映的是误差平均值的大小。抽样平均误差的作用表现在它能够说明样本指标代表性的大小。平均误差越大,说明样本指标对全及总体指标的代表性越差。

阅读资料

××市居民日常消费构成调查

调查人员希望对全市居民在日常消费类别的组成做一番调查。考虑到居民以居委会为基本单位,可将××市的若干居委会分为"群",采取分群随机抽样的方法来确定调查样本。

第一步：将所有居委会逐一编码。

第二步：制订一份随机数码表。

第三步：根据随机数码表中数字出现的次序,抽取对应数字的样本群——居委会。

第四步：抽取原规定的样本群数,将它们集合到一起,确立调查样本。

调查人员在尝试分群随机抽样方法后发现,采用这种方法确定调查样本会使误差大到无法接受的地步,而多阶段随机抽样方法可解决这个问题。具体操作步骤如下。

第一步：将××市各区县逐一编码,再使用随机数码表抽取若干区县。

第二步：将抽中区县的全部街道列出并编码,再根据随机数码表抽取若干街道。

第三步：将抽中街道的全部下属居委会逐一列出并编码,再根据随机数码表抽取若干居委会。

如果调查人员觉得根据这些居委会进行普查式的调查能够确保获得结果,那么这个三阶段调查即告成立。反之,则可将抽中的居委会下属的居民小组再全部列出,按随机数码表实施第四阶段的抽样。

抽样误差

任务四　抽样极限误差与抽样估计

一、抽样极限误差

(一)抽样极限误差的概念

抽样极限误差又称抽样允许误差,是指样本指标与总体指标之间产生的抽样误差被允许的最大可能范围。以样本的抽样指标来估计总体指标,要达到完全准确毫无误差几乎是不可能的,所以,在估计总体指标的同时必须考虑估计误差的大小。我们不希望误差太大,但误差也不是越小越好,因为在一定限度之后减少抽样误差势必会增加很多费用。所以,在进行抽样推断时,应根据所研究对象的变异程度和任务的要求来确定可允许误差的范围,在这个范围内的数字都算是有效、允许的,这一允许范围称作抽样极限误差。

抽样极限误差通常用样本指标可允许变动的上限或下限与总体指标的绝对离差表示。设 $\Delta_{\bar{x}}$、Δ_p 分别表示抽样平均数极限误差和抽样成数极限误差,则有

$$\Delta_{\bar{x}} = |\bar{x} - \bar{X}|$$
$$\Delta_p = |p - P|$$

很容易将上面的等式变换为下列不等式关系

$$\bar{x} - \Delta_{\bar{x}} \leqslant \bar{X} \leqslant \bar{x} + \Delta_{\bar{x}}$$
$$p - \Delta_p \leqslant P \leqslant p + \Delta_p$$

公式表示总体平均数 $\bar{X}$(总体成数 P)是以抽样平均数 $\bar{x}$(抽样成数 p)为中心,在 $\bar{x} - \Delta_{\bar{x}}$ 至 $\bar{x} + \Delta_{\bar{x}}$($p - \Delta_p$ 至 $p + \Delta_p$)之间变动,区间 $\bar{x} - \Delta_{\bar{x}}$ 至 $\bar{x} + \Delta_{\bar{x}}$($p - \Delta_p$ 至 $p + \Delta_p$)称为平均数

（成数）的置信区间，区间的总长度为 $2\Delta_{\bar{x}}(2\Delta_p)$，在这个区间内样本平均数（样本成数）和总体平均数（总体成数）之间的绝对离差不超过 $\Delta_{\bar{x}}(\Delta_p)$。

由于总体平均数是未知的，需要用实测的抽样平均数和成数来估计，因而抽样极限误差的实际意义是希望总体平均数 $\bar{X}$ 落在 $(\bar{x}-\Delta_{\bar{x}}$ 至 $\bar{x}+\Delta_{\bar{x}})$，总体成数 P 落在 $(p-\Delta_p$ 至 $p+\Delta_p)$，这两个区间称为估计区间。

（二）抽样误差的概率度

在一定的全及总体中，当抽样方式和样本单位数确定时，抽样平均数是一个定值，而抽样极限误差则可以根据人们研究目的的不同，人为加以确定。因此抽样极限误差通常需要以平均误差 $\mu_{\bar{x}}$ 或 μ_p 为标准单位来衡量，把抽样极限误差 $\Delta_{\bar{x}}$ 或 Δ_p 分别除以 $\mu_{\bar{x}}$ 或 μ_p，得出相对数 t，它表示误差范围为抽样平均误差的若干倍。也正基于此，我们称平均抽样误差为测度误差可能范围的一种尺度，即 t 是测量估计抽样误差范围可靠程度的参数，也称为抽样误差的概率度。其计算公式为

$$t=\frac{\Delta_{\bar{x}}}{\mu_{\bar{x}}}$$

$$t=\frac{\Delta_p}{\mu_p}$$

抽样极限误差也可以表示为抽样平均误差的若干倍，其倍数即是概率度 t。其计算公式为

$$\Delta_{\bar{x}}=t\mu_{\bar{x}}$$

$$\Delta_p=t\mu_p$$

由上式可知，极限误差 Δ 可以用 t 倍的抽样平均误差 μ 表示，在抽样平均误差一定的条件下，概率度 t 的数值越大，抽样极限误差 Δ 越大，则总体指标落在 $\bar{x}-\Delta_{\bar{x}}$ 至 $\bar{x}+\Delta_{\bar{x}}$（$p-\Delta_p$ 至 $p+\Delta_p$）区间的可能性就越大，即可靠程度 $F(t)$ 越大，估计的精确程度就越低；反之，若 t 的数值越小，则 Δ 越小，抽样估计的可靠程度也就越低，即可靠程度 $F(t)$ 越小，估计的精确程度就越高。

在统计抽样推断中常用的概率度 t、可靠程度 $F(t)$ 的对应关系如表 9-5 所示。

表 9-5 常用概率度与概率保证程度对照表

概率度/t	概率保证程度 F/t	概率度/t	概率保证程度 F/t
0.50	0.382 9	1.96	0.950 0
1.00	0.682 7	2.00	0.954 5
1.28	0.800 0	2.58	0.990 0
1.64	0.900 0	3.00	0.997 3

从抽样极限误差的计算公式可以看出，抽样极限误差与概率度和抽样平均误差三者之间存在以下关系。

（1）在平均误差不变的情况下，增大概率度，把握程度就会增加，误差范围也会随之扩大，这时估计的精确度将降低；反之，要提高估计的精度，就要缩小概率度，此时把握程度也会降低。

（2）在概率度不变的情况下，抽样平均误差越小，误差范围也越小，估计的精确度就越高；反之抽样平均误差越大，误差范围就越大，估计的精确度就越低。

可见，估计的精确度与可靠度的要求是矛盾的，在做出估计时必须在两者之间全面考虑、慎重选择。

二、抽样估计

抽样估计就是利用实际调查计算的样本指标数值来估计相应的总体指标数值。由于总体指标是表明总体数量特征的参数，所以抽样估计也称为参数估计。抽样估计有点估计和区间估计两种方法。

（一）点估计

总体指标的点估计是指用抽样取得的样本指标数值直接估计和代表全及总体指标数值的一种估计方法。用样本平均数直接估计总体平均数，用样本成数直接估计总体成数，即 $\bar{x}=\bar{X}$ 和 $p=P$。例如，某村对 3 000 亩土地的粮食产量进行抽样调查，抽选了 30 亩作为样本，测得样本平均亩产 470 千克，则推算全村 3 000 亩土地的粮食总产量的估计值为 470×3 000＝1 410 000（千克）；再如，对某产品 10 000 个进行检查，随机抽取 100 个，合格率为 96％，可推断出 10 000 个产品的合格率为 96％。

点估计的优点是直观、简便，所以在实际工作中经常采用，不足之处是这种方法没有考虑到抽样估计的误差，更没有指明误差在一定范围内的概率保证程度。因此，只有当抽样误差较小，或即使抽样误差较大也不妨碍对问题的认识和判断时，才可以使用这种方法进行抽样估计。

（二）区间估计

1. 区间估计的含义

区间估计就是把样本指标和抽样误差结合起来推算总体指标的可能范围，并给出总体指标落在某个区间的概率保证程度。区间估计既表明估计结果的准确程度，又表明这个估计结果的可靠程度，所以区间估计是比较科学的，它是抽样估计的主要方法。决定估计区间大小的因素有三个：一是样本平均数，二是抽样平均误差，三是概率度。

（1）总体平均数的区间估计公式为

$$\bar{x}-\Delta_{\bar{x}} \leqslant \bar{X} \leqslant \bar{x}+\Delta_{\bar{x}}$$

式中，$\bar{x}-\Delta_{\bar{x}}$ 和 $\bar{x}+\Delta_{\bar{x}}$ 分别为估计总体平均数的下限和上限；$[\bar{x}-\Delta_{\bar{x}},\bar{x}+\Delta_{\bar{x}}]$ 为总体平均数的估计区间。

（2）总体成数的区间估计公式为

$$p-\Delta_p \leqslant P \leqslant p+\Delta_p$$

式中，$p-\Delta_p$ 和 $p+\Delta_p$ 分别为估计总体成数的下限和上限；$[p-\Delta_p,p+\Delta_p]$ 为总体成数的估计区间。

2. 区间估计的计算

进行区间估计时，有总体平均数估计和总体成数估计两种情况。

（1）已知概率保证程度，计算抽样极限误差并对总体指标做出区间估计。

【例 9-6】 某农场进行小麦产量抽样调查，小麦播种面积为 10 000 亩，采用不重复随机抽样,从中抽选 100 亩进行调查,测得样本平均亩产量 450 千克,方差 460 千克,试以 95.45% 的概率保证程度估计该农场小麦平均亩产量和总产量的区间。

已知 $\bar{x}=450, \sigma^2=460, F(t)=95.45\%, t=2, N=10\,000, n=100$。

① 在 95.45% 的情况下,概率保证程度为估计该农场小麦平均亩产量区间:

$$\mu_{\bar{x}}=\sqrt{\frac{\sigma^2}{n}\left(1-\frac{n}{N}\right)}=\sqrt{\frac{460}{100}\left(1-\frac{100}{10\,000}\right)}=2.1(千克)$$

$$\Delta_{\bar{x}}=t\mu_{\bar{x}}=2\times 2.1=4.2(千克)$$

$$下限=\bar{x}-\Delta_{\bar{x}}=450-4.2=445.80(千克)$$

$$上限=\bar{x}+\Delta_{\bar{x}}=450+4.2=454.2(千克)$$

当概率保证程度为 95.45% 时,该农场 10 000 亩小麦平均亩产量在 445.8~454.2 千克。

② 在概率保证程度为 95.45% 的情况下,小麦总产量估计区间:

$$小麦总产量的下限=10\,000\times 445.8=4\,458\,000(千克)$$

$$小麦总产量的上限=10\,000\times 454.2=4\,542\,000(千克)$$

当概率保证程度为 95.45% 时,小麦总产量的范围在 4 458 000~4 542 000 千克。

【例 9-7】 对某种农作物的种子发芽率进行检测实验,随机抽取 100 粒,测得发芽率为 90%;若规定概率保证程度为 95.45%,求种子发芽率的极限误差及允许误差范围。

已知 $p=90\%, F(t)=95.45\%, t=2, n=100$,有

$$\mu_p=\sqrt{\frac{p(1-p)}{n}}=\sqrt{\frac{90\%\times(1-90\%)}{100}}=3\%$$

$$\Delta_p=t\mu_p=2\times 3\%=6\%$$

$$下限=p-\Delta_p=90\%-6\%=84\%$$

$$上限=p+\Delta_p=90\%+6\%=96\%$$

当概率保证程度为 95.45% 时,发芽率的极限误差为 0.06%,全部种子的发芽率为 89.94%~90.06%。

(2) 已知抽样误差范围,计算概率保证程度并进行区间估计。

【例 9-8】 某企业为了解职工的奖金情况,从 1 500 名职工中纯随机不重复抽取 100 名进行调查,调查结果如表 9-6 所示,现要求职工平均月奖金的允许误差范围不超过 50 元,月奖金不足 800 元的职工所占比例的允许误差不超过 5%。

要求:

(1) 估计全部职工平均奖金的区间及概率保证程度。

(2) 对全部职工中平均月奖金不足 800 元的职工所占比重进行区间估计并计算其保证程度。

表 9-6 职工月奖金标准差计算表

按月奖金分组/元	组中值/元 x	人数/人 f	xf	$x-\bar{x}$	$(x-\bar{x})^2 f$
800 以下	700	10	7 000	−440	1 936 000

续表

按月奖金分组/元	组中值/元 x	人数/人 f	xf	$x-\bar{x}$	$(x-\bar{x})^2 f$
800~1 000	900	20	18 000	−240	1 152 000
1 000~1 200	1 100	25	27 500	−40	40 000
1 200~1 400	1 300	30	39 000	160	768 000
1 400 以上	1 500	15	22 500	360	1 944 000
合计	—	100	114 000	—	5 840 000

已知 $N=1\,500$，$n=\sum f=100$，$\Delta_{\bar{x}}=50$ 元，$\Delta_p=5\%$，$P=\dfrac{10}{100}=10\%$。

(1) 估计全部职工平均奖金的区间及概率保证程度：

$$\text{样本平均数 } \bar{x}=\frac{\sum xf}{\sum f}=\frac{114\,000}{100}=1\,140(\text{元})$$

$$\text{样本方差 } \sigma^2=\frac{\sum(x-\bar{x})^2 f}{\sum f}=\frac{5\,840\,000}{100}=58\,400(\text{元})$$

$$\text{抽样平均误差 } \mu_{\bar{x}}=\sqrt{\frac{\sigma^2}{n}\left(1-\frac{n}{N}\right)}=\sqrt{\frac{58\,400}{100}\left(1-\frac{100}{1\,500}\right)}=23.35(\text{元})$$

全部职工的平均奖金的估计区间为

$$\text{上限}=\bar{x}+\Delta=1\,140+50=1\,190(\text{元})$$
$$\text{下限}=\bar{x}-\Delta=1\,140-50=1\,090(\text{元})$$

全部职工平均月奖金的估计范围为 1 090~1 190 元。

$$\text{概率度 } t=\frac{\Delta}{\mu_{\bar{x}}}=\frac{50}{23.35}=2.14$$

当 $t=2.14$ 时，查正态分布概率表可得 $F(t)=96.8\%$。

估计全部职工平均月奖金在 1 090~1 190，允许误差不超过 50 元，估计的概率保证程度为 96.8%。

(2) 月奖金不足 800 元的职工所占比重的区间估计及其保证程度。

800 元奖金以下的人数为 10 人，则有

$$p=\frac{10}{100}=10\%$$

$$\text{成数的抽样平均误差 } \mu_p=\sqrt{\frac{p(1-p)}{n}\left(1-\frac{n}{N}\right)}=\sqrt{\frac{0.1\times 0.9}{100}\left(1-\frac{100}{1\,500}\right)}=2.9\%$$

全体职工中月奖金不足 800 元的职工所占比重的区间及其保证程度为

$$\text{下限}=p-\Delta_p=10\%-5\%=5\%$$
$$\text{上限}=p+\Delta_p=10\%+5\%=15\%$$

$$\text{概率度 } t=\frac{\Delta_p}{\mu_p}=\frac{5\%}{2.9\%}=1.72$$

当 $t=1.72$ 时,查正态分布概率表 $F(t)=91.5\%$。

估计全部职工中平均月奖金不足 800 的职工所占比重在 $5\%\sim15\%$,概率保证程度为 91.5%。

任务五　必要样本容量的确定

样本容量又称"样本数",指一个样本的必要抽样单位数目。在组织抽样调查时,抽样误差的大小直接影响样本指标的代表性,而必要的样本单位数目是保证抽样误差不超过某一给定范围的重要因素之一。因此,在抽样设计时,必须确定样本单位数目,因为适当的样本单位数目是保证样本指标具有充分代表性的基本前提。

如果样本数目太大,虽然能够满足调查精度的要求,但是,势必会延长调查的时间,耗费更多的人力和物力;而如果样本数目太小,又不能够满足调查精度的需要,影响对总体推断的准确性。我们一般将既能满足抽样推断精确性和可靠性的要求,又不会造成浪费的样本数目称为必要样本数目。

一、影响必要样本单位数目确定的因素

(一) 总体标志值变异程度

总体的标志变异程度越大,需要抽取的样本单位越多,反之则越少。

(二) 抽样推断可靠程度的要求

抽样推断的可靠程度也就是概率度。若要提高抽样推断的可靠程度,抽取的样本数目就要多些;若可靠程度要求不高,抽样的数目就可以少些。

(三) 允许误差的大小

一般允许误差越大,对推断总体的精度要求越低,抽取的样本数目就相对可以少些;反之,抽取的样本数目就要多一些。

(四) 抽样方法和抽样组织形式

一般来说,在相同的条件下,采用重复抽样时,样本容量应大一些;采用不重复抽样时,样本容量应小一些。此外,样本容量的大小还取决于不同的抽样组织方式。一般类型抽样和等距抽样比简单随机抽样需要抽取的样本容量小,整群抽样比简单随机抽样所需要抽取的样本容量大。

从以上因素考虑抽样单位数目后,还应结合调查的人力、物力和财力的具体情况进行适当调整,再最后决定。

二、必要样本单位数目的确定

必要样本单位数目是在抽样误差范围和相应的概率保证程度既定的条件下,由抽样极限误差、概率度和抽样平均误差三者之间的关系推算出来的,即通过公式 $\Delta=t\mu$ 之间的关系推算出来。不同的抽样方法有不同的抽样误差的计算公式,因此,必要样本单位数目的确定也有不同的方法。为了方便计算,我们一般以简单随机抽样方式为例,介绍必要样本单位数目的确定方法。

（一）推断总体平均数所需要的样本单位数目

（1）重复抽样时所需的样本单位数目计算公式为

$$n_{\bar{x}} = \frac{t^2 \sigma^2}{\Delta_{\bar{x}}^2}$$

（2）不重复抽样时所需的样本单位数目计算公式为

$$n_{\bar{x}} = \frac{Nt^2 \sigma^2}{N\Delta_{\bar{x}}^2 + t^2 \sigma^2}$$

（二）推断总体成数所需要的样本单位数目

（1）重复抽样时所需的样本单位数目计算公式为

$$n_p = \frac{t^2 p(1-p)}{\Delta_p^2}$$

（2）不重复抽样时所需的样本单位数目计算公式为

$$n_p = \frac{Nt^2 p(1-p)}{N\Delta_p^2 + t^2 p(1-p)}$$

【例9-9】 某企业要检验生产的10 000盒产品的质量，根据以往的资料，这种产品每盒质量的标准差为25克，要求可靠程度为95.45%，平均每盒质量的误差不超过5克，求应抽查多少盒产品。

已知 $\sigma = 25, F(t) = 95.45\%, t = 2, N = 10\ 000, \Delta_{\bar{x}} = 5$ 克。

（1）采取重复抽样应抽取的必要样本数目为

$$n_{\bar{x}} = \frac{t^2 \sigma^2}{\Delta_{\bar{x}}^2} = \frac{2^2 \times 25^2}{5^2} = 100 （盒）$$

（2）采取不重复抽样应抽取的必要样本数目为

$$n_{\bar{x}} = \frac{Nt^2 \sigma^2}{N\Delta_{\bar{x}}^2 + t^2 \sigma^2} = \frac{10\ 000 \times 2^2 \times 25^2}{10\ 000 \times 5^2 + 2^2 \times 25^2} = 99 （盒）$$

【例9-10】 某企业生产的电池，月生产量为40 000只，根据以往的资料测得一等品率为94%，要求重新抽查一等品率，误差范围不超过2%，概率保证程度为95.45%，求抽样单位数目应为多少。

已知 $p = 94\%, F(t) = 95.45\%, t = 2, N = 40\ 000, \Delta_p = 2\%$。

（1）采取重复抽样应抽取的必要样本数目为

$$n_p = \frac{t^2 p(1-p)}{\Delta_p^2} = \frac{2^2 \times 0.94 \times (1-0.94)}{0.02^2} = 564 （只）$$

（2）采取不重复抽样应抽取的必要样本数目为

$$n_p = \frac{Nt^2 p(1-p)}{N\Delta_p^2 + t_p^2(1-p)} = \frac{40\ 000 \times 2^2 \times 0.94 \times (1-0.94)}{40\ 000 \times 0.02^2 + 2^2 \times 0.94 \times (1-0.94)} = 556 （只）$$

计算必要样本单位数目时，要注意以下两点。

第一，如果有几种不同的成数资料 p，应选择 $p(1-p)$ 值最大的（方差）。$p(1-p)$ 有个特点，它的最大值是 $0.5 \times 0.5 = 0.25$，也就是说，当具有不同表现的总体单位各占一半时，它的变异程度最大，选用最大的 $p(1-p)$ 值，也就是最接近 0.25 这个方差值；因此，在总体成数或方差未知时，也可选择方差最大的值来代替，这样计算出来的平均误差会偏大些，有利于保证抽样推断的准确程度。

第二,如果在一次抽样调查中,同时对总体平均数和总体成数进行推断,可以计算出两个样本单位数目。一般情况下,二者是不相等的,为了同时满足两种推断的要求,一般在两个样本单位数目中选择数目较大的作为必要样本单位数目。

 相关链接

在抽样调查中确定样本容量的一些实用方法

在市场调查中,如果要确定样本容量,需要考虑的因素很多,这里主要介绍几种较常见的实用方法。

1. 确定样本容量的基本公式

在简单随机抽样条件下,通过抽样平均数确定样本容量的公式为

$$n_{\bar{x}} = \frac{t^2 \sigma^2}{\Delta_{\bar{x}}^2}$$

或

$$n_{\bar{x}} = \frac{Nt^2 \sigma^2}{N\Delta_{\bar{x}}^2 + t^2 \sigma^2}$$

在简单随机抽样条件下,通过抽样成数确定样本容量的公式为

$$n_p = \frac{t^2 p(1-p)}{\Delta_p^2}$$

或

$$n_p = \frac{Nt^2 p(1-p)}{N\Delta_p^2 + t^2 p(1-p)}$$

2. 确定调查精度

调查精度通常有两种表达方法:绝对误差数与相对误差数。如对某市的居民进行收入调查,要求调查的人均收入误差范围上下不超过 50 元,这就是绝对数表示法。而相对数误差则是绝对误差与样本平均值的比值。例如,我们可能要求调查收入与真实情况的误差不超过 1‰,假定被调查城市的真实人均收入为 10 000 元,则相对误差的绝对数是 100 元。

3. 公式的应用方法

在运用公式时,一些参数是我们可以事先确定的。如 t 值取决于概率保证程度,通常可以考虑 95% 的概率保证程度,此时 $t=1.96$;或者概率保证程度为 99%,此时 $t=2.58$,然后可以确定允许误差 Δ。因此,公式应用的关键是如何确定总体的标准差 σ。如果可以估计出总体的方差(或标准差),那么就可以根据公式计算出样本容量。例如,要了解某城市的居民收入,假定调查人员知道该市居民收入的标准差为 1 500 元,要求的调查误差不超过 100 元,则在 95% 的概率保证程度下,所需要的样本量为

$$n = \frac{1.96^2 \times 1\,500^2}{100^2} = 864$$

即需要调查的样本量为 864 个。

4. 实际调查样本量确定的原则

在实际的市场调查中,要综合考虑多种因素,采用多种方式来确定样本容量。

（1）调查的主要目标。一个现实的市场调查往往有多个目标，对于一些目标单一的调查，调查的样本量往往可以很少，比如100个，甚至50个就足够了。而对于具有多个目标的调查，必须考虑这些目标中变异程度最大、要求精度最高的目标，要调查的样本量自然要大些。

（2）分类比较的程度。分类是市场调查中最基本的一个方法，调查者往往是通过分类来发现细分市场，确定产品的市场定位等。假定对同一调查目标，在一定精度与概率保证程度下，只需要100个样本量就足够了，如果还希望了解不同性别的消费者市场，则确定样本量时就需要考虑两类消费者的样本量，这样调查的总样本量可能需要200个以上；如果希望了解不同年龄层的消费者，则可能要将消费者分为多类，如分为20岁以下、20～35、36～50、50以上四类，这种情况下样本量就需要400个以上，也就是说，确定样本量时必须考虑到每一类别的样本量。

（3）调查区域的大小。根据常识，调查区域越大，所需要的样本量可能越大，因为大区域内的样本变异程度调查人员通常较难掌握。此外，在实际调查中，往往还需要对大区域进行进一步的分类，以寻求更加准确的市场细分，因此，对于同一调查目标，在北京进行调查所需要的样本量通常要大于济南。

抽样调查的样本容量确定方法

同步练习与技能实训

【基本概念】

抽样总体　样本　重复抽样　不重复抽样　简单随机抽样　等距抽样
类型抽样　整群抽样　阶段抽样　抽样误差　抽样平均误差　抽样极限误差
区间估计　样本容量

【基本训练】

一、单项选择题

1. 反映抽样指标与总体指标之间抽样误差可能范围的指标是（　　）。
   A. 抽样平均误差　　　　　　　　B. 抽样极限误差
   C. 抽样误差系数　　　　　　　　D. 概率度

2. 概率保证程度表达了区间估计的（　　）。
   A. 可靠性　　　B. 准确性　　　C. 精确性　　　D. 显著性

3. 抽样误差是指（　　）。
   A. 在调查过程中由于观察、测量等差错所引起的误差
   B. 在调查中违反随机原则出现的系统误差
   C. 随机抽样而产生的代表性误差
   D. 人为原因所造成的误差

4. 在一定的抽样平均误差条件下，（　　）。
   A. 扩大极限误差范围，可以提高推断的可靠程度
   B. 扩大极限误差范围，会降低推断的可靠程度
   C. 缩小极限误差范围，可以提高推断的可靠程度
   D. 缩小极限误差范围，不改变推断的可靠程度

5. 反映样本指标与总体指标之间的平均误差程度的指标是( )。
   A. 抽样误差系数　B. 概率度　　　C. 抽样平均误差　D. 抽样极限误差
6. 在简单随机抽样条件下,当抽样平均误差缩小为原来的 1/2 时,则必要的样本单位数为原来的( )。
   A. 2 倍　　　　　B. 4 倍　　　　C. 3 倍　　　　　D. 1/4
7. 对某种连续生产的产品进行质量检验,要求每隔 1 小时抽取 10 分钟的产品进行检验,这种抽查方式是( )。
   A. 简单随机抽样　　　　　　　　B. 类型抽样
   C. 整群抽样　　　　　　　　　　D. 等距抽样

二、多项选择题

1. 按组织方式不同,抽样调查有( )。
   A. 纯随机抽样　　B. 等距抽样　　　C. 类型抽样
   D. 整群抽样　　　E. 不重复抽样
2. 要增大抽样推断的概率保证程度,可采用的方法有( )。
   A. 增加样本数目　B. 增大概率度(t)　C. 增大抽样误差范围
   D. 缩小抽样误差范围　E. 缩小概率度(t)
3. 影响抽样误差的主要因素有( )。
   A. 抽样单位数目的多少　　　　　B. 总体标志变异程度的大小
   C. 抽样组织方式　　　　　　　　D. 抽样周期的长短
   E. 不同的抽样方法
4. 区间估计的基本要素有( )。
   A. 抽样平均误差　　　B. 概率度　　　C. 总体参数
   D. 抽样平均数　　　　E. 允许的误差范围
5. 在抽样推断中,样本单位数目的多少取决于( )。
   A. 总体标准差的大小　　　　　　B. 允许误差的大小
   C. 抽样估计的把握程度　　　　　D. 总体参数的大小
   E. 抽样方法

三、判断题

1. 抽样的着眼点就在于对样本数量特征的认识。　　　　　　　　　　　　(　)
2. 抽样误差的产生是由于破坏了随机原则所造成的。　　　　　　　　　　(　)
3. 抽样调查所遵循的基本原则是可靠性原则。　　　　　　　　　　　　　(　)
4. 抽样中的点估计就是被估计的总体指标等于样本指标。　　　　　　　　(　)
5. 抽样平均误差总是小于抽样极限误差。　　　　　　　　　　　　　　　(　)
6. 抽样误差的大小与样本容量的大小成正比关系。　　　　　　　　　　　(　)

四、简答题

1. 什么是抽样推断？它有什么特点？
2. 什么是抽样误差？影响抽样误差的因素有哪些？
3. 什么叫点估计？什么叫区间估计？
4. 什么是极限误差？它与概率度、抽样平均误差有什么关系？

5. 影响必要样本容量的因素有哪些?

五、计算题

1. 某仪表厂生产某种型号的精密仪表,按正常生产经验,产品合格率为85%。现按简单随机抽样方式从800只仪表中抽取10%进行检查,求产品合格率的抽样平均误差。

2. 某高校为了解该校12 000名学生的抽烟情况,现采用纯随机重复抽样方法,抽取100名学生进行调查,得知有28名学生有抽烟的习惯,平均烟龄为3.2年,烟龄的标准差为0.65年。若根据抽样资料对该校在校男生的烟龄及抽烟者所占比重进行推断,求抽样的平均误差。

3. 某城市进行居民家庭人均旅游消费支出调查,随机抽取400户居民家庭,调查得知,居民家庭人均年旅游消费支出为350元,标准差为100元,要求以95%的概率保证程度,估计该市人均年旅游消费支出额。

4. 某市电视台为了解观众对某电视栏目的喜爱程度,随机对900名居民进行调查,结果有540名喜欢该电视栏目,要求以90%的概率保证程度,估计该市居民喜欢电视栏目的比率。

5. 对某型号的电子产品随机抽取100件进行耐用性检查,抽查的资料如表9-7所示,要求耐用时数的允许误差范围 $\Delta_{\bar{x}}=10$ 小时。

要求:

(1) 估计该批电子元件的平均耐用时数及概率保证程度。

(2) 若产品的耐用时数达到1 000小时为合格品,要求合格率的误差不超过4%,试估计该批电子元件的合格率及概率保证程度。

6. 某企业规定每包食品规格不低于150克,现在用重复抽样的方法抽取其中的100包进行检验,其结果如表9-8所示。

表9-7 电子产品抽查的分组资料

耐用时数/小时	元件数/件
900以下	1
900~950	2
950~1 000	6
1 000~1 050	35
1 050~1 100	43
1 100~1 150	9
1 150~1 200	3
1 200以上	1
合　计	100

表9-8 检验结果

每包重量/克	包　数
148~149	10
149~150	20
150~151	50
151~152	20
合　计	100

要求:

(1) 以99.73%的概率保证程度估计这批食品每包质量的范围,以便确定平均质量是否达到零售额要求。

(2) 以同样的概率保证程度估计这批食品的合格率范围。

7. 对某油田的2 000口油井的年产油量进行抽样调查,根据历史资料可知,油井年产量的标准差为200吨,若要求抽样误差不超过15吨,概率保证程度为95.45%,试求需要调查多少口油井。

8. 对某工厂的一批机械零件的合格率进行抽样调查,根据过去的资料,合格品率曾有过99%、97%和94%三种情况,现在要求误差不超过1%、估计的把握程度为95%,试求需要抽查多少个零件。

9. 对生产某种规格的灯泡进行使用寿命检验,根据以往正常生产经验,灯泡使用寿命标准差为0.4小时,合格率为90%。以重复抽样的方式,在95.45%的概率保证下,抽样平均使用寿命的极限误差不超过0.08小时,抽样合格率的误差不超过5%,试求应抽取多少个灯泡。

【实训项目】

1. 某单位按简单随机重复抽样方式抽取40名职工,对其业务情况进行考核,考核成绩如下。

68	89	88	84	86	87	75	73	72	68
75	82	99	58	81	54	79	76	95	76
71	60	91	65	76	72	76	85	89	92
64	57	83	81	78	77	72	61	70	87

要求:

(1) 根据上述资料按成绩分成以下几组:60分以下,60~70分,70~80分,80~90分,90~100分,并根据分组整理成变量分配数列。

(2) 根据整理后的变量数列,以95.45%的概率保证程度推断全体职工业务考试成绩的区间范围。

(3) 若其他条件不变,将允许误差范围缩小一半,此时应抽取多少名职工?

2. 请从下面的调查项目中任选一个,设计一份抽样问卷调查表,并抽取50名学生进行调查,调查后进行统计整理。

(1) 大学生手机消费情况调查。

(2) 大学生生活费用情况调查。

(3) 大学生学习情况调查。

根据所选择的调查项目,在概率为95.45%的情况下对全院学生的情况作推断(区间估计)。

【案例分析】

农村居民收支情况的调查

农村居民收支调查是按国家统计局农村住户调查方案,采用抽样调查方法在全市郊区县抽取1 200户农村居民家庭作为调查样本,分布于闵行、宝山、嘉定、浦东、金山、松江、青浦、奉贤、崇明9个区县的120个行政村。具体实施过程如下。

1. 调查组织

农村住户调查方案由国家统计局统一制定,市、区县调查队按照方案的要求统一执行。

市级负责指导、审核、汇总、上报调查数据，区县负责组织本地域的调查工作。

2. 网点抽选

网点抽选方案和实施细则由国家统计局统一制发，实行国家统一方案、统一审批、统一管理的原则。农村住户调查网点采用简单随机抽样、分层随机抽样办法，结合有关标志排队进行对称等距抽样。以全市郊区县农村行政村为总体，编制样本抽样框抽选调查点（行政村），然后在抽选出的调查点中抽选调查户。

3. 调查数据采集

调查数据采用农村居民记账与一次性调查相结合的方法取得。农村居民的现金收入与支出、实物收入与支出通过调查户记账取得，其他调查内容的数据采用访问调查的方式，在季末或年底由调查员对调查户进行一次性访问调查取得。调查户按照国家统计局统一编制的账本和要求记账。现金收支账、实物收支账发生一笔记一笔。由区县调查员每月收取调查户的账本，录入计算机。

4. 调查数据审核

为确保调查数据的质量，对调查数据的审核有一套严格的制度规定。调查数据需经过三道审核程序：一是人工审核。在调查数据录入计算机之前，调查员和区县调查队必须对农户所记的账和一次性调查表进行核查；二是计算机审核。在人工审核完成后，由区县调查队应用统一的程序按照规定的流程对数据进行审核；三是数据评估。区县调查队将调查数据审核完成后，对重点指标进行评估，上报上海调查总队。

5. 调查数据上报

调查数据使用国家统计局统一的计算机程序进行账页超级汇总，通过国家统计局信息内网上报调查汇总数据和原始账页数据。

6. 调查数据公布

调查数据经国家统计局审核后返回，由上海调查部队公布。

资料来源：上海统计局。

讨论与分析：

1. 农村居民收支情况调查的是怎样进行的？
2. 农村居民收支情况调查是怎样组织和分工的？
3. 调查数据的审核经过了哪些程序？

项目十

相关与回归分析

知识目标

(1) 理解相关关系的含义和相关关系的种类;
(2) 了解相关分析的含义,掌握相关分析方法;
(3) 理解回归分析与相关分析的关系;
(4) 掌握简单线性回归方程的确立方法。

技能目标

(1) 会收集数据并进行两变量间的相关分析;
(2) 会用相关系数测定现象之间的相关关系;
(3) 会用估计标准误差及回归标准差系数对方程进行检验;
(4) 会用一元线性回归方程进行分析预测。

 案例导入

我国居民人均可支配收入对人均消费支出的影响

居民人均可支配收入是衡量人民生活水平的重要指标,一个居民、一个家庭的可支配收入的支出可用于消费、投资,购买股票、基金和存款。它受到市场环境、消费习惯、消费心理等多种因素影响,我国居民的人均可支配收入是居民消费水平增长的基础,是影响居民消费水平的最主要因素,从表 10-1 可以看出我国居民人均消费支出的逐年增长与人均可支配收入的逐年增长是紧密联系的。

表 10-1　2014—2021 年我国居民人均可支配收入和人均消费支出　　单位:元

项　　目	2014 年	2015 年	2016 年	2017 年	2018 年	2019 年	2020 年	2021 年
人均可支配收入	20 167	21 966	23 821	25 974	28 228	30 733	32 189	35 128

续表

项　　目	2014 年	2015 年	2016 年	2017 年	2018 年	2019 年	2020 年	2021 年
人均消费支出	14 491	15 712	17 111	18 322	19 853	21 559	21 210	24 100

资料来源：2014—2021 年《国民经济和社会发展统计公报》。

从表 10-1 中可以直观地看出，随着人均可支配收入的逐年增加，人均消费支出也随之增加，两者之间存在一定的正相关关系。

（1）用相关系数分析人均可支配收入与人均消费支出之间的相互关系的密切程度（见表 10-2）。

表 10-2　相关系数及一元线性回归方程计算表　　　　　单位：元

年　份	人均可支配收入 x	人均消费支出 y	xy	x^2	y^2
2014 年	20 167	14 491	292 239 997	406 707 889	209 989 081
2015 年	21 966	15 712	345 129 792	482 505 156	246 866 944
2016 年	23 821	17 111	407 601 131	567 440 041	292 786 321
2017 年	25 974	18 322	475 895 628	674 648 676	335 695 684
2018 年	28 228	19 853	560 410 484	796 819 984	394 141 609
2019 年	30 733	21 559	662 572 747	944 517 289	464 790 481
2020 年	32 189	21 210	682 728 690	1 036 131 721	449 864 100
2021 年	35 128	24 100	846 584 800	1 233 976 384	580 810 000
合　计	218 206	152 358	4 273 163 269	6 142 747 140	2 974 944 220

根据表 10-2 的计算结果，相关系数的计算过程如下。

$$r = \frac{n\sum xy - \sum x \sum y}{\sqrt{n\sum x^2 - (\sum x)^2}\sqrt{n\sum y^2 - (\sum y)^2}}$$

$$= \frac{8 \times 4\ 273\ 163\ 269 - 218\ 206 \times 152\ 358}{\sqrt{8 \times 6\ 142\ 747\ 140 - 218\ 206^2}\sqrt{8 \times 2\ 974\ 944\ 220 - 152\ 358^2}} = 0.992\ 713$$

相关系数为 0.992 713，说明人均可支配收入与人均消费支出之间呈高度的线性正相关关系。

（2）采用一元线性回归方程分析居民人均可支配与人均消费支出的数量变化关系。

设一元线性回归方程为 $y_c = a + bx$，根据表 10-2 的计算结果求得 a、b 两个未知参数。

$$b = \frac{n\sum xy - \sum x \sum y}{n\sum x^2 - (\sum x)^2} = \frac{8 \times 4\ 273\ 163\ 269 - 218\ 206 \times 152\ 358}{8 \times 6\ 142\ 747\ 140 - 218\ 206^2} = 0.615\ 055$$

$$a = \frac{\sum y - b\sum x}{n} = \frac{152\ 358 - 0.615\ 055 \times 218\ 206}{8} = 2\ 268.663\ 584$$

将 $b = 0.615\ 055$，$a = 2\ 268.663\ 584$ 代入回归方程，得到人均可支配收入与人均消费支

出的自变量和因变量之间函数表达式为

$$y_c = 2\,268.663\,584 + 0.615\,055x$$

斜率系数 $b=0.615\,055$ 表示在其他条件不变的情况下，人均可支配收入每增长 1 元，居民人均消费支出增加 0.615 055 元，因此人均可支配收入正向影响居民人均消费支出。

函数表达式确立之后，我们就可以在统计分析中应用函数式，根据变量之间的相关性，通过一个变量来预测另一个变量值。本项目我们将学习怎样确定变量间有无相关关系及相关关系的密切程度，建立一元线性回归方程，对方程进行检验，并运用一元线性回归方程进行分析预测。

任务一　相关分析

社会经济现象相互依存、相互联系，一种现象的变化依赖（或影响）其他现象的变化。现象之间的关系由它们的变量之间的关系反映。探索社会经济现象变化规律的常用方法有相关分析和回归分析。

一、相关分析的意义

现象间的普遍联系和相互制约往往表现为相互依存关系，这种依存关系通常有两种类型，即函数关系和相关关系。

（一）函数关系

函数关系指的是变量之间存在完全对应的相互依存关系，即给定一个自变量值，因变量按某种对应关系有一个完全确定的值和它相对应。例如，生产自行车数量 y 与轮胎数量 x 之间的关系为 $y=2x$，商品销售收入 S、商品销售量 Q、商品的价格 p 之间的关系为 $S=pQ$ 等，都是函数关系。在函数关系中，自变量和因变量都是确定型变量，因而，函数关系又称为确定型关系。

（二）相关关系

相关关系是指变量之间存在密切的关系，但不是严格的依存关系，即当一个变量发生变化时，另一个变量也会相应地发生变化，但其变动值是不确定的，不能由一个（或几个）变量的数值精确地求出另一个变量的数值。例如，劳动生产率提高，产品成本会下降，但两者在数量上并不是严格的依存关系，因为产品成本除劳动生产率外还受其他不可控制因素的影响，不能根据劳动生产率的数值精确地求出产品成本。劳动生产率与产品成本之间的关系是相关关系。在相关关系中，对于某一变量的每一个数值，都可以有另一个变量的若干数值与之相对应，这些数值之间表现出一定的波动，但又总是围绕它们的平均值并遵循一定的规律而变动。

可见，相关关系与函数关系是不同的，其区别在于函数关系反映的是确定的数量关系，而相关关系表达的是现象之间非确定的数量关系。在现实社会中，许多现象之间存在着相关关系，在相关关系中包含现象之间存在的因果关系。例如，施肥量与农作物亩产量之间的关系就是一种因果关系，在二者之间，施肥量是因，亩产量是果，这是一种单向的因果关系。在统计分析时，我们把其中起影响作用的变量称为自变量，把受自变量变化影响而发生对应变化的变量称为因变量。但有时候,两个变量也可能存在互为因果的关系。这时哪个是自变量,哪个是因变量,要根据研究目的确定。此外,在相关关系中也可能存在分不清因果关系的依存关系。所以说,相关关系必须是真实的、确有内在联系的,而不是主观臆造出来的。

二、相关关系的种类

按照不同的标准,可将相关关系分为不同的种类。

(一) 按现象之间的相关程度不同划分

1. 完全相关

当一个变量的数量完全由另一个变量的数量变化所确定时,二者之间即为完全相关。例如,在价格不变的条件下,销售额与销售量之间的正比例函数关系即为完全相关,此时相关关系便成为函数关系,因此也可以说函数关系是相关关系的一个特例。

2. 完全不相关

完全不相关又称零相关,当变量之间彼此互不影响,其数量变化各自独立时,则变量之间为完全不相关。例如,股票价格的高低与气温的高低一般情况下是完全不相关的。

3. 不完全相关

如果两个变量的关系介于完全相关和完全不相关之间,则称为不完全相关。由于完全相关和完全不相关的数量关系是确定的或相互独立的,因此统计学中相关分析的主要研究对象是不完全相关。

(二) 按相关关系的变动方向不同划分

1. 正相关

当一个变量的值增加或减少时,另一个变量的值也随之增加或减少,二者之间即为正相关。例如,工人劳动生产率提高,产品产量也随之增加;居民的个人所支配收入增加,消费水平也随之提高。

2. 负相关

当一个变量的值增加或减少时,另一变量的值会减少或增加,二者之间即为负相关。例如,商品流转额越大,商品流通费用越低;单位成本越低,利润越高。

(三) 按相关关系的表现形式不同划分

1. 线性相关

线性相关又称直线相关,是指当一个变量变动时,另一变量随之发生大致均等的变动,从图形上看,其观察点的分布近似地表现为一条直线。例如,人均消费水平与人均收入水平通常为线性相关。

2. 非线性相关

非线性相关是指当一个变量变动时,另一变量也随之发生变动,但这种变动不是均等的,从图形上看,其观察点的分布近似地表现为一条曲线,如抛物线、指数曲线等,因此也称曲线相关。例如,工人加班加点在一定数量界限内,产量会随之增加,但超过一定限度时,产量反而可能下降,这就是非线性相关。

(四)按相关关系涉及的因素多少划分

1. 单相关

单相关又称一元相关,是指两个变量之间的相关关系,如广告费支出与产品销售量之间的相关关系。

2. 复相关

复相关又称多元相关,是指三个或三个以上变量之间的相关关系,如商品销售额与居民收入、商品价格之间的相关关系。

三、相关关系分析的主要内容

对客观现象之间存在的相关关系进行的分析研究,称为相关关系分析。其主要目的是对现象间的相互关系的密切程度和变化规律进行量化,进一步找出其相互关系的模式,以便进行统计预测和推算,为管理决策提供资料。相关关系分析具体包括以下内容。

(一)确定现象之间有无相关关系及其相关的表现形式

判断现象间是否存在着依存关系是相关分析的起始点。只有现象之间存在依存关系,才有必要采用相关分析方法进行研究。同时,还要确定相关关系的表现形式,明确现象间相互关系的具体表现形式,并进一步研究相关的密切程度。如果把曲线相关误以为是直线相关,按直线相关来分析,便会导致错误的结论。

(二)测定相关关系的密切程度

现象之间的相关关系是一种不严格的数量关系,相关分析就是要从这种松散的数量关系中判定其相关关系的密切程度和方向。

(三)建立相关关系的数学表达式

当两个变量存在高度密切的线性相关关系时,就能进行一元线性回归分析,建立两者之间近似的数学表达式,即回归方程。

(四)测算因变量估计值的误差程度

利用回归方程可以根据给定的自变量来预测因变量,同时可以通过计算回归估计标准误差来判断预测值的准确程度。

 阅读资料

1. 冰激凌与犯罪率

在美国中西部的一个小镇上,人们发现了一个很有趣的不合逻辑现象,就是冰激凌销量高时犯罪率高,冰激凌销量低时犯罪率低。这时有人就想:如果人为控制冰激凌销量,是否可以改变犯罪率?答案是否定的。常识告诉我们,冰激凌与犯罪无关,之所以在统计上存在正相关是因为天气。冰激凌的销量与天气紧密相关,天气越热销量越高,同时,天气越热,人越容易在室外活动,越容易开窗(导致偷盗概率增加),人的心情也越烦躁(导致冲动型犯罪概率增加)。因此,只要我们不进行人为控制,还是可以通过冰激凌的销量来预测犯罪率的。

2. 自杀与气温

据 MIT Technology Review 报道,最近发表在《自然》杂志子刊上的一篇论文显示气候变化或导致自杀率上升。

该研究由来自斯坦福大学、加州大学伯克利分校等研究单位的研究人员共同展开。他们研究了近几十年来的历史数据,得出结论:月平均气温每上升 1 摄氏度,就伴随着美国自杀率上升 0.7%,墨西哥自杀率上升 2.2%。

按照联合国气候变化委员会的预测,美国到 2050 年之前地表温度将上升 2.5 摄氏度,墨西哥将上升 2.1 摄氏度,这意味着美国会有 9 000 人、墨西哥有 40 000 人因气候变暖自杀。

气温与自杀率之间的关系成因尚不清楚,论文中提出的一种假设是:高温或直接影响精神健康,这可能是体温调节的副作用。当身体调节温度时,大脑中的血液流动形态也会发生改变。

为了研究气温上升是否会影响精神健康,研究者们分析了 6 亿条 Twitter 内容,发现月平均气温每上升 1 摄氏度,人们在 Twitter 中使用如"自杀""孤独"等抑郁词汇的概率就会上升 1.35%。

2021 年第三季度《中国企业招聘薪酬报告》

任务二 一元线性相关分析法

相关分析是在分析两个变量之间的关系密切程度时常用的统计分析方法。线性相关分析是最简单的相关分析方法,即分析两个变量之间的一种直线相关关系。判断现象之间有无相关关系的方法有以下两种。

一、定性分析法

定性分析是依据研究者的理论知识、专业知识和实践经验,对客观现象之间是否存在相关关系,以及有何种相关关系做出判断。在定性分析的基础上,可以编制相关表、绘制相关图,以便直观地判断现象之间相关的方向、形态及大致的密切程度。

(一) 相关表

相关表是一种统计表,是直接根据现象之间的原始资料,将某一变量的若干变量值按从小到大的顺序排列,并将另一变量的变量值与之对应排列形成的统计表。

【例 10-1】 运达财务软件公司在全国有许多代理商,为研究该公司财务软件产品的广告投入与销售额的关系,统计人员随机选择了 10 家代理商进行观察,收集到年广告投入费和月平均销售额的数据,并编制成相关表,如表 10-3 所示。

表 10-3 年广告投入费与月平均销售额相关表 单位:万元

年广告投入费	月平均销售额	年广告投入费	月平均销售额
12.5	21.2	34.4	43.2
15.3	23.9	39.4	49.0
23.2	32.9	45.2	52.8

续表

年广告投入费	月平均销售额	年广告投入费	月平均销售额
26.4	34.1	55.4	59.4
33.5	42.5	60.9	63.5

从表 10-3 可以直观地看出,随着广告投入的增加,销售额增加,两者之间存在一定的正相关关系。

(二) 相关图

相关图又称散点图,是用直角坐标系的 x 轴代表自变量,y 轴代表因变量,将两个变量间相对应的变量值用坐标点的形式描绘出来,用以表明相关点分布状况的图形。根据表 10-3 的资料可以绘制如图 10-1 所示的相关图。

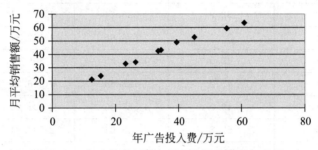

图 10-1　年广告投入费与月平均销售额的相关图

从图 10-1 可以直观地看出,年广告投入费与月平均销售额之间相关密切,且呈线性正相关关系。

二、定量分析

相关表和相关图只能从性质上反映两个变量之间的相互关系及其相关方向,无法确切地表明两个变量之间的相关程度。著名统计学家卡尔·皮尔逊设计了统计指标——相关系数,它可以从数量上反映两个变量之间线性相关的密切程度。

相关系数是用来反映变量之间在直线相关条件下相关关系密切程度的统计指标。它的主要作用有:①表明现象之间是否存在直线相关关系;②表明现象之间直线相关关系的密切程度;③表明现象之间直线相关关系的方向。

依据相关现象之间的不同特征,其统计指标的名称也有所不同。例如,将反映两变量间线性相关关系的统计指标称为线性相关系数(相关系数的平方称为判定系数),将反映两变量间曲线相关关系的统计指标称为非线性相关系数、非线性判定系数,将反映多元线性相关关系的统计指标称为复相关系数、复判定系数等。以下只介绍线性相关系数。

(一) 相关系数的计算

相关系数是在直线相关条件下,说明两个变量之间相关关系密切程度的统计分析指标,记作 r。相关系数的计算公式为

$$r=\frac{n\sum xy-\sum x\sum y}{\sqrt{n\sum x^2-\left(\sum x\right)^2}\sqrt{n\sum y^2-\left(\sum y\right)^2}}$$

式中，n 代表资料项数。

【例 10-2】 根据表 10-3 的资料，计算运达公司财务软件产品的年广告投入费（万元）与月平均销售费（万元）之间的相关系数，计算过程如表 10-4 所示。

表 10-4 相关系数计算表

序号	年广告投入/万元 x	月平均销售额/万元 y	x^2	y^2	xy
1	12.5	21.2	156.25	449.44	265.00
2	15.3	23.9	234.09	571.21	365.67
3	23.2	32.9	538.24	1 082.41	763.28
4	26.4	34.1	696.96	1 162.81	900.24
5	33.5	42.5	1 122.25	1 806.25	1 423.75
6	34.4	43.2	1 183.36	1 866.24	1 486.08
7	39.4	49.0	1 552.36	2 401.00	1 930.60
8	45.2	52.8	2 043.04	2 787.84	2 386.56
9	55.4	59.4	3 069.16	3 528.36	3 290.76
10	60.9	63.5	3 708.81	4 032.25	3 867.15
合计	346.2	422.5	14 304.52	19 687.81	16 679.09

$$r=\frac{n\sum xy-\sum x\sum y}{\sqrt{n\sum x^2-\left(\sum x\right)^2}\times\sqrt{n\sum y^2-\left(\sum y\right)^2}}$$

$$=\frac{10\times 16\ 679.09-346.2\times 422.5}{\sqrt{10\times 14\ 304.52-346.2^2}\times\sqrt{10\times 19\ 687.81-422.5^2}}$$

$$=0.994\ 2$$

相关系数为 0.994 2，说明年广告投入费与月平均销售额之间有高度的线性正相关关系。

（二）相关关系密切程度的判断

相关系数的取值介于 -1 与 $+1$ 之间，即 $-1\leqslant r\leqslant +1$，其性质如下。

（1）当 $r>0$ 时，表示两变量为线性正相关。

（2）当 $r<0$ 时，表示两变量为线性负相关。

（3）当 $|r|=1$ 时，表示两变量为完全线性相关，即为函数关系。

（4）当 $r=0$ 时，表示两变量间无线性相关关系。

（5）当 $0<|r|<1$ 时，表示两变量存在一定程度的线性相关，且 $|r|$ 越接近 1，两变量间线性关系越强；$|r|$ 越接近于 0，表示两变量的线性相关越弱。

通常按$|r|$的大小,将相关程度分为4个等级:$|r|<0.3$为微弱线性相关;$0.3\leqslant|r|<0.5$为低度线性相关;$0.5\leqslant|r|<0.8$为显著线性相关;$0.8\leqslant|r|<1$为高度线性相关。

例 10-2 的相关系数为 0.994 2,说明广告投入费与月平均销售额之间有高度的线性正相关关系。

这里需要指出的是,相关系数有一个明显的缺点,即它接近于 1 的程度与资料项数 n 相关,这容易给人一种假象。因为,当 n 较小时,相关系数的波动较大,有些样本相关系数的绝对值容易接近 1;当 n 较大时,相关系数的绝对值容易偏小。特别是当 $n=2$ 时,相关系数的绝对值总为 1。因此在样本容量 n 较小时,我们仅凭相关系数较大就判定变量 x 与 y 之间有密切的线性关系是不妥当的。例如,就我国深沪两股市资产负债率与每股收益之间的相关关系做研究发现,1999 年资产负债率前 40 名的上市公司,二者的相关系数 $r=-0.613\ 9$;资产负债率后 20 名的上市公司,二者的相关系数 $r=0.107\ 2$;而对于沪、深全部上市公司(基金除外)结果却是,$r_{沪}=-0.550\ 9,r_{深}=-0.436\ 1$,根据三级划分方法,两变量为显著性相关,这也说明仅凭 r 的计算值大小判断相关程度有一定的缺陷。

阅读资料

领导力:管理你的"外貌资产"

不管你从事什么职业,相貌都很重要,只是程度不同而已。

职场上,外表的得分与收入呈正相关。美国的一项调查发现,长得好看的律师比长得不好看的律师多挣 10%~12%。一项由三所大学(佛罗里达大学、北卡罗来纳大学以及匹兹堡大学)学者共同进行的研究发现,身高与收入呈正相关,高个子比矮个子挣得多。

《美的回报:为什么漂亮的人更成功》的作者、得克萨斯大学经济学家丹尼尔·海莫默什(Danie Hamermesh)博士的研究发现:相对于外表平庸的人,外表有魅力的人可以迷倒面试官,求职和晋升速度快,销售业绩更好,薪酬更高。长得好看的教授比长得不好的教授收入多 6 个百分点;丑的橄榄球四分卫比好看的少挣 12 个百分点。相貌的影响对男人更大:女人丑,少挣 3 个百分点;男人丑,少挣 22 个百分点。海莫默什认为,不管你从事什么职业,相貌都很重要,只是程度不同而已。

德国吕讷堡大学经济研究所的克里斯蒂安·法菲尔(Christian Pfeifer)基于三千多名德国人的收入和相貌数据,拟合出外貌与收入的曲线。他发现男女曲线形状不同:对于女性,相貌与收入是直线关系,对于男性则是曲线关系——丑男的收入落差非常大。研究有一个有趣的附带发现:女人自我评价与他人评价更接近。

有人用马云的成功质疑外貌的重要性。事实上,马云的成功是一个统计学上的离群值,他们也许忽略了马云在成功道路上因外貌而付出的惨痛代价。

《长相为什么比你想象的重要》的作者、社会心理学家高登·派泽(Gordon Patzer)博士研究相貌已有三十多年,是个地地道道的"外貌协会"成员——他是外貌研究所(Appearance Research Institute)创始人、CEO。派泽认为,被美貌吸引是人类与生俱来的本能。初生婴儿注视美脸的时间多于注视丑脸。长大以后,人们对于美好的容貌会拥有美好的联想。人们认

体重是与身高相关还是与体表面积更相关?

为,漂亮的人更有天赋、善良、诚实、智慧,婚姻也会更成功。不论同性之间还是异性之间,美貌是光环效应的主要来源之一。

任务三　一元线性回归分析与应用

一、回归分析概述

(一)回归分析的概念

回归分析是对具有相关关系的两个或两个以上变量之间的数量变化,利用大量统计数据进行数学处理,并确定因变量与某些自变量的相关关系,建立一个相关性较好的回归方程(函数表达式),并加以外推,用于预测今后因变量变化的分析方法。

回归分析通过一个变量或一些变量的变化来解释另一变量的变化。其主要内容和步骤是:首先,根据理论和对问题及数据的分析判断,将变量分为自变量和因变量;其次,设法找出合适的数学方程式(即回归模型)描述变量间的关系;再次,由于涉及的变量具有不确定性,所以要对回归模型进行统计检验;最后,在通过统计检验后,利用回归模型,根据自变量估计、预测因变量。

(二)相关分析与回归分析的比较

相关分析是回归分析的基础和前提,回归分析则是相关分析的深入和继续。相关分析需要依靠回归分析来表现变量之间数量相关的具体形式,而回归分析则需要依靠相关分析来表现变量之间数量变化的相关程度。只有当变量之间存在高度相关时,进行回归分析寻求其相关的具体形式才有意义。如果在没有对变量之间是否相关以及对相关方向和程度做出正确判断之前,就进行回归分析,很容易造成"虚假回归"。与此同时,相关分析只研究变量之间相关的方向和程度,不能推断变量之间相互关系的具体形式,也无法从一个变量的变化来推测另一个变量的变化情况,因此,在具体应用过程中,只有把相关分析和回归分析结合起来,才能达到研究和分析的目的。

二者的区别主要体现在以下三个方面。

(1)在相关分析中涉及的变量不存在自变量和因变量的划分问题,因此其变量之间的关系是对等的;而在回归分析中,则必须根据研究对象的性质和研究分析的目的,对变量进行自变量和因变量的划分。因此,在回归分析中,变量之间的关系是不对等的。

(2)在相关分析中所有的变量都必须是随机变量;而在回归分析中,自变量是给定的,因变量才是随机的,即将自变量的给定值代入回归方程后,得到的因变量的估计值不是唯一确定的,而是会表现出一定的随机波动性。

(3)相关分析主要是通过一个指标(即相关系数)来反映变量之间相关程度的大小,由于变量之间是对等的,因此相关系数是唯一确定的。而在回归分析中,对于互为因果的两个变量(如人的身高与体重、商品的价格与需求量),则有可能存在多个回归方程。

需要指出的是,变量之间是否存在"真实相关",是由变量之间的内在联系所决定的。相关分析和回归分析只是定量分析的手段,通过相关分析和回归分析,虽然可以从数量上反映变量之间的联系形式及其密切程度,但是无法准确判断变量之间是否存在内在联系,也无法判断变量之间的因果关系。因此,在具体应用过程中,要始终注意把定性分析和定量分析结合起来，在准确的定性分析的基础上展开定量分析。

（三）回归分析的主要内容

1. 确定现象之间相关关系的数学模型

回归分析的目的之一就是要根据一个现象的变动对另一个现象的变动做出数量上的判断，测定变量间的一般数量变化关系，即建立描述现象间相关关系的数学模型——回归方程，用函数关系式近似地表现相关关系，进而找出现象间相互依存关系在数量上的规律，作为判断、推算和预测的根据。

2. 测定数学模型的拟合精度

运用回归方程进行预测，将自变量的取值代入回归方程，可求得因变量相应的估计值，实际值（观察值）与计算值（估计值）一般是有出入的。在建立模型后，需要对其精确度进行检验，一般通过计算估计标准误差来测定模型的拟合精度。估计标准误差是测定因变量估计值与实际值误差程度大小的指标。通过计算估计标准误差可得知这种误差的平均值。依据估计标准误差，还可以计算预测置信区间，分析预测值的可靠程度。

二、一元线性回归分析

（一）一元线性回归分析的概念

一元线性回归分析是分析一个因变量与一个自变量之间的线性关系的方法。在经济活动中，经常存在着一个变量随着另一个变量的变化而变化的现象。如果通过大量的数据资料分析后发现两个变量呈线性变化，便可进行一元线性回归分析。

由于影响事物发展变化的因素既可能是一种因素，也可能是多种因素。影响因素与事物之间的变化关系也存在着多种形态，既可能呈现直线变化，也可能呈现曲线变化。由此产生了回归分析的几种类型，即一元线性回归分析、一元非线性回归分析、多元线性回归分析、多元非线性回归分析。本节主要介绍一元线性回归分析。

（二）一元线性回归方程

一元线性回归方程也称简单线性回归方程，是分析一个自变量与一个因变量之间线性关系的数学方程，其一般表达式为

$$y_c = a + bx$$

式中，y_c 表示因变量的估计值（回归理论值）；a、b 是待定参数。其中，a 是回归直线的起始值（截距），即 x 为 0 时 y_c 的值，从数学意义上理解，它表示在没有自变量 x 的影响时，其他各种因素对因变量 y 的平均影响；b 是回归系数（直线的斜率），表示当自变量 x 每变动一个单位时，因变量 y 平均变动 b 个单位。

一元线性回归方程中的待定参数是根据数据资料求出的。根据最小平方法的原理，其计算公式为

$$\begin{cases} b = \dfrac{n\sum xy - \sum x \sum y}{n\sum x^2 - \left(\sum x\right)^2} \\ a = \dfrac{\sum y - b\sum x}{n} \end{cases}$$

式中，n 为资料项数。

当 a、b 求出后，一元线性回归方程 $y_c = a + bx$ 便可确定了。

【例 10-3】 根据例 10-1 的资料，建立运达公司财务软件产品的年广告投入费 x 与月平均销售额 y 之间的一元线性回归方程。

分析年广告投入费与月平均销售额之间的数量关系可知，二者之间存在线性相关。设回归方程为 $y_c = a + bx$，x 为年广告投入费，y 为月平均销售额，计算过程如表 10-5 所示。

表 10-5 一元线性回归方程计算表

序号	年广告投入费/万元 x	月平均销售额/万元 y	x^2	xy
1	12.5	21.2	156.25	265.00
2	15.3	23.9	234.09	365.67
3	23.2	32.9	538.24	763.28
4	26.4	34.1	696.96	900.24
5	33.5	42.5	1 122.25	1 423.75
6	34.4	43.2	1 183.36	1 486.08
7	39.4	49.0	1 552.36	1 930.60
8	45.2	52.8	2 043.04	2 386.56
9	55.4	59.4	3 069.16	3 290.76
10	60.9	63.5	3 708.81	3 867.15
合计	346.2	422.5	14 304.52	16 679.09

利用表 10-5 中数据和一元线性回归方程中的待定参数的计算公式，计算待定系数 b、a 的过程如下。

$$b = \frac{n\sum xy - \sum x \sum y}{n\sum x^2 - (\sum x)^2} = \frac{10 \times 16\,679.09 - 346.2 \times 422.5}{10 \times 14\,304.52 - 346.2^2} = 0.884\,9$$

$$a = \frac{\sum y - b\sum x}{n} = \frac{422.5 - 0.884\,9 \times 346.2}{10} = 11.61$$

年广告投入费与月平均销售额之间的一元线性回归方程为

$$y_c = 11.61 + 0.884\,9x$$

回归系数 $b = 0.884\,9$，表明年广告投入费每增加一万元，每月销售额平均增加 0.884 9 万元。

相关链接

相关系数与回归系数的区别与联系

一、相关系数与回归系数的区别

1. 资料要求不同

回归系数的计算只要求变量 y 服从正态分布，对 x 变量可以不要求；相关系数的计算要求两变量均服从正态分布。

2. 应用目的不同

说明两变量间依存变化的数量关系可用回归系数；说明两变量间的相关关系用相关系数。

3. 意义不同

回归系数 b 表示 x 每增（减）一个单位，y 平均增加或减少 b 个单位；相关系数 r 说明具有直线关系的两个变量间相关关系的密切程度与相关方向，r 的绝对值越接近1，两个变量的密切程度越高。

4. 计算公式不同

$$b = l_{xy}/l_{xx}$$

$$r = \frac{l_{xy}}{\sqrt{l_{xx}l_{yy}}}$$

5. 取值范围不同

b 在平面直角坐标系中表现为回归直线的斜率，其取值范围为 $-\infty < b < +\infty$；r 表示两个变量相关的密切程度，其取值范围为 $-1 \leqslant r \leqslant 1$，当两变量的相关系数为 ± 1 时，表示两变量之间具有确定的对应关系，即函数关系。

6. 单位不同

b 有单位，通常使用自变量 x 的单位；r 没有单位，用数值的大小和正负来反映相关的类型。

二、相关系数与回归系数的联系

1. 符号一致

对一组数据若能同时计算 b 和 r，它们的符号一致，回归系数大于零则相关系数大于零，回归系数小于零则相关系数小于零，使用 b 和 r 均可判断相关的方向。

2. 假设检验等价

b 和 r 的假设检验是等价的，对同一样本的假设检验量 $t_b = t_r$。

3. 用回归解释相关

回归分析中有一个叫决定系数（可决系数）的指标，它的取值在 0~1，决定系数值越接近1表明回归的效果越好。可以证明，相关系数 r 的平方等于决定系数的值。

4. 二者之间可以建立等式关系

回归系数 b 乘以 x 变量和 y 变量的标准差之比，结果为相关系数 r，具体公式为 $r = \frac{b \times \sigma x}{\sigma y}$，可以利用此公式进行二者的换算。

三、估计标准误差

（一）估计标准误差的意义

回归方程的一个重要作用在于根据自变量的已知值估计因变量的理论估计值（估计理

论值)。而理论估计值 y_c 与实际值 y 存在着差距,这就产生了推算结果的准确性问题。如果差距小,说明推算结果的准确性高;反之,则低。为此,分析理论估计值与实际值的差距很有意义。为了度量 y 的实际水平和估计值 y_c 离差的一般水平,可计算估计标准误差。估计标准误差是衡量回归直线代表性大小的统计分析指标,它说明观察值围绕着回归直线的变化程度或分散程度。

(二) 估计标准误差的计算方法

估计标准误差是因变量实际值与估计值离差的平均值,其计算原理与标准差基本相同,具体计算公式为

$$S_{yx} = \sqrt{\frac{\sum (y - y_c)^2}{n-2}}$$

式中,S_{yx} 表示估计标准误差,其下标 yx 表示 y 依 x 而回归的方程;y 表示因变量观察值;y_c 表示方程推算出来的因变量的估计值;n 表示的项数;$n-2$ 表示估计自由度(一元直线回归方程中只有 a、b 两个参数,故为 $n-2$)。

上面的计算公式为回归估计标准误差的概念性计算公式,利用这个公式计算回归估计标准误差需要计算所有实际值 y 的估计值(理论值)y_c,比较麻烦。根据回归直线方程中的参数 a 和 b,结合相关分析和回归分析中的数据资料,可推导出计算回归分析估计标准误差的简化公式:

$$S_{yx} = \sqrt{\frac{\sum y^2 - a\sum y - b\sum xy}{n-2}}$$

显然,S_{yx} 越大,观察值 y 对回归直线的离散程度越大;反之,S_{yx} 越小,观察值 y 对回归直线的离散程度越小。

由于受计算单位和数据本身大小的影响,S_{yx} 的大小缺乏可比性,因此,在实际情况下为了对不同预测方程进行比较,往往要计算回归标准差系数或回归离散系数。其计算公式为

$$V = \frac{S_{yx}}{\bar{y}} \times 100\%$$

上述公式中,回归标准差系数越大,则直线方程的拟合精度越低;反之,回归标准差系数越小,则直线方程的拟合精度越高。一般认为,回归标准差系数小于 15% 时模型的拟合度良好。

【例 10-4】 根据例 10-1～例 10-3 的资料,计算方程 $y_c = 11.61 + 0.8849x$ 的估计标准误差和回归标准差系数。

根据例 10-1～例 10-3 中的数据资料,可得到如下结果:

$$\sum y^2 = 19\,687.81 \quad \sum y = 422.5 \quad \sum xy = 16\,679.09 \quad n = 10$$

由例 10-3 计算结果得 $a = 11.61, b = 0.8849$,将上述数据代入估计标准误差的简化公式,得

$$\begin{aligned} S_{yx} &= \sqrt{\frac{\sum y^2 - a\sum y - b\sum xy}{n-2}} \\ &= \sqrt{\frac{19\,687.81 - 11.61 \times 422.5 - 0.8849 \times 16\,679.09}{10-2}} = 1.7(万元) \end{aligned}$$

$$\bar{y} = \frac{\sum y}{n} = \frac{422.5}{10} = 42.25（万元）$$

$$\frac{S_{yx}}{\bar{y}} = \frac{1.7}{42.25} = 4.02\% < 15\%$$

估计标准误差为 1.7 万元，回归标准差系数为 4.02%，说明该一元线性回归方程 $y_c = 11.61 + 0.884\,9x$ 的精度很高，所以该回归方程通过了回归标准误差的验证。

四、一元线性回归方程的应用

一元线性回归方程一旦通过检验，就可以进行预测，常用的预测方法有点预测和区间预测两种。

（一）点预测

点预测也称点估计，是指在一元线性方程中，将自变量 x 的一个取值 x_0 代入回归方程而得到 y 值的一个预测值 y_c，则这个得到的预测值就是点预测值。以例 10-4 为例，其一元线性方程为 $y_c = 11.61 + 0.884\,9x$，若计划下年投入广告费 65 万元，则预测下年的月平均销售额为

$$y_c = 11.61 + 0.884\,9x = 11.61 + 0.884\,9 \times 65 = 69.13（万元）$$

（二）区间预测

回归方程的区间预测是指在一定的概率条件下，根据自变量 x_0 的取值，利用回归方程求出预测值 y_c 的预测区间范围。因变量预测值的区间为

$$(y_c - tS, y_c + tS)$$

式中，t 的大小取决于可靠程度 $F(t)$ 的大小，可通过查正态分布概率表得到，其方法与抽样调查概率度的求法是一样的。

（三）一元线性回归方程应用举例

下面结合具体案例说明此方法的应用及计算步骤。

【例 10-5】 某地区 2014—2021 年居民货币收入与购买商品支出资料如表 10-6 所示，根据资料分析该地区居民货币收入与购买商品支出的关系，若 2022 年该地区货币收入预计为 68 亿元，以 95.45% 的置信度，预测 2022 年当地居民购买商品支出额的置信区间。

表 10-6　居民货币收入与居民购买商品支出情况　　　　单位：亿元

项　　目	2014 年	2015 年	2016 年	2017 年	2018 年	2019 年	2020 年	2021 年
居民货币收入	35	37	38	40	42	44	47	50
居民购买商品支出	30	31	32	33.2	34.8	36.5	39	41.6

居民购买商品的货币支出与居民货币收入密切相关，收入高，其购买商品支出就大；反之，支出就小，因此，居民购买商品货币支出与居民货币收入是一种相关关系。具体分析步骤如下。

1. 确定自变量和因变量，绘制散点图

居民购买商品的货币支出主要受居民货币收入的影响，因此，设居民货币收入为自变量

x,居民购买商品的货币支出为因变量 y。将自变量 x、因变量 y 的 8 组已知数据点描在以 x 为横坐标,以 y 为纵坐标的直角坐标系中,即得两变量的散点图,可以发现散点图呈直线趋势,如图 10-2 所示。

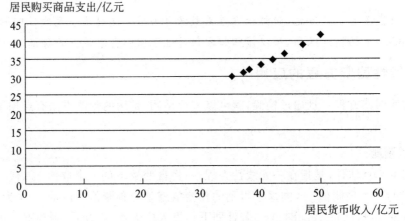

图 10-2 居民货币收入与居民购买商品支出散点图

2. 建立一元线性方程

设一元线性回归方程为 $y_c = a + bx$,根据表 10-7 中的计算结果,用最小二乘法求得 a,b 两个未知参数。

表 10-7 相关系数及一元线性回归方程计算表

年 份	居民货币收入/亿元 x	居民购买商品支出/亿元 y	xy	x^2	y^2
2014 年	35	30	1 050	1 225	900
2015 年	37	31	1 147	1 369	961
2016 年	38	32	1 216	1 444	1 024
2017 年	40	33.2	1 328	1 600	1 102.24
2018 年	42	34.8	1 461.6	1 764	1 211.04
2019 年	44	36.5	1 606	1 936	1 332.25
2020 年	47	39	1 833	2 209	1 521
2021 年	50	41.6	2 080	2 500	1 730.56
合 计	333	278.1	11 721.6	14 047	9 782.09

$$b = \frac{n\sum xy - \sum x \sum y}{n\sum x^2 - \left(\sum x\right)^2} = \frac{8 \times 11\,721.6 - 333 \times 278.1}{8 \times 14\,047 - 333^2} = 0.783\,8$$

$$a = \frac{\sum y - b\sum x}{n} = \frac{278.1 - 0.783\,8 \times 333}{8} = 2.136\,8$$

将 $b = 0.783\,8$,$a = 2.136\,8$ 代入回归方程,得回归方程为 $y_c = 2.136\,8 + 0.783\,8x$。

根据回归方程绘制的趋势图如图 10-3 所示。

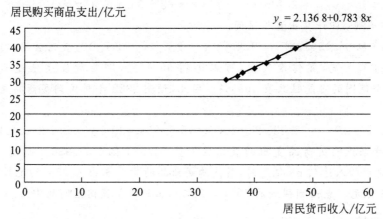

图 10-3　2014—2021 年居民货币收入与居民购买商品支出趋势线图

3. 对预测方程进行检验

（1）相关系数分析。相关分析能确切地说明两个变量之间相关关系的密切程度。根据表 10-7 中的数据计算的相关系数为

$$r = \frac{n\sum xy - \sum x \sum y}{\sqrt{n\sum x^2 - (\sum x)^2} \sqrt{n\sum y^2 - (\sum y)^2}}$$

$$= \frac{8 \times 11\,721.6 - 333 \times 278.1}{\sqrt{8 \times 14\,047 - 333^2} \times \sqrt{8 \times 9\,782.09 - 278.1^2}} = 0.998$$

相关系数等于 0.998，接近于 1，说明居民购买商品支出与居民货币收入之间的相关程度很高。因此所得的回归线性方程完全可以用来进行该地区居民购买商品支出的预测。

（2）估计标准误差分析。根据计算公式有

$$S_{yx} = \sqrt{\frac{\sum y^2 - a\sum y - b\sum xy}{n-2}}$$

$$\sqrt{\frac{9\,782.09 - 2.136\,8 \times 278.1 - 0.783\,8 \times 11\,721.6}{8-2}} = 0.275\,6(亿元)$$

（3）回归标准差系数分析。根据计算公式有

$$\bar{y} = \frac{\sum y}{n} = \frac{278.1}{8} = 34.762\,5$$

$$\frac{S_{yx}}{\bar{y}} = \frac{0.275\,6}{34.762\,5} = 0.79\% < 15\%$$

这说明该一元线性回归方程 $y_c = 2.136\,8 + 0.783\,8x$ 精确度很高。

回归方程 $y_c = 2.136\,8 + 0.783\,8x$ 通过了相关系数、回归标准误差和回归标准差系数三项分析与验证，说明用此回归方程作为预测方程是合适的，可以用于预测。

4. 进行预测和确定其置信区间

（1）点预测。若 2022 年该地区居民货币收入预计为 68 亿元，预测 2022 年当地居民购

买商品支出额时,要将 $x_{2022}=68$ 代入回归方程,可得

$$y_{2022} = 2.136\,8 + 0.783\,8 \times 68 = 55.435\,2(亿元)$$

(2)区间预测,即计算出置信区间。

一般 $F(t)$ 取 95.45%,则 $t=2$,则有 $(y_c - 2S_{yx}, y_c + 2S_{yx})$ 为置信区间,因为在这种情况下取值范围不太宽,置信度较高,可以达到 95.45%,即实际发生值超出 $(y_c - 2S_{yx}, y_c + 2S_{yx})$ 这个范围的可能性只有 4.55%。因此,预测 2022 年居民购买商品支出的置信区间为

$$y_{2022} \pm 2S_{yx} = 55.435\,2 \pm 2 \times 0.275\,6 = 55.435\,2 \pm 0.551\,2(亿元)$$

即 2022 年居民购买商品支出的置信区间为 54.884 亿~55.986 4 亿元。这说明,在 2022 年居民货币收入达到 68 亿元时,居民购买商品的货币支出有 95% 的把握将在 54.884 亿~55.986 4 亿元。点预测得到的 55.435 2 亿元正好处于置信区间的中点。

应用直线回归的注意事项

(1)进行回归分析要有实际意义,不能把毫无关联的两种现象随意进行回归分析,忽视事物现象间的内在联系和规律。例如,对儿童身高与小树的生长数据进行回归分析既无道理也无用途。另外,即使两个变量间存在回归关系,也不一定是因果关系,必须结合专业知识做出合理解释和结论。

(2)直线回归分析的资料,一般要求因变量 y 是来自正态总体的随机变量,自变量 x 可以是正态随机变量,也可以是精确测量和严密控制的值。若稍偏离要求时,一般对回归方程中参数的估计影响不大,但可能影响到标准差的估计,也会影响假设检验时 P 值的真实性。

(3)进行回归分析时,应先绘制散点图。若提示有线性趋势存在时,可进行直线回归分析;若提示无明显线性趋势,则应根据散点分布类型,选择合适的曲线模型,经数据变换后,化为线性回归来解决。一般来说,在不满足线性条件的情形下计算回归方程会毫无意义,最好采用非线性回归方程的方法进行分析。

(4)绘制散点图后,若出现一些特大特小的离群值(异常点),应及时复核检查,对由于测定、记录或计算机录入产生的错误数据,应予以修正和剔除。否则,异常点的存在会对回归方程中的系数 a、b 的估计产生较大影响。

(5)回归直线不要外延。直线回归的适用范围一般以自变量取值范围为限,在此范围内求出的估计值称为内插;超过自变量取值范围所计算的称为外延。若无充足理由证明,超出自变量取值范围后直线回归关系仍成立时,应该避免随意外延。

回归方程的显著性检验

同步练习与技能实训

【基本概念】

函数关系　相关关系　单相关　复相关　正相关　负相关　直线相关
曲线相关　不相关　相关分析　相关表　相关图　相关系数　回归分析

回归系数　　　简单线性回归方程　　　回归估计标准误差

【基本训练】

一、单项选择题

1. 现象之间相互依存关系的程度越高,则相关系数值(　　)。
   A. 越接近于∞　　B. 越接近于−1　　C. 越接近于1　　D. 越接近于−1或1

2. 已知变量 x 与 y 之间存在着负相关,指出下列回归方程中哪一个肯定是错误的(　　)。
   A. $\hat{y}=-10-0.8x$　　　　　　B. $\hat{y}=100-1.5x$
   C. $\hat{y}=-150+0.9x$　　　　　D. $\hat{y}=25-0.7x$

3. 当所有观察值 y 都落在回归直线 $\hat{y}=a+bx$ 上时,则 x 与 y 之间的相关系数为(　　)。
   A. $r=1$　　B. $-1<r<0$　　C. $r=1$ 或 $r=-1$　　D. $0<r<1$

4. 相关系数 $r=0$,说明两个变量之间(　　)。
   A. 相关程度很低　　　　　　B. 不存在任何相关关系
   C. 完全负相关　　　　　　　D. 不存在直线相关关系

5. 在回归方程 $\hat{y}=a+bx$ 中,回归系数 b 表示(　　)。
   A. 当 $x=0$ 时 y 的期望值
   B. x 变动一个单位时 y 的变动总额
   C. y 变动一个单位时 x 的平均变动量
   D. x 变动一个单位时 y 的平均变动量

二、多项选择题

1. 下列现象中属于相关关系的有(　　)。
   A. 压力与压强　　　　　　　B. 现代化水平与劳动生产率
   C. 圆的半径与圆的面积　　　D. 身高与体重
   E. 机械化程度与农业人口

2. 销售额与流通费用率,在一定条件下存在相关关系,这种相关关系属于(　　)。
   A. 正相关　　　　B. 单相关　　　　C. 负相关
   D. 复相关　　　　E. 完全相关

3. 在直线相关和回归分析中,(　　)。
   A. 据同一资料,相关系数只能计算一个
   B. 据同一资料,相关系数可以计算两个
   C. 据同一资料,回归方程只能配合一个
   D. 据同一资料,回归方程随自变量与因变量的确定不同,可能配合两个
   E. 回归方程和相关系数均与自变量和因变量的确定无关

4. 确定直线回归方程必须满足的条件有(　　)。
   A. 现象间确实存在数量上的相互依存关系
   B. 相关系数 r 必须等于1
   C. 相关现象必须均属于随机现象
   D. 现象间存在着较密切的直线相关关系

E. 相关数列的项数必须足够多

5. 在回归分析中,确定直线回归方程的两个变量必须是( )。
   A. 一个自变量,一个因变量　　B. 均为随机变量
   C. 对等关系　　　　　　　　　D. 一个是随机变量,一个是可控变量
   E. 不对等关系

三、判断题

1. 如果变量 x 与 y 之间的简单相关系数 $r=0$,说明二者之间不存在相关关系。（　）
2. 一般来说,两个变量之间的相关系数值越大,相关程度越高;相关系数值越小,相关程度越低。（　）
3. 当两个变量之间的相关系数 $r=-0.985$ 时,说明这两个变量的相关程度很低。（　）
4. 某企业职工的平均工资与劳动生产率之间的相关系数为 1.08。（　）
5. 在相关分析中,要求变量 x 和 y 都是随机变量;而在回归分析中,则要求 x 为非随机变量。（　）
6. 相关系数是测定两个变量之间关系密切程度的唯一方法。（　）
7. 甲产品产量与单位成本的相关系数是 -0.9,乙产品的产量与单位成本的相关系数是 0.8,因此乙比甲的相关程度高。（　）
8. 两个变量中不论假定哪个变量为自变量 x,哪个为因变量 y,都只能计算一个相关系数。（　）
9. 正相关指的是因素标志和结果标志的数量变动方向都是上升的。（　）
10. 只有当相关系数接近于 $+1$ 时,才能说明两变量之间存在高度相关关系。（　）
11. 在任何条件下,都可以用相关系数说明变量之间相关的密切程度。（　）

四、简答题

1. 说明相关关系与函数关系的区别与联系。
2. 相关表和相关图具有什么特征？如何利用相关表和相关图进行定性分析？
3. 什么是相关系数？它有什么作用？如果计算相关系数？
4. 什么是回归估计标准误差？它有什么作用？如何计算？
5. 说明相关分析与回归分析的区别和联系。

五、计算题

1. 某地高校教育经费 (x) 与在校学生数 (y) 连续六年的统计资料如表 10-8 所示。

表 10-8　高校教育经费与在校学生数资料

教育经费 x/万元	316	343	373	393	418	455
在校学生数 y/万人	11	16	18	20	22	25

要求：
(1) 建立回归直线方程。
(2) 估计教育经费为 500 万元时的在校学生数。

2. 在其他条件不变的情况下,某种商品的需求量(y)与该商品的价格(x)有关,现对给定时期内的价格与需求量进行观察,得到表 10-9 所示的一组数据。

表 10-9　某种商品的需求量与该商品的价格相关资料

价格 x/元	10	6	8	9	12	11	9	10	12	7
需求量 y/吨	60	72	70	56	55	57	57	53	54	70

要求:

(1) 计算价格与需求量之间的相关系数。

(2) 拟合需求量对价格的回归直线。

(3) 确定当价格为 15 元时需求量的估计值。

3. 某公司所属 8 个企业的产品销售资料如表 10-10 所示。

表 10-10　企业的产品销售资料

企业编号	产品销售额/万元	销售利润/万元
1	170	8.1
2	220	12.5
3	390	18.0
4	430	22.0
5	480	26.5
6	650	40.0
7	950	64.0
8	1 000	69.0

要求:

(1) 计算产品销售额与销售利润之间的相关系数。

(2) 确定销售利润对产品销售额的直线回归方程。

(3) 确定产品销售额为 1 200 万元时销售利润的估计值。

【实训项目】

分别在大二学生中随机抽取 40 名女生和 40 名男生,对其身高与体重情况进行调查,分别绘制女生和男生的相关表。

要求:

(1) 根据获取的资料分别计算女生和男生身高与体重的相关系数,并进行比较。

(2) 分别计算女生和男生体重对身高的回归系数,拟合回归方程。

(3) 分别计算回归估计标准误差,判断回归方程的代表性。

项目十一

统计分析报告

知识目标

(1) 了解统计分析报告的含义、特点、作用和类型；
(2) 掌握统计分析报告的结构格式、编写步骤和要求。

技能目标

(1) 会用所学的统计理论与方法，分析社会经济现象；
(2) 能结合工作实际，利用统计资料撰写统计分析报告。

 案例导入

2020 年湖南工业经济运行情况及 2021 年形势展望

2020 年以来，面对新冠肺炎疫情带来的严峻考验和复杂多变的国内外环境，全省坚持疫情防控和经济社会发展两手抓、两促进，着力稳定产业链供应链，结构升级持续推进，重点行业支撑更加稳固，企业经营效益明显提升。

一、2020 年全省工业经济总体运行情况

（一）生产运行稳步向好

2020 年，全省规模工业增加值同比增长 4.8%，比全国平均水平快 2.0 个百分点。从各期增加值增速看，一季度、上半年、前三季度、全年度分别为 -2.1%、1.9%、3.5%、4.8%，呈稳步回升态势。

（二）转型升级持续推进

2020 年，全省规模工业高技术制造业增加值增长 16.0%，比规模工业增速快 11.2 个百分点，拉动规模工业增长 1.7 个百分点，增长贡献率为 34.7%，工业产业整体向中高端转型升级。高技术产品生产增速较快，产品结构不断优化。

(三) 装备制造业支撑有力

2020年,全省规模工业装备制造业增加值增长10.4%,比规模工业增速快5.6个百分点,拉动全省规模工业增长3.2个百分点,贡献率达66.0%。其中,装备制造业12月增加值同比增长16.1%,达到全年峰值,拉动规模工业增加值增长5.5个百分点。

(四) 企业效益继续向好

2020年,全省规模以上工业企业实现营业收入38 339.93亿元,同比增长4.6%,比全国平均增速快3.8个百分点。实现利润总额2 032.66亿元,增长8.7%,比全国平均增速快4.6个百分点。

(五) 大型企业增长有力

2020年,全省规模以上大型企业增加值增长5.5%,增速比全省平均水平快0.7个百分点,比中型企业和小型企业增速分别快2.1个和0.9个百分点,拉动全省规模工业增长1.6个百分点,为全省规模工业稳步恢复起到重要支撑作用。

二、2021年工业经济运行形势展望

(一) 有利条件

1. 全国经济向好

2020年,全国GDP总量迈上百万亿元的新台阶,比上年增长2.3%,经济社会发展好于预期,为2021年全国经济加快恢复打下坚实基础。

2. 政策利好持续

中央经济工作会议指出,2021年宏观政策要保持连续性、稳定性、可持续性。在宏观政策"精准有效,不急转弯"的形势下,宏观经济运行将更加稳定。

3. 增长后劲较足

2020年,全省工业固定资产投资同比增长11.4%,比全部投资快3.8个百分点。高新技术产业投资增长25.4%,其中,计算机、通信和其他电子设备制造业投资增长73.7%,医药制造业投资增长36.3%。

(二) 面临的主要压力

1. 国际经济形势不确定性依然较大

新冠肺炎疫情在冬季形成了新一轮爆发,许多国家被迫采取新的更严格的封锁限制措施。疫情对全球经济的冲击仍在持续,"逆全球化"潮流不断涌现,全球进出口贸易承压,经济恢复的不确定性较大。

2. 重点行业增长压力较大

2020年,专用设备制造业、计算机通信和其他电子设备制造业、通用设备制造业这三个行业合计拉动全省增加值增长2.9个百分点,贡献率达61.4%;我省工业经济发展对部分重点行业的依赖程度较高,连续高增长后的回调压力较大。

3. 部分企业经营效益不佳

在全省规模工业企业整体效益状况稳步提升的同时,部分企业经营压力有所增加。2020年,全省规模工业亏损企业达1 399家,亏损面为8.0%,同比增加1.0个百分点。全

省39个大类行业中,有17个行业利润总额同比下降。

三、建议

(一)加快优势产业集群发展

要紧紧围绕全省20个新兴优势产业链,持续推进新兴优势产业链建设,引导产业链向两端延伸、价值链向高端攀升。充分发挥龙头企业带动效应,引导企业加大技术改造投入,建设具有全球影响力的装备制造业基地。

(二)切实抓好招商引资和重点项目建设

全力以赴加快推进招商项目建设,充分发挥项目建设对工业发展的带动作用;要千方百计推动招商引资提质增效,积极创新招商方式,围绕优质资源和优势产业,着力推进铸链强链引链补链,推动招商引资实现新突破。

(三)加大改革开放力度

要立足"一带一部"战略区位优势,积极融入粤港澳大湾区,紧紧围绕当前形成的高端装备制造、新材料、新一代信息技术等20个优势产业链发展需求,推进湖南对外开放在发展中提质,在提质中增效。

(四)多措并举优化营商环境

受疫情影响,部分行业和企业生产经营仍未全面恢复,企业生存发展存在一定困难。应主动采取积极有效的政策措施优化营商环境,继续深入推进"放管服"改革,抓好中央和省级各项纾困惠企政策落实,积极帮助困难行业、企业解决实际困难。

资料来源:湖南省统计局,http://tjj.hunan.gov.cn/hntj/tjfx/jczx/2021jczx/202102/t20210222_14535014.html。

这是一篇典型的统计分析报告,怎样才能写出一份既有观点、论据资料又翔实的统计分析报告?本项目将向您详细介绍。

任务一 统计分析报告概述

一、统计分析报告的概念、特点与作用

(一)统计分析报告的概念

统计分析报告是根据统计分析方法,以独特的表达方式和结构特点,运用大量统计数据来分析社会经济活动现状、本质和规律,并给出结论、提出解决办法的一种统计应用文体。统计分析报告是展现统计分析结果的最终形式。

对统计分析报告的理解应注意以下四点。

1. 统计分析是编写统计分析报告的前提和基础

统计分析报告要运用大量的统计分析资料。写好统计分析报告,必须首先做好统计分析。

2. 统计分析报告的基本特色是运用大量的统计数据

无论是通过研究去认识事物,还是通过反映去表现事物,研究事物发展规律都要运用统计数据。可以说,没有统计数据的运用,就不称其为统计分析报告。这个特色也是统计分析报告区别于其他文体最明显的特征。

3. 统计分析报告要遵循统计学的基本原理和方法

统计分析报告要遵循统计学的基本原理和方法，主要是社会经济统计和数理统计的原理和方法等。

4. 统计分析报告有自身的特点和要求

作为一种统计应用文体，统计分析报告既要遵循一般文章写作的普遍规律和要求，同时，在写作格式、写作方法、写作风格和数据运用等方面也有自身的特点和要求。

（二）统计分析报告的特点

1. 以统计数据为主体

统计分析报告主要是用数字语言直观地反映事物之间各种复杂的联系，以确凿的数据来说明具体时间、地点、条件下社会经济领域的成就和经验、问题与教训、各种矛盾及其解决办法。不同于文学作品和论文的是，统计分析报告是以统计数据为主体，用简洁的文字来分析、叙述事物量的方面及其关系，以此来进行定量分析。

2. 依据科学的指标体系和统计方法来分析问题

统计是认识社会的工具，它运用一整套统计特有的科学分析方法（如对比分析法、动态分析法、因素分析法、统计推断等），结合统计指标体系，全面、深刻地研究和分析社会经济现象的发展变化，并在质与量的辩证统一中进行研究。

统计分析报告要通过一整套科学的统计指标体系进行数量研究，但它又不同于数学分析方法。数学分析方法不分析事物的质，只分析抽象的数量关系和空间形式；而统计分析报告建立在质与量的辩证统一中研究量的基础上，说明客观经济现象质的规定性。

3. 具有独特的表达方式和结构

统计分析报告属于说明文，它的基本表达方式是以事实来叙述，用数字来说话，在展开中议论，在议论中分析，在分析中预测。因此，在表述时，不宜使用夸张、华丽、虚构、想象等文学语言和修辞手法。它要求用最少的文字来表达丰富的内涵，做到言简意赅、精练准确，并做到资料与基本观点相统一，论点和论据相一致。

另外，从统计分析报告的结构上看，其特点表现为脉络清晰、层次分明，一般是先摆数据、事实，在进行各种科学分析的基础上，针对问题亮出观点，最后提出建议、办法和措施。

4. 注重准确性和时效性

准确性是统计分析报告和整个统计工作的生命。统计分析报告的准确性除了客观上的数字准确（不有丝毫差错）、情况真实（不能有一点虚假）外，还要求论述有理有据，不能违反逻辑；观点正确，不能出现谬误；建议可行，不能脱离实际。

统计分析报告具有很强的时效性。失去了时效性，也就失去了实用性。要保证统计分析报告的时效性，就要做到"雪中送炭"，而不是"雨后送伞"，要在领导决策之前和社会各界需要之时提供统计分析报告。

（三）统计分析报告的作用

1. 统计分析报告是统计成果最理想的表现形式

统计分析成果有文章、表格、图形等多种表现形式，但只有文章是最完善，也是最为常用的。这种形式可以综合而灵活地运用表格和图形；可以说明表格和图形难以充分表现出的情况及对经济活动的定性分析；还可以对数据表现出的规律进行解释。

2. 统计分析报告是发挥统计整体功能的重要手段

统计分析报告把数据、情况、问题、建议等融为一体，既有定量分析，又有定性分析，比一般的统计数据更集中、更系统、更鲜明、更生动地反映客观实际，便于人们阅读、理解和利用，是表现统计成果的好形式与传播统计信息的有效工具，因此统计分析报告成为统计服务与统计监督的主要手段。

3. 统计分析报告是传播统计信息的有效工具

现代社会，信息已成为重要资源。统计信息又是社会信息的主体，而且是最全面、最稳定，且比较准确的信息。统计信息要通过载体传播，而统计分析报告是主要载体之一，适合在报纸杂志上发表，传播条件比较简便，具有较大的信息覆盖面，是传播统计信息的有效工具。

4. 统计分析报告是决策的重要依据

现代社会，经济管理必须依靠科学的决策，而科学的决策又必须依靠准确、真实的统计数据。统计分析报告把原始资料信息加工整理成决策信息，比一般的统计资料能更全面、更深入地反映客观现实情况，有利于各级领导和社会各界接受和利用。因此，统计分析报告是决策的重要依据。

5. 编写统计分析报告有利于促进统计工作水平和统计人员素质的提高

统计分析报告的质量反映了统计工作的水平。在统计分析报告的写作过程中，能有效地检验统计工作各个环节的质量，发现问题并及时改进，使统计工作得到改善、加强和提高。另外，经常编写统计分析报告，能锻炼提高统计人员的综合素质，增长统计人员的才干。

二、统计分析报告的类型

统计分析报告可以从不同角度进行分类，下面介绍统计工作中常用的几种统计分析报告。

（一）专题统计分析报告

1. 专题统计分析报告的概念

专题统计分析报告是对社会经济现象的某个方面或某个问题进行专门地、深入地研究的一种分析报告。它的目标集中，内容单一，不像综合统计分析报告那样要反映事物的全貌。正因如此，它的作用主要是为领导解决某个问题、制定某项政策、做出某项决策提供参考和依据。

2. 专题统计分析报告的特点

（1）单一性。专题统计分析报告内容单一，不要求反映事物的全貌，只针对社会经济现象的某个问题、某个方面、某个环节、某个因素进行透彻的分析，如产品质量、原材料供应、市场销售、进货渠道、奖金分配、劳动工资、设备改造等。虽然在分析和写作中，有时涉及的范围较广，研究的问题较复杂，但它的目标必须始终集中在一个问题上，而不能面面俱到，泛而不专。

(2) 深入性。专题统计分析报告内容单一，重点突出，便于集中精力抓住主要矛盾和主要问题进行深入解剖，透彻分析。它不仅要对社会经济现象的状态进行具体描述，更重要的在于探索形成这种状态的原因和规律，并且还要提出解决问题的对策和办法。这就要求专题统计分析报告对社会经济现象的认识要比其他类型的分析报告更加深刻、更有力度，切忌蜻蜓点水和泛泛而谈。

(3) 灵活性。专题统计分析报告一般是根据作者对某个社会经济现象的认识及社会需要，由自己选题。在要反映什么、分析什么、写作什么、怎样构思与落笔等方面，是灵活自由的，只要是带有突发性、动向性、重要性的问题，均可以作为选题的目标。正是由于专题统计分析报告选题灵活、范围广泛，因此课题必须选准，这是写作的关键。

(二) 综合统计分析报告

1. 综合统计分析报告的概念

综合统计分析报告又称全面分析报告，是从客观的角度，利用丰富的统计资料，对国民经济和社会发展的规模、水平、结构和比例关系、经济效益及发展变化状况等，进行综合分析研究所形成的一种统计分析报告。其分析对象可以是大小不同的总体，不仅能综合反映一个地区社会经济的总规模、总水平，综合研究国民经济主要比例关系，也能综合研究一个企业产、供、销以及内部生产经营环节之间的比例关系。综合统计分析报告通过研究生产、分配、交换和消费中的基本状况、各种矛盾及比例关系，为促进社会生产各部门、各环节的协调发展提供决策依据。

2. 综合统计分析报告的特点

(1) 全面性。综合统计分析报告反映的对象，无论是一个地区、一个部门，还是一个单位，都必须以这个地区、这个部门、这个单位为分析总体，要站在全局的高度，反映总体特征，做出总体评价，得出总体认识。综合分析涉及的范围广泛，要把构成总体的各个侧面、各种要素联系在一起，加以综合研究。

(2) 联系性。综合统计分析报告要把互相关联的一些社会经济现象综合起来进行分析研究，要求资料全面且系统。综合分析不是对全面资料的简单描述与排列，而是在对统计指标进行系统分析的同时，研究社会经济现象的内部联系和外部联系。这种联系的重点是比例关系、平衡关系、发展速度及现象之间的因果关系等。

(3) 评析性。综合统计分析报告在对一些社会经济现象进行综合分析研究后，必须做出简明扼要的评论和剖析。它不能离开统计的一些基本数据和主要事实，也不能只是数据的罗列、事实的叙述和现象的堆砌，而是要通过系统且全面地对数据的变化和经济社会发展全过程的调研分析和评论，揭示经济社会发展的本质和规律性。所以说，综合统计分析报告既能如实地反映客观情况，又能准确地评析客观现象。

(三) 进度分析报告

1. 进度分析报告的概念

进度分析报告是以定期调查统计数据为依据，反映计划执行情况或经济形势并分析影响和形成原因的一种统计分析报告。这种统计分析报告一般是按月度、季度、半年和年度等时间阶段定期进行，故又叫定期分析报告或计划执行情况分析报告。进度分析报告可以是专题性的,也可以是综合性的。进度分析报告应用十分广泛,既可对整个国民经济的运行进行宏观监督,又可以对一个地区、一个部门、一个企业的发展动态进行分析。只要有定期统计报表任务或可以定期调查收集资料的部门和单位都可用到进度分析报告。

2. 进度分析报告的种类

进度分析报告分为期中和期末两种。期中分析报告是在计划执行过程中编写的。例如,在月计划执行中,按旬编写;在季度计划执行中,按月编写;在年度计划执行中,按季度或半年编写。期中分析报告写作的重点是反映计划执行的进度情况,以便及时发现问题,采取相应措施,保证计划的顺利完成。期末分析报告是在计划期结束以后及时编写的。它利用定期统计报表资料和实际调查得到的情况,分析和总结计划的完成情况,如月度分析、季度分析、年度分析。这种分析具有综合性和总结性,其作用是总结前阶段工作的经验教训,为改进今后工作和制订新的计划而服务。

3. 进度分析报告的特点

(1) 进度性。由于进度分析报告的主要任务是反映计划的执行进度,因此必须把时间的进度与计划完成的程度结合起来进行分析,观察两者是否一致,从而判断计划执行的好坏。为此,在进度分析报告中往往需要使用一些相对数指标来反映进度进展情况。

(2) 规范性。进度分析报告基本上是例行报告,到一定时间就必须向本单位领导和上级部门提供。为了阅读和使用方便,进度分析报告形成了比较规范的格式与写法,一般包括这样几个部分:说明计划完成的基本情况;分析完成或未完成的原因;总结计划执行中的成绩和经验,找出存在的问题;提出改进的措施和建议。进度分析报告不仅结构较为规范,而且标题一般变化不大,有时为了保持连续性,只会变动时间范围,如《××季度某企业生产计划完成情况分析》。

(3) 时效性。进度分析报告的性质和作用决定了它是时效性最强的一种统计分析报告。只有及时提供社会经济活动进程中的各种信息,才能使领导掌握生产经营管理的主动权,否则将失去机会,贻误工作。进度分析报告的篇幅一般较为短小。

(四) 统计预测报告

1. 统计预测报告的概念

统计预测报告是在市场调查的基础上,综合已掌握的历史和现实的统计信息资料,通过科学的统计方法进行分析研究,从而对所研究事物未来的发展趋势做出科学的推理判断、定量和定向分析的一种预见性分析报告。通过预测,人们可以超前认识社会经济发展前景,对制定方针和发展策略、编制计划、搞好管理具有很大的帮助。因此,统计预测报告的作用很大,属于高层次的统计分析报告。

2. 统计预测报告的特点

(1) 预见性。统计预测报告是对事物未来的发展趋势做出预见性的判断,它是在综合分析历史和现状信息资料的基础上做出合理判断,目的是将事物发展趋势的不确定性最小化,使预测结果和未来的实际情况的偏差概率最小化。

(2) 科学性。统计预测报告在内容上必须通过充分翔实的信息资料,并运用科学的统计预测理论和预测方法,以深入、细致的调查研究为基础,充分收集各种真实、可靠的数据资料,才能找出预测对象的客观运行规律,得出合乎实际的结论,从而有效地指导人们实践。

(3) 针对性。统计预测的经济内容非常广泛,每次统计调查和预测,只能针对某个具体的经济现象的发展前景,因此,统计预测报告的针对性很强。选定的预测对象越明确,统计预测报告的现实指导意义就越大。

 **相关链接**

统计分析报告按写作类型分类

1. 说明型

说明型是对统计报表进行说明的统计分析报告,也称为"文字说明"。这种说明主要是对报表的数据做文字的补充叙述,配合报表进一步反映社会经济情况。

2. 快报型

快报型是一种期限短、反应快的统计分析报告,一般是按日、周、旬、半月写作的定期统计分析报告。快报型统计分析报告的突出特点就是"快"。所以,快报型统计分析报告在企业中应用比较普遍。

3. 计划型

计划型是检查计划执行情况的统计分析报告,按月、季、半年和年度检查计划执行情况的定期统计分析报告都属于计划型。这类统计分析报告的标题形式比较固定,如"某某公司 4 月计划执行情况"。

4. 总结型

总结型是对一定时期社会经济发展情况进行总结分析的统计分析报告,以便发扬成绩,总结经验教训,预测发展趋势,制订下一步工作计划。总结型统计分析报告大多是总结半年、一年或三年内发展情况的统计分析报告。

5. 公报型

公报型是政府统计机关向社会公告重大社会经济情况的统计分析报告。统计公报是政府的一种文件,一般应由级别较高的统计机关发布。

6. 调查型

调查型是通过非全面的专门调查来反映部分单位社会经济情况的统计分析报告。其基本特点有两个:一是只反映部分单位的社会经济情况,一般不直接反映和推论总体情况;二是资料和情况来源于非全面调查(抽样调查、重点调查和典型调查等)。

7. 分析型

分析型是通过分析着重反映社会经济现象具体状态的统计分析报告。它同调查型统计分析报告的主要区别有两点:一是它既反映部分单位的情况,也反映总体的情况,并以总体情况为主;二是它的资料和情况来源是多方面的,可以是部分单位的调查资料,也可以是全面统计报表资料、历史资料的横向对比资料等。目前,统计人员写作的统计分析报告大多属于这种类型。

8. 研究型

研究型是着重研究解决问题的办法和进行理论探讨的统计分析报告。它同分析型统计分析报告的主要区别在于：分析型统计分析报告对社会现象的认识仍停留在具体状态，而研究型统计分析报告则从具体的状态上升到理论高度，提出理论性的见解或新的观点。所以，研究型统计分析报告比分析型统计分析报告意义又进一步，是一种高层次的统计分析报告。

任务二　统计分析报告的结构格式及要求

所谓结构格式，是指文章的内部结构。统计分析报告的结构格式一般包括标题、导语、正文、结尾四部分。

一、标题

标题也称题目，统计分析报告的标题应概括全篇内容，反映分析报告的主题思想或观点。对标题的基本要求是确切、简明、新颖。确切是指标题要准确概括统计分析报告的内容，做到题文相符；简明是指标题要精练、扼要、通俗易懂，以尽可能少的文字概括全文的内容；新颖是指标题要不落俗套，有鲜明的观点和独特的风格，能感染和影响读者，具有较强的吸引力。

（一）常见的标题表现形式

标题的表现形式多种多样，常见的有以下六种。

1. 以提示主题为标题

以提示主题为标题即标题直接揭示分析报告的主题思想，如《2022年1月中国CPI数据统计报告》。

2. 以表明观点方式为标题

以表明观点方式为标题即标题直接表明作者的观点和看法，如《制度创新才是国有企业解困之路》《我省民营企业大有作为》。

3. 以主要结论为标题

以主要结论为标题即在标题中直接给出分析报告的主要结论，如《工业化、城市化是解决我省"三农"问题的必然途径》《盲目引进是我省工业经济效益滑坡的根本原因》。

4. 以设问提问为标题

以设问方式提出分析报告所要分析的问题，以引起读者的注意和思考，增强读者的阅读兴趣，如《我市新的经济增长点在何处》《销售收入增长了三成，利润为何下降》。

5. 以比喻、警句、古句、诗词、成语为标题

这种标题新颖别致、有感染力，更易引起读者的阅读兴趣，如《骨之不强，肉将焉附？——市投资结构分析》《安得广厦千万间，黎民百姓尽开颜——我区房地产情况分析》。

6. 以正副标题组合为标题

用正标题高度概括统计分析报告的主要内容，副标题则是从范围、时间、内容等方面对正标题加以限制、补充或说明，一般在副标题前加"——"，如《北京人的梦中家园——北京居民住宅统计分析》《贯彻执行发展纲要 精心培育祖国花朵——2016年武汉市儿童发展规划监测统计报告》等。

(二)标题常见的问题

1. 提法雷同

很多统计分析报告都冠以"对比分析""几点看法""几个问题""情况""调查"等标题,这样的标题从可用,年年可用,显不出特色,显得呆板、千篇一律。虽然标题基本上反映了统计分析报告的内容,但吸引不了读者,使人看了不想再读下去。

2. 标题与内容不一致

标题与内容不一致的情况时有发生。例如,有的题意过宽,如《关于我市物价情况的分析》的报告,实际上只分析了蔬菜价格问题。有的题意过窄,如《关于我厂今年生产情况的分析》的报告,实际上不但写了今年的生产情况,还以较大篇幅对明年的生产情况进行了预测。

二、导语

导语也称开头,它的主要目的是概括文章的内容和主题,使读者了解全文的概貌。文章导语的好坏是关系全篇成败的一个重要因素。统计分析报告导语的基本要求主要有三点:一是要抓住读者的心理,引起读者的注意和兴趣,使读者急于读下去和乐于读下去;二是要为全文的展开厘清脉络、牵出头绪、做好铺垫、定好格局;三是要简短、精练、新颖。

(一)导语的常用形式

1. 总览全文式

总览全文式的开头方法是把全文所要阐述的内容先做概括性的介绍,使读者在开始即能了解总体情况,也为全文的论述定下基本的格局。如《2021年4月省货币信贷运行情况》的开头:"4月,省货币信贷运行特征变动明显:各项贷款平稳增长,储蓄存款大幅下降,企业存款定期化增强;各项贷款增势明显回落,流动性水平略降。"这样的开头,寥寥数语就概括地介绍了4月的省货币信贷运行情况。

2. 开门见山式

开门见山式的开头方法的特点是紧紧围绕文章的基本观点,简明扼要,直叙主题。这种开头方法是统计分析报告中最常见的一种。如国家统计局为全国人大财经委提供的当前经济形势分析材料的开头是:"根据全国人大财经委的通知要求,现对当前全国经济运行的主要特点、存在问题及发展趋势做一简要分析,供参考。"短短几句话,就交代了文章报告的主要内容及撰写目的。

3. 目的动机式

目的动机式的开头方法是先说明文章的目的和由来,解释题意,使读者了解文章的由来和必要性,引起注意。如《减负道路仍漫长》分析报告的开头:"当前,我国中小学学生学习生活负担过重现象,成为广大人民群众谈论的一个热点问题,已被社会广泛关注,引起党和国家领导人的高度重视。为此,国家统计局、教育部根据国务院领导批示精神,联合开展了全国中小学学生学习生活状况的专项调查。现将我市的调查情况进行整理分析,仅供参考。"这段导语回答了人们可能产生的疑问:一个市统计局为什么要分析中小学学生学习生活情况?这段导语还说明了在特定的条件下写这篇分析报告的必要性。

4. 制造悬念式

制造悬念式的开头方法以提问、设问等方式提出问题、摆出矛盾,使读者产生疑问或悬念,以引起读者的注意和思考,然后逐一剖析解决。如《十年,十五年,还是二十年——对安徽追赶全国人均 GDP 水平的测算及分析》的开头:"改革开放以来,安徽经济实力与全国平均水平相比,尚存在一定的差距,特别是人均 GDP 还处在相对较低的水平。'十一五'计划纲要中提出了加快发展、富民强省,为人均 GDP 达到全国平均水平奠定坚实基础的发展目标。然而,从目前的比较情况看,达到全国平均水平的任务较为艰巨,那么,究竟需要多长时间才能实现这一目标,两个五年计划?还是更长一些时间?对此,我们在全面分析安徽与全国人均 GDP 差距的基础上,就达到全国平均水平所需的时间和速度进行了初步测算,以期能为省领导和有关经济管理部门指导经济工作提供参考。"读了这篇文章开头,读者会在心中自然而然地产生悬念:我省究竟要用多长时间才能赶上全国平均水平,原因何在?这样的开头既能吸引读者,又突出了主题。

5. 设靶论战式

设靶论战式的开头方法是在文章的开头就把各种对立的观点摆出来,然后进行比较研究论证,得出结论,表明作者的看法和观点。如国家统计局编写的《对近期国民经济发展趋势的判断及政策建议》一文的开头:"这几年来,国民经济增长速度不断趋缓,引起国内外社会各界对我国未来经济发展趋势的极大关注。我国经济究竟是由快速发展进入低速发展呢?还是继续保持快速发展呢?双方各持己见,分歧很大。对此,本文就这一问题做一初步分析。"这段导语有意识地列举了对经济形势判断的两种对立的观点,为后面的论战拉开了序幕,接着在系统分析中表明了作者所赞成的观点和看法。

导语的形式多种多样,甚至有些统计分析报告不写导语,直接进入正文。究竟采用哪种方式开头,并无定论,应该视统计分析报告的内容和目的而定。但无论怎样开头,都必须紧扣主题,言简意赅。

(二)导语容易出现的错误

1. 转入正文慢

这是开始写导语时最常犯的错误,写作时不是直接进入主题,而是绕来绕去转了一大圈,写了很多与主题关系不密切的问题,然后才进入正文。

2. 空话套话多

空话套话是统计分析报告导语的大忌。有的人喜欢运用一些固定的套式语句开头,例如,"在深化改革扩大开放的大潮中""在××精神的鼓舞下""在××的正确领导和关怀下"等。用这类套式语句要注意场合,在向党委、政府提交分析材料或向新闻媒体发布稿件时,一般可以用,反映工作成绩、作为会议材料时也可以用;而在分析揭露问题、做专题分析报告、预测报告时,就不一定可以用,这种情况下可能落入俗套,令人乏味,意兴索然。

3. 不考虑阅读对象

报告的导语不仅要考虑文章的内容,而且要考虑阅读对象,要尽可能做到通俗易懂。例如,给党政领导的统计分析报告,开头一般不要使用不常用的和领导们不熟悉的统计专业术语，如根据某某数学模型得知，根据某某回归函数预测，或是引用国外著名经济学家的观点等。

三、正文

正文是统计分析报告的主体内容，是对基本观点的论述和分析，是统计研究过程与叙述过程的主要表现载体。因此需要对正文的结构进行安排，即对正文内容的先后顺序、开展的步骤、论述的详略等，从全局的角度进行合理的组织。

长期以来，统计分析报告的主体结构是三段式，即"问题——原因——对策"这样一个基本框架。在实际应用中，这种递进式结构安排可以有所调整，如按照"现状——原因——结果""现状——问题——对策""历史——现状——未来"等进行安排，都是统计分析常见的主体结构，也可以是"现状——问题——原因——对策"四部分，还可以再加预测部分。

统计分析报告主体结构的形式具体体现在层次和段落上，常见的有以下四种。

1. 序事递进式

序事递进式就是文章的各部分内容之间具有发展和递进关系，按事物的发展或逻辑层次来安排材料并进行分析，通常用于整篇文章的结构安排。递进结构的常见形式有按照事物之间的因果关系展开、按照事物的逻辑关系展开及按照读者的理解顺序展开等几种。

2. 并列式

并列式即各部分内容相对独立，各部分之间是并列或平行关系，一般是将所要表述的情况分成并列的几部分横向展开。例如，在分析国民经济发展状况时，按照农业、工业、建筑、商业等部分分别进行叙述。

3. 交叉式

这种结构是前面两种结构的结合，有时以纵向递进展开为主，有时以横向并列展开为主。根据问题的内容和目的，将递进与并列两种方式结合运用，可能会收到更好的分析效果。一般比较复杂的统计分析报告都采用交叉式结构。以《在差距中警醒—在创新中奋进——对我省经济发展差距的客观分析与思考》一文为例，三大组成部分中的第三大部分基本上是纵向结构，而第一、第二大部分则是横向结构（顺序可以调换），但第一部分内部有的又是纵向结构，第三部分内部有的又是横向结构，交叉式结构的特征非常明显。

4. 序时连贯式

序时连贯式就是按事物经过和时间顺序安排层次，各层次之间是连贯关系。这种结构用于反映事物随着时间变化而变化的统计分析。例如，展现改革开放以来我国经济发展所取得辉煌成就的统计分析报告，就可以按时间顺序来安排统计分析报告的结构。

合理安排统计分析报告的内容，使之具有适当的结构，不仅需要明了有什么样的结构，还要清楚分析研究的成果适合哪种结构。在正文结构确定后，还要注意各层次的内容怎样前后呼应，怎样突出分析主题等。

四、结尾

结尾是统计分析报告的结束语。它是问题分析和解决的自然结果。好的结尾不仅可以帮助读者明确题旨、加深认识，而且可引起读者的联想和思考。

（一）常见的五种结尾写法

1. 总括全文，深化主题

统计分析报告在分析事物发展变化的主客观原因、论证多层次观点后，在结束全文时予以归纳总结，加强基本观点，突出中心思想，这种结尾方法就叫总括全文。

采用总括全文式结尾的报告一般都有明显的"总起—分说—总结"的结构特点，且结尾的起始句多使用"综上所述""总之""总而言之"等概括性词语，然后把文章前面叙述的内容进行简要的回顾概括，使读者进一步明确全文的中心思想。

2. 表明态度，提出建议

统计分析报告以建议结束全篇的居多，并且形式各异。一般是针对某些问题，提出今后的工作意见、建议或具体的工作措施。归纳起来主要有以下两大类：一是没有结尾段，以最后一个层次的若干条建议来收笔；二是专门有个建议结尾段，用简练的语言把建议内容概括在结尾段内。

3. 首尾呼应，加深读者印象

统计分析报告在导语提出问题后，通过分析归纳，在结尾时给予回答，这种结尾方法叫作首尾呼应式。为了加深读者的印象，起到首尾呼应的效果，常将标题或主题思想的内容在结尾处重述或强调一遍，或者在结尾处将开头的问题给出谜底，使全文前后呼应，浑然一体。

4. 水到渠成，篇末点题

这种类型的统计分析报告在开头不亮出基本观点，经过一系列分析、论证，最后才在结尾点明题意。所谓"点"，就是用笔极少，但含义深刻，富有概括力、表现力。

5. 预测未来，展望形势

这种结尾通常根据分析所得的结论或规律性的认识，结合当前的社会经济情况，预测今后的发展前景和形势。

无论采用何种形式的结尾，都需要注意以下几点：一是要收笔自然，意尽言止；二是要加深读者认识；三是要深化主题，首尾呼应；四是提出的问题或对策建议要归纳准确，语言表述要简洁。

（二）结尾应注意的问题

1. 防止草草收尾

这是指在结尾写作中，作者没有继续下功夫，不字斟句酌，仔细推敲，结果造成胡乱草率地收尾。这里有两种情况：一是有头无尾，就是文章在不该收尾的地方戛然而止，给人言犹未尽之感；二是虎头蛇尾，文章中心不突出，层次结构紊乱，理不出头绪，只好生拼硬凑，草草收尾，造成文章结尾与导语和正文不能衔接。

2. 防止画蛇添足

一般情况下，若统计分析报告的观点都已阐明需要或者是预测结果已经提及，或者建议、措施已提出以后，就相当于已经结尾了，不需要再添一些不必要的文字，否则就是画蛇添足。"蛇足"产生的原因有三种：一是担心文章过短；二是生怕自己没有把文章的内容表达完；三是不相信读者，生怕读者看不懂自己的意图。

参考案例

近三年来常德民用车辆持续增长

近年来,随着全市经济社会的快速发展、人民生活水平的提高以及交通设施的进一步改善,居民对机动车尤其是汽车的购买热情持续高涨,全市民用汽车拥有量持续增长,但同时带来交通拥堵、污染防治、交通管理等方面的压力,需引起高度重视。

一、常德市民用车辆发展的主要特点

截至2018年年底,全市民用车辆拥有量达到113.1万辆,比2015年年底增加25.5万辆,增长29.1%。其中,营运车辆6.6万辆,增长14.5%;非营运车辆106.2万辆,增长36.3%。

(一)汽车拥有量保持较快增长,占比提高

2018年年底,全市汽车拥有量达56.6万辆,比2015年年底增长64.3%。汽车拥有量占据全市民用车辆的半壁江山,比重达50.1%,较2015年年底提高10.7个百分点。

(二)载客汽车快速增长,小型汽车占主导

随着城乡一体化的步伐加快,进一步促进了城乡之间的人群往来,从而加大了载客汽车的需求量。2018年年底,全市拥有载客汽车50万辆,比2015年年底增长73.9%,增速比汽车拥有量增速高9.6个百分点。其中,大型载客汽车0.3万辆,增长14.4%;中型载客汽车0.5万辆,下降0.6%;小型载客汽车49.1万辆,增长76.4%;微型载客汽车0.2万辆,下降12.8%。小型载客汽车占全部载客汽车的比重达98.1%,比重比2015年年底提高了1.3个百分点。

(三)各类载货汽车"两降两升"

2018年年底,全市民用载货汽车拥有量5.8万辆,比2015年年底增加0.8万辆,增长16.4%。分类型看(重型、中型、轻型、微型),呈现"两降两升"的特点。其中重型载货汽车1.6万辆,增长35.3%;中型载货汽车0.4万辆,下降26.4%;轻型载货汽车3.7万辆,增长17.9%;微型载货汽车8辆,下降27.3%。重型载货汽车占全部载货汽车的比重为27.3%,比重比2015年年底提高3.8个百分点。

(四)私人车辆占比超过九成

2018年年底,全市共有私人车辆108.5万辆,比2015年年底增长36.1%,私人车辆占全部民用车辆的比重达95.7%,比重比2015年年底提高4.7个百分点。全市共有私人汽车52.4万辆,增长71.5%,其中,私人载客汽车47.7万辆,增长79.6%;私人载货汽车4.1万辆,增长19.6%。

(五)摩托车拥有量占比下降

近几年随着个人收入的增加,越来越多的人选择轿车作为出行代步的交通工具,购买摩托车的群体逐渐在下降。2018年年底,全市民用摩托车拥有量56.0万辆,比2015年年底增长14%,增速比全部民用车辆低50.3个百分点,摩托车拥有量占全部民用车辆的比重为49.5%,比2015年年底降低6.6个百分点。

(六) 机动车驾驶员人数稳步增加

随着个人拥有的机动车辆数量增长,驾驶人员数量稳步增加。2018年年底,全市机动车驾驶员达121.4万人,比2015年年底净增14.8万人,增长13.9%。

二、存在的主要问题

(一) 交通拥堵频现,行车环境仍待改善

虽然近几年全市尤其是城区道路建设步伐不断加快,但由于私家车大量增加,城市道路负荷持续增加,再加上驾驶员及行人的文明交通意识有待进一步提高、部分老城区道路设计通行能力偏低,停车位偏少,使城区一些主干道交通拥堵现象日趋严重,特别是上下班高峰期尤为突出。

(二) 能源消耗增加,环境污染压力日渐加重

随着汽车保有量不断增长,全市汽车用油的需求持续攀升,2018年机动车燃油零售额77.6亿元,比2015年增加33.2亿元。燃油需求的增加给节能减排带来了压力。

(三) 车辆管理难度加大

一是一些客货运车辆司机法制意识和交通安全意识淡薄,片面追求经济利益最大化,致使车辆超限、超载运营,增加了运输安全隐患;二是有些公交车、私家车不按规定车道行驶,违规变更车道、抢行、超速、闯红灯等驾驶陋习易引起交通事故。

三、对策建议

(一) 完善城乡交通管理体系,创造良好的交通环境

一是规范执法行为,坚持教育为主,处罚为辅,大力开展交通安全宣传教育,加大现场违章纠正力度,依法依规处罚违章行业。二是加强政策扶持,完善交通法规,优化城区道路。合理规划城区功能,疏散老城区人口,完善城区道路,加大对部分拥堵路段的拓宽改造力度,提高车辆通行率。

(二) 高度重视节能减排,倡导环境保护意识

首先是有关部门应引导和鼓励居民购置小排量汽车和新能源汽车,提倡环保出行,减少环境污染。其次是建立长效监管机制。公安、交通、公路、应急管理等部门要联合执法,整顿治理违法行为,最大限度地减少交通隐患。

(三) 加大构建低成本、高效率的现代物流体系

引导营运车辆向专业化、标准化、清洁化方向发展,降低营运车辆单位运输周转量能耗和二氧化碳排放量。加大城乡公共交通发展力度,增加营运路线,延长夜间营运时间,最大限度地满足市民乘车需求。

资料来源:湖南省统计局,http://tjj.hunan.gov.cn/hntj/tjfx/sxfx/cds/201909/t20190904_5457289.html。

任务三 统计分析报告的撰写

一、统计分析报告的编写原则

(一) 必须坚持实事求是

统计分析必须遵循实事求是这个基本原则,"实事"就是客观存在着的一切事物,"求"就

是研究,"是"就是客观事物的内部联系,即规律性。因此,实事求是就是从实际对象出发,探求事物的内部联系及其发展规律,认识事物的本质。

(二)必须从客观实际出发

在编写报告时要从事物的联系中以全面、发展的观点进行分析研究,绝不能主观臆想问题、找例证、弄情况、凑数字。

(三)必须坚持定量分析与定性分析相结合

在编写报告时要根据科学的方法进行整理、分析与计算,依照有关科学理论、政策、法规剖析客观实际。

(四)必须坚持在一般与具体相结合中进行分析研究

只有这样,才能对客观事物的本质和规律性进行正确的认识和深刻的分析说明。

二、编写统计分析报告的基本步骤

(一)选准标题

标题也称题目,是撰写统计分析报告首先要解决的问题,也是报告中心内容、基本观点的集中体现。一篇统计分析报告有了好的标题,可以增强文章对读者的吸引力。

1. 选题的原则

统计分析报告的选题常有三种情况:一是任务型选题,是指领导交办或上级布置的选题;二是固定型选题,是指结合定期报表制度或定期检查计划执行情况进行的统计分析选题,这种选题的题目和格式比较固定,一般变化不大;三是自己选题,是指作者自己选择的题目。我们这里所说的选题主要是针对自己选题而言的。

一般情况下,最好是结合自己的专业工作,选择自己熟悉的、适合自己业务水平的、各项资料也比较齐全的课题来写,这样成功的把握较大。切不可好高骛远、选题过大过难,以致力不从心、半途而废,即使勉强写出来了,也不会有较好的质量。

题目的选择应该遵循以下三条原则。

(1)要根据社会经济发展的实际情况来选题。

(2)要根据服务对象的需要来选题。

(3)要根据本身的工作条件来选题。

2. 选题的方法与技巧

(1)统计分析报告的选题应该抓住三点,即注意点、矛盾点和发生点。

① 注意点是指社会各界比较关注的热点问题,例如通货膨胀、平均收入等。

② 矛盾点是指问题比较集中、影响比较大、争议比较多、长期得不到很好解决的难点问题,如教育公平、医疗改革等。

③ 发生点就是我们常说的新情况、新问题、新趋势。编写统计分析报告时,能抓住发生点意义重大。

(2)在实际工作中可以采取以下做法发现和收集"三点"资料。

① 经常深入生产和生活第一线。只有经常下到基层去,下到实际中去,才能掌握丰富、生动、真实、具体的第一手材料,从而发现问题、研究问题。

② 经常了解党政领导的意图和工作动向,主要方法是向领导多请示、多汇报,经常参加

领导召开的有关会议,参看必要的文件。

③ 经常走访有关主管部门,了解他们的业务活动,参加他们的有关会议,收集他们的有关资料。这样既可以帮助我们熟悉情况,又能使我们了解这些部门所关心的"注意点"和"矛盾点",并从中得到启示,进一步发现"发生点"。

④ 经常且细心地研究统计资料,有意识地进行一些纵向、横向比较,并注意剖析其中的内部结构以及各种联系的变化,这些统计数据也往往能显示社会经济活动的"注意点""矛盾点"和"发生点"。

⑤ 加强理论学习与研究,经常阅读报刊。

(二) 拟定分析提纲

拟定分析提纲既是对统计分析报告框架的总体设计,也是对统计分析报告的结构安排。通过撰写分析提纲,提出每部分要分析的主体内容,以确定要调查收集的资料。

分析提纲的内容主要包括三部分:一是主题思想(观点、主张),即分析报告的目的和要求;二是"论点",是指从哪些方面进行分析;三是"论据",是指论证和说明问题时需要收集的资料,包括统计数据和实例。

虽然有些短小的统计分析报告不必有提纲,但对于大型的、综合性较强的统计分析报告的写作和初次撰写统计分析报告的作者而言,拟定分析提纲是很重要的。随着写作的进行和统计分析报告的不断展开,作者的分析和认识不断加深,在具体的分析中也常会出现新的问题和有新的发现。因此,在具体的写作中,根据不同情况,要随时补充新的资料、新的观点,论证新的发现。所以,提纲不是写作的框框,作者也不必受写作前拟定的提纲的约束。一般情况下,最后完成的统计分析报告总会多多少少与提纲有不同程度的差别。

(三) 收集和筛选资料

统计资料是统计分析报告的基础,是形成和表现观点的依据,也是阐明事物发展变化的依据。要想写好统计分析报告,必须拥有丰富的数据和事实资料。

1. 收集资料

要收集的资料可从以下渠道获得。

(1) 从本系统本部门的统计报表和年鉴中取得。

(2) 从本部门会计核算和业务核算提供的数字资料,以及从相关部门提供的资料中取得。

(3) 从各级政府工作报告中取得。

(4) 从书籍、报刊和互联网中取得。

(5) 从深入实际搞调查研究中取得。

此外,还要掌握一些必要的文学材料,如诗歌、成语、典故、谚语等。这些文学材料若在写作中运用得好,可以增加统计分析报告的生动性与可读性。

2. 筛选资料

筛选资料就是从所掌握的众多资料中选择对统计分析的论据最有价值、最有说服力的材料。并不是所有的资料都能为撰写统计分析报告所用,因此,在写报告前必须对大量资料进行审核和有目的地选择。筛选的第一步是"鉴别",就是把资料的真伪、主次、典型和一般情况等弄清楚。鉴别资料是否准确、真实的方法主要有三种:一是从事物的发展变化上看有无突升、突降等有违常规的现象;二是看数字之间的逻辑关系和分析指标的指标口径、计算方法和计量单位是否正确;三是看相关事物之间的依存关系是否正常,是否符合一般规律。如出现可疑现象,则应进行核对,搞清事实,或给予更正,或说明产生异常现象的原因。第二步是"取舍",即在鉴别的基础上,围绕统计分析报告的主题对资料进行取舍,对于那些不符合需要的资料要果断地舍弃。

(四)综合分析、提炼观点

对所需要的统计资料收集齐全并筛选之后,还要进行综合分析。这是整个统计分析工作中的关键一环。在占有资料的基础上,要对资料进行去粗取精、去伪存真、由此及彼、由表及里的分析研究和认真判断。"去粗取精"就是对材料要进行取舍,去掉那些粗糙的成分,选取那些能代表、说明事物面貌、特征的精华材料,这里讲的是取材的"典型性";"去伪存真"就是对材料先行鉴别,分清真伪,去掉假的,保存真的,这里讲的是取材的"真实性";"由此及彼"就是通过相近事物的外部联系,在比较中由"已知"事物去探寻"未知"事物,这里讲的是思维的"联想性";"由表及里"就是通过现象看本质,把握事物的内在联系,这里讲的是思维的"深入性"。这些综合起来,就是我们所说的"材料加工"。材料经过加工、分析和综合后,完成了由物质到精神、由感性到理性认识的飞跃。这一科学方法也是我们开展统计分析必须遵循的基本方法。

综合分析、提炼观点的过程就是对已有材料进行加工的过程,这是认识过程中质的飞跃,这个阶段的工作为编写统计分析报告铺平了道路。综合分析、提炼观点主要有两种方法。

(1)利用统计分析方法对统计资料进行深入分析,引出新观点。

(2)运用逻辑思维方法,分析研究事物本质,升华认识。

(五)编写统计分析报告

根据拟定的分析提纲、筛选资料和综合分析结果着手编写统计分析报告,在编写过程中要注意以下两点。

(1)根据资料筛选、提炼的结果,进一步完善写作提纲。

(2)按照提纲开始写作,经过综合分析,把材料和观点有机结合起来,用观点统率材料,用材料服务观点,写出分析报告。

一篇好的统计分析报告必须做到:观点明确、态度鲜明;简明扼要,中心突出;资料集中,数字精练;论据准确,分析判断推理符合逻辑;观点和材料相统一,数字和情况相符合;有叙有议,结构严密,既注意形式服从内容,又注意表达效果。

三、统计分析报告的写作要求

统计分析报告的写作要求所包括:选题准确、资料可靠;主题突出、结构严谨;观点鲜明、分析深刻;语言生动、文字简练;反复修改、完善提高。

(一)选题准确、资料可靠

统计分析报告的选题应服务于社会经济的发展和科学研究的需要,选题必须立足于能够取得的可靠的统计资料。

(二)主题突出、结构严谨

主题即统计分析报告所要表达的基本观点或中心思想,是统计分析报告的灵魂与统帅。主题要贯穿统计分析报告的全文,报告的其余内容都要为主题服务。统计分析报告要根据统计研究的任务,抓住要解决的主要矛盾及矛盾的主要方面,开展分析工作;内容要紧扣主题,突出对主题思想加以阐述。

结构严谨是指统计分析报告内容的组织、构造精确细密,无懈可击。要做到结构严谨,首先结构要正确地反映客观事物的发展规律和内在联系;其次结构要服从、服务于表现主题的需要;最后结构要力戒程序化、八股调。

(三)观点鲜明、分析深刻

统计分析报告的观点要鲜明,不能模棱两可,准确地说明社会经济现象的本质和发展变化的规律。这就要求在统计资料的基础上进行深入的分析、推理和判断。正确的深刻分析,从事物发展上说就是要有根有据,符合客观的规律性;从思维发展上说就是要实事求是,合乎事物的逻辑性。分析、判断和推理的结果前后不能矛盾、不能脱节,要如实反映客观事物的内在联系。

(四)语言生动、文字简练

统计分析报告的专业性和实用性都较强,所使用的语言不同于小说和散文等形式。统计分析报告在分析问题、表达观点和得出结论时要使用简明和确切的语言,在表达过程中必须使用规范的专业语言,不能因所使用的语言问题让报告使用者无法理解或产生误解,切忌玩文字游戏、堆砌词句。

(五)反复修改、完善提高

统计分析报告写完的初稿要反复修改、完善、提高。修改的重点是核实数字是否准确、情况是否真实、观点是否正确、论据是否充分、理解是否透彻和分析是否深刻。在修改时可采用以下方法。

(1)修改需要冷处理。在修改的时候,不能"趁热打铁",而要冷处理,如果时间允许,可放一段时间,待头脑冷静后再修改,这样能发现许多不妥之处。

(2)要正确地听取意见。"当局者迷,旁观者清",一方面要听取领导的意见,另一方面也要听取其他统计人员的意见。

(3)抓住重点修改。修改当然要推敲某些字句,但这不是重点,修改的重点主要是核实数字和情况是否准确、观点是否正确、论据是否充分、说理是否透彻、意义是否深刻。

四、编写统计分析报告时容易出现的问题

(一)脱离统计数字谈问题

统计分析的特点是在质与量的联系中反映社会经济活动的情况、问题和规律性。统计分析报告不是纯数字的阿拉伯数码,而是具有一定经济内容的社会现象的数量表象,是建立在实事求是的基础上用以说明现象本质的数字。只有运用统计数字进行分析,才可以使分析述之有理,结论立之有据。

(二)单纯数字的罗列

统计分析离不开统计数字语言的表述,但统计分析报告绝不是单纯统计数字的罗列和

堆砌。运用统计资料进行分析,并不是说可以将大量的统计资料不分轻重、不分主次,硬塞进分析中去。充实的材料、深入的报告、明确的观点、可行的建议是一篇好的统计分析报告应具备的基本条件。

(三)统计分析方法单一

一篇统计分析报告,采用多种分析方法是非常重要的。多种分析方法的灵活运用,不但可以使分析更加深入,而且可以给阅读者留下深刻的印象。否则,就会显得单调、呆板,容易流于一般化。统计分析的方法很多,每种方法都有其特点和应用范围。具体怎样结合运用,要根据分析的类型、目的、内容和特点而定。

(四)重点不突出

影响事物发展变化的原因是多方面的。如果把对某一问题的所有影响因素都罗列出来,不但不能把问题说清楚,不能抓住主要矛盾,反而会使分析的质量大大降低。实际上只需要分析一两个或三四个主要原因就够了。对于重点原因的分析要突出、要深入、要透彻。对于不是最主要但必须解释的原因,可以作简略分析。对于影响较小的原因,则可以一笔带过或直接省略。

(五)缺乏典型材料的补充

在进行统计分析时,绝不要局限于运用几个综合平均数字,仅仅靠手头掌握的统计资料就进行分析。要善于运用分组法和组均法进行分类,找出最突出的问题和最能说明问题的单位或现象;要善于根据分析研究的目的,调查和收集一些典型材料作为补充,增加分析的说服力。

(六)材料和观点脱节

统计分析报告要通过材料自然引出观点。但是,有些统计分析报告的观点和材料没有必然的联系,或者是观点说得和材料范围不一致,造成观点和材料不协调的现象,所以编写统计分析时不能把材料和观点生拉硬扯在一起,观点和材料不能脱节,一定要协调一致,顺理成章。

(七)长篇大论套话充斥

统计分析报告不是大型的调查研究报告,也不是某种特殊的专题分析报告。一般来说,统计分析报告不宜太长,内容不宜太多,更忌长篇大论、冗长庞杂。

(八)建议不具体不实际

一篇统计分析一般都应有材料、有观点、有问题、有建议。有的统计分析报告尽管也有建议,但所提建议太笼统、太空泛,并不能对问题起到实际的帮助,要尽量避免这种情况。

参考案例

张家界市 2020 年农村经济发展实现稳中有升(部分)

2020 年,克服新冠肺炎疫情和洪涝灾害双重压力,市委市政府统筹疫情防控和农业农村经济发展"两手抓、两不误",经测算,全市 2020 年实现农林牧渔业生产总值 136.11 亿元、同比增长 3.9%,较前三季度提高 0.7 个百分点,比去年同期提高 0.5 百分点。

一、农业生产的基本情况

(一) 农业生产平稳发展

一是粮食生产总体平稳,全市粮食播种面积 188.40 万亩,比去年增加 4 376 亩,增长 2.4%;粮食总产量 63.67 万吨,比去年增加 1.93 万吨,增长 3.1%。分品种看,稻谷 37.95 万吨,增长 3.9%;玉米 15.61 万吨,增长 0.8%;薯类 8.37 万吨,增长 1.4%;豆类 1.58 万吨,增长 17.9%。二是经济作物生产好于预期,除水果同比下降 0.2% 外,其他经济作物实现较快增长,油料喜获丰收,总产量 8.43 万吨,增长 6.9%;蔬菜保持稳定,总量 104.02 万吨,增长 2.6%;中药材 3 519 吨,增长 3.7%;茶叶形势喜人,产量 4 188 吨,增长 11.7%。三是生猪产能稳定恢复,2020 年年末,全市生猪存栏 58.41 万头,比去年增加 16.31 万头,增长 38.7%;能繁母猪存栏 5.50 万头,比去年增长 41%;出栏生猪 73.12 万头,恢复到去年同期水平的 94.7%,猪肉产量 5.15 万吨,恢复到去年同期水平的 93.6%。

(二) 农业产业结构持续优化

一是品牌建设持续发力,全力发展"桑植白茶"和"张家界莓茶",全市莓茶种植面积累计达 10.38 万亩,综合产值达 12.75 亿元。二是大鲵产业转型升级加快,投资 200 万元,与吉首大学等科研院校开展合作,中国大鲵城、大鲵主体公园顺利开工。全面摸清了全市大鲵养殖底数,争取到省级大鲵转产扶持资金 2 000 万元,协助贫困户顺利转产。三是畜牧业发展持续向好,全市禁养区面积共减少 861.4 平方公里,同比减少 44%。生猪养殖用地、环评、金融等政策措施全面落实,新建、改扩建规模养猪场 12 家,社会投资达 1.09 亿元,新增生猪产能近 10 万头。牛、羊、家禽出栏量连续 4 个季度维持正增长。

(三) 现代农业发展的前景可期

一是农业经营主体不断壮大,积极培育农业新型经营主体,创建国家级示范社 25 家,省级示范社 54 家,省级示范家庭农场 30 家,市级示范社 50 家,市级示范家庭农场 26 家,全市农民合作社总数达 2 656 家,家庭农场累积注册 1 300 家。二是高标准农田建设稳步推进。全市 2019 年完成高标准农田建设 9 万亩,2020 年完成 9.19 万亩,同步发展高效节水灌溉面积 0.72 万亩,为后期农业增产奠定基础。三是农村人居环境持续改善。全市申报了 40 个省级试点"多规合一"实用性村庄。

二、存在的问题

(一) 生猪产能还未完全恢复

由于生猪养殖有一定的生产周期,能繁母猪存栏、生猪存栏和出栏的恢复会呈现一定的时间差。与全省其他市州相比,全市的生猪产能恢复仍有差距。

(二) 专业合作社规模不大,抗风险能力弱

全市合作社产值或营业收入过亿元的没有 1 家,过千万元的不到 20 家,一半以上的合作社停滞在 50 万元左右,80% 以上的合作社未建立规范的成员账户。

(三) 农村人居环境整治水平还有提升空间

全市农村人居环境整治面广量大、易反复。铁路、公路、河流等沿线环境卫生差及乱搭乱建等诸多问题,不利于农业良性发展。

三、对策建议

（一）科学有序恢复生猪产能

要持续推进畜牧业转型升级，保持牛、羊、家禽传统养殖业的良性发展助力农业高质量发展。同时，加大鼓励生猪生产各项优惠政策的落实力度，持续抓好非洲猪瘟等重大动物疫病防控，有效提升综合防控能力水平，防止外疫入侵。

（二）大力发展现代精细农业

深化农业供给侧结构性改革，提升农业产业化、规模化、机械化、科技化水平。因地制宜发展特色产业，优化"一县一特""一特一片"布局，推进现代农业产业园、农业特色小镇建设。推动农村一、二、三产业融合发展。加强农业保险，增强农业抗风险能力。

（三）积极推进农业结构调整

一要优化农业产业结构。全面实施优势农产品"3+2+N"行动计划，督促已到位项目实施的监督管理，保证项目建设质量。二要大力发展现代农业适度规模经营。加快农村土地制度改革，继续鼓励引导和规范土地流转。三要加强农业品牌创建。重点搞好"张家界大鲵""张家界茶""张家界莓茶""硒有慈利""桑植白茶"等品牌建设，打造行业标准。

资料来源：湖南省统计局，http://tjj.hunan.gov.cn/hntj/tjfx/sxfx/zjj/202103/t20210309_14763016.html.

统计分析报告的分类

同步练习与技能实训

【基本概念】

统计分析报告　专题统计分析报告　综合统计分析报告　进度分析报告　统计预测报告

【基本训练】

一、单项选择题

1. 统计分析报告的首要特点是（　　）。
   A. 用统计方法分析问题　　　　B. 有独特的表达方式和结构
   C. 注重准确性和时效性　　　　D. 以统计数据为依据
2. 对社会经济现象的某个方面或某个问题进行专门、深入研究的一种分析报告是（　　）。
   A. 统计预测报告　　　　　　　B. 综合统计分析报告
   C. 专题统计分析报告　　　　　D. 进度分析报告
3. 综合统计分析报告的特点包括（　　）。
   A. 全面性、评析性、联系性　　B. 进度性、时效性、规范性
   C. 针对性、科学性、预见性　　D. 灵活性、深入性、单一性
4. 统计预测报告的特点包括（　　）。
   A. 预见性、及时性、针对性
   B. 预见性、科学性、针对性
   C. 全面性、评析性、联系性

D. 进度性、时效性、规范性

5. 按事物发展的经过和时间的先后次序安排层次,这种统计分析报告的结构是（   ）。
  A. 并列式　　　　　　　　　　B. 交叉式
  C. 序事递进式　　　　　　　　D. 序时连贯式

6. 紧紧围绕文章的基本观点,简明扼要,直叙主题,这种分析报告开头方法是（   ）。
  A. 目的动机式　　　　　　　　B. 制造悬念式
  C. 总览全文式　　　　　　　　D. 开门见山式

7. 下列表明作者观点的标题是（   ）。
  A.《制度创新才是国有企业的解困之路》
  B.《当前能源、原材料价格上涨对我厂工业产品的影响》
  C.《流动人口何处流？》
  D.《耕地、粮食、人口——一个不可忽视的问题》

8. 正文按照"现状——原因——结果""现状——问题——对策"等形式安排结构,这在统计分析报告中是（   ）结构。
  A. 并列式　　B. 递进式　　C. 序时式　　D. 交叉式

二、多项选择题

1. 进度分析报告的特点包括（   ）。
  A. 进度性　　　　B. 时效性　　　　C. 及时性
  D. 规范性　　　　E. 预见性

2. 统计分析报告的结构格式一般分为（   ）。
  A. 标题　　　　　B. 导语　　　　　C. 正文
  D. 摘要　　　　　E. 结尾

3. 统计分析报告对标题的基本要求是（   ）。
  A. 确切　　　　　B. 醒目　　　　　C. 简明
  D. 新颖　　　　　E. 概括

4. 在统计分析报告中常见的标题拟定形式有（   ）。
  A. 以提示主题为标题　　　　　B. 以表明观点方式为标题
  C. 以主要结论为标题　　　　　D. 正副标题合用
  E. 以设问提问为标题

5. 在统计分析报告中常用的几种开头形式有（   ）。
  A. 首尾呼应式　　B. 开门见山式　　C. 制造悬念式
  D. 目的动机式　　E. 总览全文式

6. 统计分析报告常见的结构包括（   ）。
  A. 递进结构　　　B. 并列结构　　　C. 纵横结构
  D. 交叉式结构　　E. 序时结构

7. 统计分析报告常见的结尾写法有（   ）。
  A. 总括全文　　　B. 提出建议　　　C. 首尾呼应
  D. 篇末点题　　　E. 预测未来,展望形势

三、判断题

1. 统计分析报告是统计成果唯一的表现形式。（   ）
2. 序时结构是指文章各部分之间一层接一层，层层深入衔接。（   ）
3. 《2021年1月中国CPI数据统计报告》的标题直接表明了作者的观点和看法。

（   ）
4. 统计分析报告离不开数字，所以，统计分析可以只罗列数字、分析数字。（   ）
5. 科学地进行统计分析必须遵循"实事求是"这个基本原则。（   ）
6. 统计分析报告可以不写导语，直接进入主体部分。（   ）

四、简答题

1. 什么是统计分析报告？它有哪些特点和作用？
2. 统计分析报告有哪些种类？每种各有什么特点？
3. 简要说明统计分析报告由哪几部分组成。
4. 编写统计分析报告必须坚持哪些原则？
5. 编写统计分析报告需要遵循哪些步骤？
6. 统计分析报告的写作要求有哪些？

【实训任务】

1. 对本班上学期和本学期每名学生各科的学习成绩进行收集、整理和分析。
2. 根据整理和分析的结果写一份反映本学期班级学习成绩情况的统计分析报告。
3. 调查你所熟悉的某一超市，写一篇反映该超市上半年销售额完成情况的统计分析报告。

【案例分析】

工业生产较快增长　发展质效持续提升（部分）

2021年，全省认真落实省委、省政府关于统筹推进常态化疫情防控和经济社会发展决策部署，全省工业经济实现持续较快发展，总体稳中向好，"压舱石"作用进一步体现。

一、总体情况

（一）工业生产持续较快

2021年，全省规模以上工业延续了2020年下半年以来稳步恢复的良好态势，增加值比上年增长12.9%，两年平均增长8.9%。从各季情况看，一季度，全省规模以上工业生产实现高速度"开局"，增加值累计增速保持在20%以上，1—2月为27.6%，一季度为21.6%。进入二季度后，随着基数效应的逐步减弱，工业生产增速逐月有所回落，但整体仍延续了一季度快速增长的势头，持续实现两位数增长，上半年增加值同比增长15.2%。三季度由于价格指数持续上涨、工业限电等因素，工业生产在9月当月回落至全年最低的1.8%，前三季度增加值同比增长11.7%。进入四季度，工业增长进一步回升，全年全省规模以上工业增加值增长12.9%（见图11-1）。

从与全国比看，1—2月，全省规模以上工业增加值增速低于全国7.5个百分点，随后增速与全国差距逐月缩小，一季度、上半年和前三季度分别低于全国2.9个、0.7个和0.1个百分点。进入四季度，全省增速转为高于全国。2021年全省规模以上工业增加值增速比全国水平高3.3个百分点；两年平均增速比全国水平高2.8个百分点（见图11-2）。

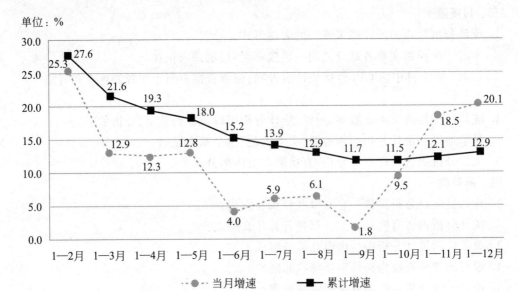

图 11-1 2021年贵州规模以上工业增加值增速

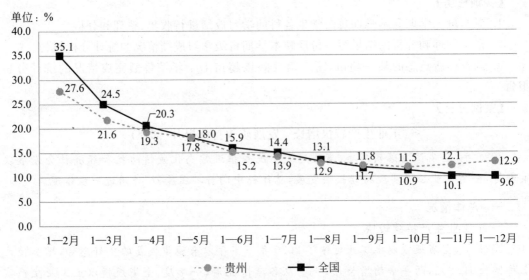

图 11-2 2021年贵州和全国规模以上工业增加值累计增速

（二）重点行业生产总体向好

从三大门类看，采矿业增长12.5%，两年平均增长9.3%；制造业增长15.1%，两年平均增长10.0%；电力、热力、燃气及水生产和供应业增长4.1%，两年平均增长3.7%。从大类行业看，全省重点监测的19个大类行业中，有12个行业实现增长，增长面超六成，其中8个行业实现两位数增长；两年平均有15个行业实现增长，增长面近八成，其中7个行业实现两位数增长。

（三）结构调整稳步推进

从轻重工业看，在酒、烟、电子等行业较快增长的支撑下，轻工业增长持续较快。2021

年,轻工业增加值比上年增长19.8%,高于全省规模以上工业6.9个百分点;重工业增长8.2%,低于轻工业11.6个百分点。从耗能情况看,2021年六大高耗能行业合计增加值比上年增长5.6%,增速比全省规模以上工业增速低7.3个百分点。

二、运行特点

(一)支柱行业增速较快,支柱作用越加突出

2021年,酒、煤、电、烟四个支柱行业实现较快增长,增加值合计比上年增长18.1%,增速高于全省规模以上工业5.2个百分点,对全省规模以上工业增长的贡献超八成,拉动规模以上工业增长10.5个百分点,有力支撑了全省工业经济快速增长。

(二)原材料价格攀高,化工、有色等行业生产效益双增

2021年,全省化工行业工业品出厂价格比上年增长15.7%,1—11月化工行业利润总额50.72亿元,同比增长2.7倍,拉动规模以上工业企业利润总额增长4.8个百分点;营业收入利润率7.5%,同比提高4.6个百分点。全省有色行业工业品出厂价格比上年增长22.8%。1—11月,有色行业利润总额57.32亿元,同比增长139.1%;营业收入利润率8.8%,同比提高3.7个百分点。

(三)大中型企业贡献大,稳工业增长作用明显

大中型企业增加值占全省规模以上工业的比重近七成。2021年全省大中型工业企业增加值比上年增长18.6%,增速高于规模以上工业5.7个百分点;拉动规模以上工业增长11.6个百分点,贡献率接近九成。从效益看,1—11月,大中型企业实现营业收入5 421.42亿元,同比增长22.9%,增速高于规模以上工业4.4个百分点;实现利润总额858.14亿元,同比增长37.4%,高于规模以上工业3.6个百分点。

(四)工业出口形势较好,出口交货值增速较快

2021年,全省规模以上工业完成出口交货值198.43亿元,比上年增长21.0%,增速高于全国3.3个百分点。从企业类型看,大型企业出口恢复较快,全省规模以上大型工业企业完成出口交货值135.96亿元,增长29.4%,占全省出口的比重近七成。

(五)企业效益持续改善,利润总额增长较快

2021年1—11月,全省规模以上工业企业实现营业收入8 989.52亿元,同比增长18.5%;实现利润总额1 036.15亿元,同比增长33.8%。

三、存在的主要困难和问题

(一)部分重点行业生产下滑

建材行业受投资、房开回落影响,增加值从4月起连续负增长,且下降幅度逐月加深。2021年,全省规模以上非金属矿物制品业增加值比上年下降11.2%,下拉规模以上工业0.6个百分点;医药制造业从下半年以来累计增加值增速持续为负,行业下行态势无明显改善,全年规模以上医药制造业增加值下降4.7%,下拉规模以上工业0.1个百分点。

(二)小微及私营企业生产经营相对困难

2021年,小微和私营企业数分别占全省规模以上工业企业数的90.2%和71.4%,工业增加值分别占规模以上工业的32.0%和27.3%,整体表现为生产低迷、效益下降,增加值增速持续低于全省平均水平。

（三）出厂价格指数"跑不赢"购进价格指数，企业盈利空间有限

2021年，全省工业生产者出厂价格和购进价格均逐月上涨，全年全省工业生产者出厂价格指数（PPI）和购进价格指数分别为106.5和112.0，出厂价格涨幅低于购进成本价格涨幅5.5个百分点，工业品购销价格"剪刀差"到达自2011年以来的高位，企业生产制造成本上升，盈利空间不断被挤压，生产压力增大。

四、有关建议

（一）强发展后劲，持续抓好工业项目建设

要继续强化工业项目招商引资，积极引进具有核心地位和牵动作用的龙头企业，谋划推进一批工业好项目、大项目、优质项目，狠抓签约项目落地，千方百计扩大投资规模，发挥投资对工业增长的带动作用。

（二）优产业布局，持续强化产业集群发展

抓龙头带集群，进一步稳住龙头行业发展，努力挖潜增产，助其扩大优势，鼓励龙头企业发挥引领带动作用，形成产业集聚效应，推动集群化发展。

（三）稳工业主体，持续落实助企纾困举措

强化工业项目和企业建设的土地、资金、用电等要素保障，扎实推动各项助企纾困举措落地落实，巩固工业经济稳定恢复势头。

（四）促转型升级，持续稳步提高竞争优势

继续鼓励和支持企业通过转型升级降低生产经营成本，在企业高新技术研发、产品改造升级等方面给予积极支持，强化指导，使企业获得更大的发展助力。

资料来源：贵州省统计局，http://stjj.guizhou.gov.cn/tjsj_35719/tjfx_35729/202201/t20220120_72351188.html。

讨论与分析：

1. 该统计分析报告属于哪种类型？标题属于哪种类型？
2. 分析该报告开头和结尾的特点，它们分别是统计分析报告中常用的哪种形式？
3. 该报告正文采用了什么样的结构？是按照怎样的顺序展开的？

附　录

附录A　正态分布概率表

t	$F(t)$	t	$F(t)$	t	$F(t)$	t	$F(t)$
0.00	0.000 0	0.26	0.205 1	0.52	0.396 9	0.78	0.564 6
0.01	0.008 0	0.27	0.212 8	0.53	0.403 9	0.79	0.570 5
0.02	0.016 0	0.28	0.220 5	0.54	0.410 8	0.80	0.576 3
0.03	0.023 9	0.29	0.228 2	0.55	0.417 7	0.81	0.582 1
0.04	0.031 9	0.30	0.235 8	0.56	0.424 5	0.82	0.587 8
0.05	0.039 9	0.31	0.243 4	0.57	0.431 3	0.83	0.593 5
0.06	0.047 8	0.32	0.251 0	0.58	0.438 1	0.84	0.599 1
0.07	0.055 8	0.33	0.258 6	0.59	0.444 8	0.85	0.604 7
0.08	0.063 8	0.34	0.266 1	0.60	0.451 5	0.86	0.610 2
0.09	0.071 7	0.35	0.273 7	0.61	0.458 1	0.87	0.615 7
0.10	0.079 7	0.36	0.281 2	0.62	0.464 7	0.88	0.621 1
0.11	0.087 6	0.37	0.288 6	0.63	0.471 3	0.89	0.062 65
0.12	0.095 5	0.38	0.296 1	0.64	0.477 8	0.90	0.631 9
0.13	0.103 4	0.39	0.303 5	0.65	0.484 3	0.91	0.637 2
0.14	0.111 3	0.40	0.310 8	0.66	0.490 7	0.92	0.642 4
0.15	0.119 2	0.41	0.318 2	0.67	0.497 1	0.93	0.647 6
0.16	0.127 1	0.42	0.325 5	0.68	0.503 5	0.94	0.652 8
0.17	0.135 0	0.43	0.332 8	0.69	0.509 8	0.95	0.657 9
0.18	0.142 8	0.44	0.340 1	0.70	0.516 1	0.96	0.662 9
0.19	0.150 7	0.45	0.347 3	0.71	0.522 3	0.97	0.668 0
0.20	0.158 5	0.46	0.354 5	0.72	0.528 5	0.98	0.672 9
0.21	0.166 3	0.47	0.361 6	0.73	0.534 6	0.99	0.677 8
0.22	0.174 1	0.48	0.368 8	0.74	0.540 7	1.00	0.862 7
0.23	0.181 9	0.49	0.375 9	0.75	0.546 7	1.01	0.687 5
0.24	0.189 7	0.50	0.382 9	0.76	0.552 7	1.02	0.692 3
0.25	0.197 4	0.51	0.389 9	0.77	0.558 7	1.03	0.697 0

续表

t	$F(t)$	t	$F(t)$	t	$F(t)$	t	$F(t)$
1.04	0.7017	1.36	0.8262	1.68	0.9070	2.00	0.9545
1.05	0.7063	1.37	0.8293	1.69	0.9090	2.02	0.9566
1.06	0.7109	1.38	0.8324	1.70	0.9109	2.04	0.9587
1.07	0.7154	1.39	0.8355	1.71	0.9127	2.06	0.9606
1.08	0.7199	1.40	0.8385	1.72	0.9146	2.08	0.9625
1.09	0.7243	1.41	0.8415	1.73	0.9164	2.10	0.9643
1.10	0.7287	1.42	0.8444	1.74	0.9181	2.12	0.9660
1.11	0.7330	1.43	0.8473	1.75	0.9199	2.14	0.9676
1.12	0.7373	1.44	0.8501	1.76	0.9216	2.16	0.9692
1.13	0.7415	1.45	0.8529	1.77	0.9233	2.18	0.9707
1.14	0.7457	1.46	0.8557	1.78	0.9249	2.20	0.9722
1.15	0.7499	1.47	0.8584	1.79	0.9265	2.22	0.9736
1.16	0.7540	1.48	0.8611	1.80	0.9281	2.24	0.9749
1.17	0.7580	1.49	0.8638	1.81	0.9312	2.26	0.9762
1.18	0.7620	1.50	0.8664	1.82	0.9328	2.28	0.977
1.19	0.7660	1.51	0.8690	1.83	0.9342	2.30	0.9786
1.20	0.7699	1.52	0.8715	1.84	0.9342	2.32	0.9797
1.21	0.7737	1.53	0.8740	1.85	0.9357	2.34	0.9807
1.22	0.7775	1.54	0.8764	1.86	0.9371	2.36	0.9817
1.23	0.7813	1.55	0.8789	1.87	0.9385	2.38	0.9827
1.24	0.7850	1.56	0.8812	1.88	0.9399	2.40	0.9836
1.25	0.7887	1.57	0.8836	1.89	0.9412	2.42	0.9845
1.26	0.7923	1.58	0.8859	1.90	0.9426	2.44	0.9853
1.27	0.7959	1.59	0.8882	1.91	0.9439	2.46	0.9861
1.28	0.7995	1.60	0.8904	1.92	0.9451	2.48	0.9869
1.29	0.8030	1.61	0.8926	1.93	0.9464	2.50	0.9876
1.30	0.8064	1.62	0.8948	1.94	0.9476	2.52	0.9883
1.31	0.8098	1.63	0.8969	1.95	0.9488	2.54	0.9889
1.32	0.8132	1.64	0.8990	1.96	0.9500	2.56	0.9895
1.33	0.8165	1.65	0.9011	1.97	0.9512	2.58	0.9895
1.34	0.8198	1.66	0.9031	1.98	0.9523	2.60	0.9907
1.35	0.8230	1.67	0.9051	1.99	0.9534	2.62	0.9912

续表

t	$F(t)$	t	$F(t)$	t	$F(t)$	t	$F(t)$
2.64	0.991 7	2.78	0.994 6	2.92	0.996 5	3.60	0.999 68
2.66	0.992 2	2.80	0.994 9	2.94	0.996 7	3.80	0.999 86
2.68	0.992 6	2.82	0.995 2	2.96	0.996 9	4.00	0.999 94
2.70	0.993 1	2.84	0.995 5	2.98	0.997 1	4.50	0.999 993
2.72	0.993 5	2.86	0.995 8	3.00	0.997 3	5.00	0.999 999
2.74	0.993 9	2.88	0.996 0	3.20	0.998 6		
2.76	0.994 2	2.90	0.996 2	3.40	0.999 3		

附录 B　累计法平均增长速度查对表

间隔期：1—5 年

平均每年增长/%	各年发展水平总和与基期之比/%				
	1 年	2 年	3 年	4 年	5 年
0.1	100.10	200.30	300.60	401.00	501.50
0.2	100.20	200.60	301.20	402.00	503.00
0.3	100.30	200.90	301.80	403.00	504.50
0.4	100.40	201.20	302.40	404.00	506.01
0.5	100.50	201.50	303.01	405.03	507.56
0.6	100.60	201.80	303.61	406.03	509.06
0.7	100.70	202.10	304.21	407.03	510.57
0.8	100.80	202.41	304.83	408.07	512.14
0.9	100.90	202.71	305.44	409.09	513.67
1.0	101.00	203.01	306.04	410.10	515.20
1.1	101.10	203.31	306.64	411.11	516.73
1.2	101.20	203.61	307.25	412.13	518.27
1.3	101.30	203.92	307.87	413.17	519.84
1.4	101.40	204.22	308.48	414.20	521.40
1.5	101.50	204.52	309.09	415.23	522.96
1.6	101.60	204.83	309.71	416.27	524.53
1.7	101.70	205.13	310.32	417.30	526.10
1.8	101.80	205.43	310.93	418.33	527.66
1.9	101.90	205.74	311.55	419.37	529.24
2.0	102.00	206.04	312.16	420.40	530.80

续表

平均每年增长/%	各年发展水平总和与基期之比/%				
	1年	2年	3年	4年	5年
2.1	102.10	206.34	312.77	421.44	532.39
2.2	102.20	206.65	313.40	422.50	534.00
2.3	102.30	206.95	314.01	423.53	535.57
2.4	102.40	207.26	314.64	424.60	537.20
2.5	102.50	207.56	315.25	425.63	538.77
2.6	102.60	207.87	315.88	426.70	540.40
2.7	102.70	208.17	316.49	427.73	541.97
2.8	102.80	208.48	317.12	428.80	543.61
2.9	102.90	208.78	317.73	429.84	545.20
3.0	103.00	209.09	318.36	430.91	546.84
3.1	103.10	209.40	319.00	432.00	548.50
3.2	103.20	209.70	319.61	433.04	550.10
3.3	103.30	210.01	320.24	434.11	551.74
3.4	103.40	210.32	320.88	435.20	553.41
3.5	103.50	210.62	321.49	436.24	555.01
3.6	103.60	210.93	322.12	437.31	556.65
3.7	103.70	211.24	322.76	438.41	558.34
3.8	103.80	211.54	323.37	439.45	559.94
3.9	103.90	211.85	324.01	440.54	561.61
4.0	104.00	212.16	324.65	441.64	563.31
4.1	104.10	212.47	325.28	442.72	564.98
4.2	104.20	212.78	325.92	443.81	566.65
4.3	104.30	213.08	326.54	444.88	568.31
4.4	104.40	213.39	327.18	445.98	570.01
4.5	104.50	213.70	327.81	447.05	571.66
4.6	104.60	214.01	328.45	448.15	573.36
4.7	104.70	214.32	329.09	449.25	575.06
4.8	104.80	214.63	329.73	450.35	576.76
4.9	104.90	214.94	330.37	451.46	578.48
5.0	105.00	215.25	331.01	452.56	580.19

续表

平均每年增长/%	各年发展水平总和与基期之比/%				
	1 年	2 年	3 年	4 年	5 年
5.1	105.10	215.56	331.65	453.66	581.89
5.2	105.20	215.87	332.29	454.76	583.60
5.3	105.30	216.18	332.94	455.89	585.36
5.4	105.40	216.49	333.58	456.99	587.06
5.5	105.50	216.80	334.22	458.10	588.79
5.6	105.60	217.11	334.86	459.29	590.50
5.7	105.70	217.42	335.51	460.33	592.26
5.8	105.80	217.74	336.17	461.47	594.04
5.9	105.90	218.05	336.82	462.60	595.80
6.0	106.00	218.36	337.46	463.71	597.54
6.1	106.10	218.67	338.11	464.84	599.30
6.2	106.20	218.98	338.75	465.95	601.04
6.3	106.30	219.30	339.42	467.11	602.84
6.4	106.40	219.61	340.07	468.24	604.61
6.5	106.50	219.92	340.71	469.35	606.35
6.6	106.60	220.24	341.38	470.52	608.18
6.7	106.70	220.55	342.03	471.65	609.95
6.8	106.80	220.86	342.68	472.78	611.73
6.9	106.90	221.18	343.35	473.95	613.56
7.0	107.00	221.49	343.99	475.07	615.33
7.1	107.10	221.80	344.64	476.20	617.10
7.2	107.20	222.12	345.31	477.37	618.94
7.3	107.30	222.43	345.96	478.51	620.74
7.4	107.40	222.75	346.64	479.70	622.61
7.5	107.50	223.06	347.29	480.84	624.41
7.6	107.60	223.38	347.96	482.01	626.25
7.7	107.70	223.69	348.61	483.15	628.05
7.8	107.80	224.01	349.28	484.32	629.89
7.9	107.90	224.32	349.94	485.48	631.73
8.0	108.00	224.64	350.61	486.66	633.59

续表

平均每年增长/%	各年发展水平总和与基期之比/%				
	1年	2年	3年	4年	5年
8.1	108.10	224.96	351.29	487.85	635.47
8.2	108.20	225.27	351.94	489.00	637.30
8.3	108.30	225.59	352.62	490.19	639.18
8.4	108.40	225.91	353.29	491.37	641.05
8.5	108.50	226.22	353.95	492.54	642.91
8.6	108.60	226.54	354.62	493.71	644.76
8.7	108.70	226.86	355.30	494.91	646.67
8.8	108.80	227.17	355.96	496.08	648.53
8.9	108.90	227.49	356.63	497.26	650.41
9.0	109.00	227.81	357.31	498.47	652.33
9.1	109.10	228.13	357.99	499.67	654.24
9.2	109.20	228.45	358.67	500.87	656.15
9.3	109.30	228.76	359.33	502.04	658.02
9.4	109.40	229.08	360.01	503.25	659.95
9.5	109.50	229.40	360.69	504.45	611.87
9.6	109.60	229.72	361.37	505.66	663.80
9.7	109.70	230.04	362.05	506.86	665.72
9.8	109.80	230.36	362.73	508.07	667.65
9.9	109.90	230.68	363.42	509.30	669.62
10.0	110.00	231.00	364.10	510.51	671.56
10.1	110.10	231.32	364.78	511.72	673.50
10.2	110.20	231.64	365.47	512.95	675.47
10.3	110.30	231.96	366.15	514.16	677.42
10.4	110.40	232.28	366.84	515.39	679.39
10.5	110.50	232.60	367.52	516.61	681.35
10.6	110.60	232.92	368.21	517.84	683.33
10.7	110.70	233.24	368.89	519.05	685.28
10.8	110.80	233.57	369.60	520.32	687.32
10.9	110.90	233.89	370.29	521.56	689.32
11.0	111.00	234.21	370.97	522.77	691.27

续表

平均每年增长/%	各年发展水平总和与基期之比/%				
	1年	2年	3年	4年	5年
11.1	111.10	234.53	371.66	524.01	693.27
11.2	111.20	234.85	372.35	525.25	695.27
11.3	111.30	235.18	373.06	526.52	697.32
11.4	111.40	235.50	373.75	527.76	699.33
11.5	111.50	235.82	374.44	529.00	701.33
11.6	111.60	236.15	375.15	530.27	703.38
11.7	111.70	236.47	375.84	531.52	705.41
11.8	111.80	236.79	376.53	532.76	707.43
11.9	111.90	237.12	377.24	534.03	709.48
12.0	112.00	237.44	377.93	535.28	711.51
12.1	112.10	237.76	378.62	536.52	713.53
12.2	112.20	238.09	379.34	537.82	715.63
12.3	112.30	238.41	380.03	539.07	717.67
12.4	112.40	238.74	380.75	540.37	719.78
12.5	112.50	239.06	381.44	541.62	721.82
12.6	112.60	239.39	382.16	542.92	723.94
12.7	112.70	239.71	382.85	544.17	725.98
12.8	112.80	240.04	383.57	545.47	728.09
12.9	112.90	240.36	384.26	546.72	730.14
13.0	113.00	240.69	384.98	548.03	732.28
13.1	113.10	241.02	385.70	549.33	734.40
13.2	113.20	241.34	386.39	550.59	736.46
13.3	113.30	241.67	387.11	551.89	738.59
13.4	113.40	242.00	387.83	553.20	740.73
13.5	113.50	242.32	388.53	554.48	742.83
13.6	113.60	242.65	389.25	555.79	744.98
13.7	113.70	242.98	389.97	557.10	747.13
13.8	113.80	243.30	390.67	558.38	749.23
13.9	113.90	243.63	391.39	559.69	751.38
14.0	114.00	243.96	392.11	561.00	753.53

续表

平均每年增长/%	各年发展水平总和与基期之比/%				
	1年	2年	3年	4年	5年
14.1	114.10	244.29	392.84	562.34	755.74
14.2	114.20	244.62	393.56	563.65	757.89
14.3	114.30	244.94	394.26	564.93	760.01
14.4	114.40	245.27	394.99	566.27	762.21
14.5	114.50	245.60	395.71	567.59	764.39
14.6	114.60	245.93	396.43	568.90	766.55
14.7	114.70	246.26	397.16	570.24	768.76
14.8	114.80	246.59	397.88	571.56	770.94
14.9	114.90	246.92	398.61	572.90	773.16
15.0	115.00	247.25	399.34	574.24	775.38
15.1	115.10	247.58	400.06	575.56	777.56
15.2	115.20	247.91	400.79	576.91	779.80
15.3	115.30	248.24	401.52	578.25	782.02
15.4	115.40	248.57	402.25	579.60	784.26
15.5	115.50	248.90	402.98	580.94	786.48
15.6	115.60	249.23	403.71	582.29	788.73
15.7	115.70	249.56	404.44	583.64	790.97
15.8	115.80	249.90	405.19	585.02	793.26
15.9	115.90	250.23	405.92	586.36	795.49
16.0	116.00	250.56	406.65	587.71	797.74

参 考 文 献

[1] 本书编写组. 社会经济统计学原理教科书(修订本)[M]. 北京：中国统计出版社,1992.
[2] 黄良文. 社会经济统计学原理[M]. 北京：中国统计出版社,1996.
[3] 黄良文,陈仁恩. 统计学原理[M]. 4版. 北京：中央广播电视大学出版社,2008.
[4] 曹尔黎. 统计学[M]. 北京：中国金融出版社,2013.
[5] 胡宝珅,邓先娥. 统计实用技术[M]. 北京：人民邮电出版社.2010.
[6] 陈宏威. 市场调查与预测[M]. 北京：电子工业出版社,2013.
[7] 梁前德. 基础统计[M]. 5版. 北京：高等教育出版社,2014.
[8] 阮红伟. 统计学基础[M]. 4版. 北京：电子工业出版社,2016.
[9] 凌明雁,等. 基础统计[M]. 5版. 北京：高等教育出版社,2018.
[10] 李卉妍,刘昈. 统计学[M]. 北京：电子工业出版社,2007.
[11] 张泽滨. 统计学[M]. 北京：电子工业出版社,2011.
[12] 董云展. 统计学[M]. 3版. 北京：高等教育出版社,2020.
[13] 史书良. 统计学原理[M]. 2版. 北京：清华大学出版社,2009.
[14] 崔奇,梁珍. 统计学原理[M]. 北京：中央广播电视大学出版社,2011.
[15] 唐芳. 统计学基础[M]. 3版. 上海：上海财经大学出版社,2015.
[16] 陈珍珍. 统计学[M]. 6版. 厦门：厦门大学出版社,2018.
[17] 胡德华. 统计学原理[M]. 2版. 北京：清华大学出版社,2017.
[18] 朱兆军,吴适. 基础统计[M]. 2版. 北京：北京出版社,2020.